통합사회를 위한
첫걸음

통합사회를 위한 첫걸음

공간의 눈으로 사회를 읽다

박배균 외 지음

폭스코너

2018년부터 고등학교에 적용되는 2015 개정 교육과정에서는 '통합사회'가 공통 과목으로 신설되었습니다. 통합사회는 9개의 핵심 개념(행복·자연환경·생활공간·인권·시장·정의·문화·세계화·지속 가능한 삶)을 설정하고, 이를 네 가지 관점(사회적 관점·공간적 관점·시간적 관점·윤리적 관점)에서 통합하여 가르치고 배우도록 하고 있습니다. 물론 그 배경에는 4차 산업혁명 시대를 살아갈 학생들이 갖춰야 할 자질 중의 하나인 융합적 사고력에 대한 사회적 요구가 있습니다. 통합사회의 도입을 둘러싸고 적지 않은 논란이 있었지만, 통합사회가 교과별로 나누어 가르치던 기존의 사회과 교육과 다른 방향을 지향하고 있는 것만은 분명합니다.

이 책의 저자들은 모두 중등학교 현장에서 지리를 가르치는 교사들이거나 대학 및 연구소에서 지리학을 연구하는 학자들입니다. 3년 전, 통합사회 교육과정을 처음 접한 우리는 적잖이 당황했습니다. 사회적 관점, 시간적 관점, 윤리적 관점은 말할 것도 없고, 심지어 공간적(지리적) 관점의 교육적 접근조차 낯설었기 때문입니다. 물론 기존의 지리학에서 익숙하게 다루던 주제들(자연환경, 생활공간, 문화, 세계화 등)도 있었지만 행복, 인권, 시장, 정의 등 생소한 주제들을 어떻게 공간적 관점에서 접근할 수 있을지 막막했습니다. 그러면서 대안 교과서를 만들어 학생들과 교사들에게 도움을 주고, 함께 공감하고 싶다는 의욕을 갖게 되었습니다. 이에 우리는 통합사회의 9개 핵심 개념을 공간적 관점에서 재해석하기 위한, 정답 없는 고민과 토론을 시작했습니다.

이 책은 지난 3년여에 걸친 토론의 결과물입니다. "공간적 관점이 도대체 뭐지?", "사회현상을 이해하는 데 있어 공간적 관점이 왜 중요하지?", "공간을 통해 사회를 바라보면 어떤 점이 좋지?", "학생들에게 어떤 사례들을 소개할 수 있을까?" 등등 기본부터 다시 짚어나갔습니다. 우리만큼이나 통합사회를 앞에 두고 우왕좌왕할 학생들과 교사들에게 공간에 대해 쉽고 실감나게 이야기하고 싶었습니다.

이 책의 특징은 다음과 같습니다.

첫째, 이 책은 통합사회를 가르치는 교사들과 배우는 학생들에게 실질적인 도움을 주기 위해서 통합사회 교과서 단원 순서에 맞춰 본문을 배치하였습니다. 예를 들어 이 책의 1~2장은 교과서 1단원 〈인간, 사회, 환경과 행복〉, 3~4장은 교과서 2단원 〈자연환경과 인간〉, 18~21장은 교과서 9단원 〈미래와 지속 가능한 삶〉에 해당하는 등 교과 단원에 맞추어 집필하였습니다.

둘째, 이 책은 변화하는 공간과 지리를 보여주고, 특히 최근 지리학의 연구 성과를 반영하고자 하였습니다. 여전히 많은 사람들의 머릿속에서 지리에 대한 이미지는 수도, 산과 강의 이름 및 위치, 지역별 자원 분포와 특산품 외우기 등 단순히 기능적 측면에 머물러 있습니다. 그러나 지리학의 연구 주제는 꽤 오래전부터 인권, 정의, 윤리 등으로 폭넓게 확장되어 왔습니다. 이에 따라 이 책에서는 사회적 자연(social nature), 도시에 대한 권리(the right to the city), 공간 정의(spatial justice) 등의 개념을 사례와 함께 소개하였습니다. 그렇기에 어쩌면 이 책을 읽는 것은 다소 도전적인 일이 될 수도 있습니다. 왜냐하면 우리에게는 자연환경은 지리, 법과 경제는 일반사회, 정의는 윤리의 영역이라는 오래된 관성이 존재하기 때문입니다. 이런 상황에서 동일한 현상이나 주제를 공간적 관점을 통해 다시 바라보는 것은 결코 쉽지 않겠지만, 한편 그만큼 흥미로운 일이기도 할 것입니다.

셋째, 이 책은 기후변화, 난민, 청년들의 주거 문제, 미세먼지 발생, 사드 배치, 탈원전, 먹방의 유행 등 국내외 다양한 시사 이슈들을 공간이라는 렌즈를 통해 창의적으로 재해석하고자 하였습니다. 예를 들어, 유럽으로 향하는 난민들에게 가장 중요한 물건인 휴대폰을 통해 정보화 시대에도 지리는 여전히 중요하다는 점을 이야기하였습니다. 또한 최근 쏟아져 나오는 먹방 및 요리 프로그램 속에는 농업과 농촌 얘기가 빠져 있다는 사실도 지적했습니다. 이를 통해 시사 상식을 넓히고 세상을 바라보는 안목을 기를 수 있을 것입니다.

넷째, 이 책은 사건을 단편만 바라보지 않고 다각도로 분석하면서 통합적 사고력을 기르는 데 도움을 주고자 하였습니다. 예를 들어, 기후변화는 단순히 자연환경과 탄소 배출의 문제로만 이해되어서는 안 됩니다. 기후변화는 동시에 미국의 대통령 선거 결과와 같은 정치적 문제이기도 하고, 선진국과 개발도상국의 갈등을 야기하는 경제적 문제이기도 합니다. 크고 작은 다양한 스케일의 공간과 그 속의 행위자들 간 네트워크를 강조하는 공간적 관점은 이처럼 서로 다른 영역이라고 생각했던 사건들의 관계와 연결성을 이해하는 데 도움을 줍니다.

마지막으로, 이 책은 통합사회의 핵심 개념들을 공간을 통해 재해석하는 것을 넘어 기존에 당연하게 받아들였던 사회현상을 비틀어 다르게 바라보고자 하였습니다. 예를 들어, "송전탑 건설 반대를 님비 현상과 지역이기주의로 치부할 수 있을까?", "경쟁이 지배하는 사회에서 서로를 돌보는 경제가 과연 가능할까?", "총인구 감소의 시대에 우리나라 지방정부들이 앞다퉈 내놓고 있는 성장 정책은 과연 타당할까?", "국경은 안보를 위한 장벽일까, 아니면 교류를 위한 통로일까?" 등의 질문을 던졌습니다. 이를 통해 더 나은 사회와 세계를 만드는 데 필요한 새로운 관점과 진보적 대안에 대해 독자들과 함께 고민하고 싶었습니다.

《통합사회를 위한 첫걸음-공간의 눈으로 사회를 읽다》의 책장을 넘기며 자신을 성장시키는 질문과 맞닥뜨리길, 배움이 실천으로 이어지게 되길 진심으로 바랍니다.

예정보다 일정이 많이 늦어졌음에도 불구하고 끝까지 응원해주신 폭스코너 출판사, 애정을 가지고 거친 글을 여러 번 꼼꼼하게 다듬어주신 편집자분들과 디자이너분에게도 감사의 말씀을 드립니다.

2018년 3월
저자 일동

4부 미래와 지속 가능성

1부

삶의
이해와
환경

1

행복, 개인의 마음만의 문제일까?
행복과 공간의 관계를 탐색하다

행복은 '소유'보다는 '경험', '비교'보다는 '관계'를 통해 온다

우리는 흔히 '~라면'이라는 가정을 통해 자신의 미래를 행복과 연결하려 한다. '원하는 대학에 간다면, 지금보다 훨씬 더 행복해질 텐데', '돈을 많이 번다면, 아무 걱정 없이 살 수 있을 텐데', '남들이 부러워할 만한 좋은 직장에 다니면, 더 바랄 것이 없을 텐데'와 같은 생각을 자주 한다. 왠지 남들보다 더 좋은 대학에 가고, 돈을 많이 벌고, 사회적 지위가 높아지면, 지금보다 훨씬 더 행복한 삶이 펼쳐질 것만 같다. 그런데 정말 이러한 욕망들이 모두 실현된다면 행복한 삶이 기다리고 있을까? 도대체 행복이란 무엇이며, 우리는 어떤 모습의 행복을 추구해야 하는 것일까?

행복을 한마디로 정의하는 것은 쉽지 않은 일이다. 행복은 삶의 질, 삶의 만족도, 주관적 안녕감(subjective well-being), 복지 등과 혼용되어 사용되고 있으며, 사람들이 추구하는 행복의 모습 또한 개인이 처한 상황에 따라 매우 다양하게 나타난다. 오랫동안 힘들게 공들인 일을 끝낸 후에 맛보는 성취감과 휴가 때 해변에서 만끽하는 여유로움은 전혀 다른 기분이며, 가지고 싶었던 장난감을 갖게 되어 잔뜩 들떠 있는 어린아이의 기쁨과 속세를 멀리하고 수양에 정진하는 수도승들의 평온함 사이에는 딱히 공통점이 없어 보인다. 그러나 자세히 들여다보면, 이들 모두가 자신의 삶에 대해 만족감을 느끼고 있다는 걸 알 수 있다. 행복은 사람들이 자신의 삶에 만족해하는 정도를 나타낸 주관적인 정서 상태라고 할 수 있다. 그리고 이러한 만족감의 중심에는 즐거움과 의미가 자리하고 있다.

우리는 맛있는 음식을 먹거나 재미있는 영화를 보면 기분이 좋아진다. 즐거운 경험을 통해 기쁨이나 재미와 같은 긍정적인 감정을 느끼는 것은 개인의 행복에 있어서 매우 중요한 부분이다. 하지만 행복은 순간의 즐거움을 넘어서서 의미와 목적을 추구하는 과정에서도 찾아온다. 사람들은 당장은 힘들지만 자신을 성장시킬 수 있는 의미 있는 일을 하거나, 타인의 삶에 도움이 되는 행위를 할 때 긍지와 보람을 느낀다. 인생에서 긍정적인 감정을 많이 경험하는 것 못지않게

행복을 경험하고 있는 아이들

의미와 목적을 추구하는 자아실현적인 삶을 살아가는 것 또한 행복에 이르는 유용한 방법이 될 수 있다.

그러나 이 둘 중 어느 하나만 선택하여 추구할 필요는 없다. 실제로 행복감이 높은 사람들은 인생의 의미와 목적을 추구하면서도 즐거운 경험을 많이 하는 충만한 삶을 살아가는 경우가 많다. 행복은 소유보다는 경험에 가까운 영역이며, 타인들과 비교하기보다는 그들과 관계를 맺어가는 과정을 통해 온다.

그럼에도 불구하고 여전히 많은 현대인들은 타인이 이뤄낸 성과나 화려한 겉모습을 부러워하면서 그들이 지닌 돈과 권력과 지위를 행복의 요인으로 생각하고 있다. 그러나 돈과 권력과 지위는 행복해질 수 있는 수단으로서만 의미를 지니지, 그것을 지녔다고 바로 행복이 찾아오는 것은 아니다. 오히려 개인의 행복 수준은 부(富)나 사회적 지위보다는, 그러한 부와 사회적 지위를 이용해 어떤 일을 하느냐에 따라 더 크게 좌우된다. 자신이 가진 돈과 지위를 이용해 긍정적인 감정을 고양시킬 수 있는 경험을 하거나 타인들을 돕는다면 더 행복해질 수 있다. 그러나 돈과 지위 그 자체를 목적으로 좇는다면 오히려 행복은 멀어질 수 있다. 행복의 조건과 행복은 다른 것이다. 행복의 조건들이 행복으로 연결되기 위해서는 소유와 비교보다는 경험과 관계를 소중하게 여기는 삶을 추구해야 한다.

공간은 행복의 모습을 틀 짓는다

오랫동안 사람들은 행복과 행운을 동일한 것으로 바라보았다. 행복은 운이 좋으면 찾아오는 마치 선물과도 같은 것이었다. 그러다가 경제력이 향상되고 개인의 삶에 대한 통제력이 커지면서 사람들은 차츰 행복을 새롭게 이해하기 시작했다. 오늘날 사람들은 행복을 적극적으로 추구해야 할 삶의 목표로 인식하고 있다. 그러나 지구상의 모든 사람들이 동일한 모습의 행복을 추구하는 것은 아니다. 세계에는 다양한 행복의 정의와 그것을 추구하는 서로 다른 방식이 존재한다.

공간은 일상생활에서 다양한 의미로 쓰이는 용어이자, 삶이 영위되는 구체적인 장소이기도 하다. 인간은 신체를 지닌 존재이기 때문에 누구든 특정한 공간을 점유하면서 살아가기 마련이다. 그런데 인간이 살아가는 공간은 삶이 펼쳐지기만을 기다리는 수동적인 대상이 아니다. 공간이 지닌 저마다의 특성은 인간의 활동들이 누적되어 만들어진 결과이지만, 동시에 그곳을 살아가는 사람들의 삶의 방향을 유도하거나 제약하는 원인으로 작용하기도 한다. 공간이 지닌 이러한 역동적인 힘은 인간이 추구하는 행복의 모습에도 큰 영향을 미친다. 행복은 '필요'보다는 '만족'과 관련된 개념이기에 크게는 대륙이나 국가에서부터 작게는 도시나 마을에 이르기까지 사람들이 살아가는 공간에 뿌리내린 문화적 전통과 그곳에서 통용되는 지배적인 가치와 깊이 연결되어 있다. 그래서 같은 공간을 살아가는 사람들 사이에는 동일한 모습의 행복을 추구하는 경향이 강하게 나타난다.

우리가 사는 동아시아 지역에서는 낮은 각성 상태의 편안함을 이상적인 정서로 여기는 사람들이 많지만, 미국을 비롯한 서구에서는 많은 사람들이 높은 각성 상태의 즐거움을 추구하는 경향이 강하다. 또한 집단주의적인 문화가 강한 동아시아에서는 주변 사람들로부터 인정을 받는 정도에 따라 개인의 행복감이 크게 달라지지만, 개인주

의가 발달한 서구에서는 주변 사람들의 인정보다는 자신의 신념과 행동 양식을 유지하는 정도에 따라 개인의 행복감이 더 크게 좌우된다.

개인이 추구하는 행복의 모습은 국가라는 사회적 공간 안에서 형성된 제도와 정책의 영향을 받기도 한다. 히말라야의 험준한 산지에 둘러싸여 있는 작은 나라 부탄은 그들 나름의 방식으로 행복한 국가를 만들어가고 있다. 부탄은 소득 수준이 낮은 다른 나라들과 달리 경제성장을 통해 행복을 추구하기보다는 국가의 발전 속도는 느리더라도 국민들 간의 신뢰를 유지하고 관계를 증진시키는 것을 정책적으로 더 중요하게 여기고 있다.

세계적으로 행복한 국가들이 몰려 있는 북유럽과 라틴아메리카 사람들이 추구하는 행복의 모습 또한 많은 차이가 난다. 덴마크, 아이슬란드 등의 북유럽 국가들은 모두 경제 수준이 높고, 빈부 격차가

● 오늘날 전 세계적으로 사용되고 있는 국민행복지수(GNH)라는 개념은 부탄에서 처음 사용된 것으로, 지금도 부탄은 국민들의 행복 수준을 향상시키는 것을 국가의 최대 목표로 삼고 있다.

크지 않으며, 사회적 안전망이 잘 갖추어져 있다. 이들 국가의 국민들은 정부와 이웃을 무척 신뢰하고 있으며, 자신이 좋아하는 일을 스스로 선택해서 즐기는 자유를 누리고 있다. 이에 반해 멕시코, 콜롬비아 등의 라틴아메리카 국가들은 경제 수준이 낮으면서도 빈부 격차가 크고, 실업률과 범죄율 또한 높아 매일 불안한 상황 속에서 살아야 한다. 그럼에도 불구하고 이들 국가의 국민들이 느끼는 행복 수준은 이들의 선조들이 살았던 남부 유럽의 국가들보다 높게 나타난

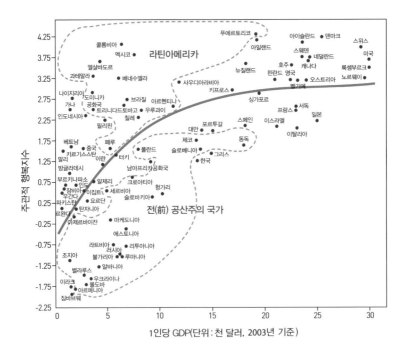

국가별 소득 수준과 행복 수준의 관계

1만 5,000달러까지는 국가의 소득 수준과 행복 수준이 대체로 비례하는 경향이 나타나지만, 라틴아메리카 국가들은 소득 수준이 낮음에도 불구하고 매우 높은 행복 수준을 보여주고 있다.
Inglehart, R., Foa, R., Peterson, C., and Welzel, C., Development, freedom, and rising happiness: A global perspective(1981~007), Perspectives on psychological science, 3(4), 2008, p.264~285 참고

다. 라틴아메리카 사람들은 자유롭게 인생을 살아가는 것을 매우 중요하게 여기고 있으며, 실제로 자신의 삶을 적극적으로 즐기는 낙천적인 생활을 하고 있다.

행복은 특정한 공간을 살아가고 드나드는 사람들의 가치와 욕망과 행위 등이 결합되면서 만들어진 사회적인 구성물이다. 따라서 인간이 추구해야 할 단 하나의 행복만 상정한 채, 공간에 따라 서로 다르게 나타나는 행복의 모습에 우열을 가리려 드는 것은 무의미한 일이다. 세계 각 지역에서 추구하는 행복의 모습은 고정된 것이 아니라 앞으로 얼마든지 변화해갈 수 있는 대상으로 이해되어야 한다. 그리고 이러한 변화는 각 지역의 지리적 특성의 영향을 받아 매우 다양하게 나타날 것이다. 중요한 것은 세계 각 지역에서 추구하고 있는 다양한 행복의 모습을 바탕으로 지금 우리가 대한민국이라는 공간에서 추구하고 있는 행복의 모습이 어떠한지를 성찰하는 것이다.

공간은 행복의 조건을 품고 있는 삶의 장소이다

왜 사람들마다 자신의 삶에 대해 만족하는 정도가 모두 다른 것일까? 왜 누구는 자신의 삶을 매우 행복하게 느끼는데, 또 누구는 그렇지 못한 것일까? 행복감이 높은 사람들은 낮은 사람들보다 행복한 유전자를 더 많이 물려받았거나, 그가 속한 사회에서 추구하는 행복의 모습에 더 적합한 성격을 지녔을 가능성이 크다. 혹은 행복한 사람들은 그저 남들보다 좀 더 많은 행운이 찾아왔을 수도 있다. 하지만 개인의 행복이 유전적인 요인과 성격적인 특질, 그리고 행운이라는 요소만으로 모두 설명될 수는 없다. 개인마다 행복 수준이 다른 이유 중의 하나는 그가 살아가는 공간에 형성된 삶의 조건들이 다르고, 그런 조건들로 인해 인생의 모습 또한 달라지기 때문이다.

심리학자인 대니얼 길버트(Daniel Gilbert)는 대부분의 사람들이 인생에서 행복에 영향을 미칠 수 있는 세 가지의 중요한 선택을 한다고 말했다. 그것은 '어디에 살 것인가?', '무엇을 할 것인가?', '누구와 함께할 것인가?'이다. 이중 '어디'에 관한 선택은 다른 선택들을 조건 지을 정도로 인간의 행복에 많은 영향을 미친다. 어디에 사느냐에 따라 추구하는 행복의 모습이 달라지고, 무엇을 하고 누구와 함께하는가가 어느 정도 결정되기 때문이다. 인간의 행복에 있어서 거주 공간은 직업, 소득, 관계, 안정 등의 다른 어떤 행복의 조건들보다 선행하여 존재한다.

공간은 인간으로서의 삶을 영위할 수 있는 다양한 요소들이 복합적으로 구성되어 있는 삶의 무대이다. 그러나 공간이 제공하는 삶의

빈민 집단 거주지 파벨라와 도로 하나 건너 위치한 고층건물들이 대조적인
브라질 리우데자네이루의 풍경

조건들은 결코 균등하게 분포하고 있지 않다. 고용 기회, 교육의 혜택, 공동체의 유무, 복지 수준, 환경의 질 등은 국가별로 많은 차이가 날 뿐만 아니라, 한 국가 내에서도 특정한 지역이 상대적으로 더 많은 혜택을 받는다. 이러한 삶의 조건들의 차이는 그곳에서 살아가는 사람들의 인생을 서로 다른 방향으로 유도하거나 제약하여 결과적으로 자신의 삶에 대한 만족감의 차이로 이어진다. 경제 수준이 높고 민주주의가 발달한 안정된 나라에서 자아실현을 꿈꾸는 사람들과, 내전에 휩싸인 나라에서 생존을 위협받는 사람들의 행복감이 같을 수는 없다. 다양한 삶의 기회가 제공되고 개인의 자유가 존중받는 지역에서 자율적으로 살아가는 사람들과, 선택의 폭이 좁고 권위주의적인 문화가 팽배한 지역에서 수동적인 삶을 지탱하는 사람들이 자신의 인생을 서로 다르게 평가하는 것은 충분히 예상할 수 있는 일이다.

행복은 마음만의 문제가 아니다. 마음은 외부 환경이 미치는 영향을 조절할 수는 있어도 환경 그 자체를 바꿀 수는 없다. 행복은 인간이 살아가는 공간 안에 뿌리내린 삶의 조건들과도 깊은 관련을 맺는다. 사람들의 행복감은 그들이 어떤 공간에서 살아가느냐에 따라 매우 다른 궤적을 그려간다.

공간은 사람들 간의 관계를 매개한다

레바논에는 '사람이 없다면, 천국도 갈 곳이 못 된다'라는 속담이 있다. 모든 것이 평화로운 천국이라고 해도 함께 어울릴 사람들이 없다면 한없이 쓸쓸한 시간을 보내게 될 테니 말이다. 개인의 행복에 있어서 타인들과의 관계는 매우 중요하다. '닥터 해피니스'라고 불리는 에드 디너(Ed Diener) 박사와 긍정심리학의 창시자인 마틴 셀리그만(Martin Seligman) 교수는 공동 연구를 통해 좋은 인간관계를 행복의 '필요조건'으로 제안했으며, 조지 베일런트(George Vaillant) 교수는 하버드대학교 졸업생들의 삶을 75년 동안 추적하여 따뜻한 인간관계가 행복한 인생을 유도한다는 결론을 내렸다. 우리는 남들보다 뛰어난 자신의 모습을 상상하며 행복을 붙들려 하지만, 사실 행복은 '비교'보다는 '관계'를 통해 찾아온다는 걸 보여주는 연구들이다.

　타인과의 좋은 관계가 행복의 중요한 조건이라고 할 때, 공간은 타인과의 관계를 매개하는 만남의 장소로서 의미를 지닌다. 사람들이 서로 만나기 위해서는 동일한 시간, 같은 공간에 위치하고 있어야 한다. 누군가와 약속을 잡는다는 것은 곧 같은 공간을 함께 사용하겠다는 말이기도 하다. 카페에서 친구와 이야기를 하거나 세미나에 참석하여 발표자의 의견을 경청하기 위해서는 반드시 그 시간에, 그 자리에 있어야 한다. 공간적인 근접성은 더 많은 만남의 기회를 제공하여 삶을 특정한 방향으로 유도하기도 한다. 사람들은 자신과 성격이 비슷한 사람들에게 끌리는 경향이 있지만, 일상생활에서의 관계는 성격의 유사성보다는 공간적인 근접성을 중심으로 이루어진다. 거주 장소에 따라 학교와 직업 등이 결정되며, 이로 인해 평생 동안 만나게 될 친구와 잠재적인 결혼 상대자까지 결정된다. 이렇듯 공간과 장소는 사람들의 움직임이 만나고 엮여 더 큰 만남으로 이어지는 연결의 기회를 제공한다.

　행복한 감정은 대면 접촉을 통해 주변 사람들에게 전파되기 때문에 같은 장소를 살아가는 사람들의 집단적인 성질이 되기도 한다. 니컬러스 크리스태키스(Nicholas A. Christakis) 교수와 제임스 파울러(James H. Fowler) 교수는 미국 보스턴 근교에 있는 프레이밍엄에 사는 사람들을 대상으로 타인의 행복이 개인의 행복에 미치는 영향을 연구했다. 이들의 연구에 의하면, 공간적으로 거리가 멀어질수록 사람들 간의 대면 접촉이 줄어들기 때문에 타인의 행복이 개인의 행복에 미치는 영향력이 감소하는 것으로 나타났다. 같은 장소를 살아가는 사람들은 얼굴을 마주하면서 접할 기회가 많기 때문에 타인의 행복감에 많은 영향을 미쳤지만, 공간적으로 멀리 떨어져서 지내는 사람들은 만날 기회가 많지 않아 별다른 영향을 미치지 못했다.

그러나 사람들 사이의 관계가 단순히 물리적인 거리에만 영향을

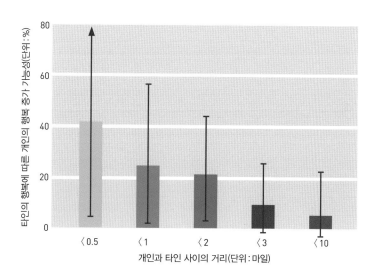

거리의 증가에 따라 타인의 행복이 개인의 행복에 미치는 영향

Fowler, J. H., & Christakis, N. A., Dynamic spread of happiness in a large social network: longitudinal analysis over 20 years in the Framingham Heart Study, Bmj, 2008, 참고

받는 것은 아니다. 공간의 구조와 형태 또한 사람들의 관계를 매개하는 데 큰 영향을 미친다. 드라마 〈응답하라 1988〉에서는 쌍문동의 골목길을 중심으로 많은 이야기들이 펼쳐졌다. 쌍문동의 골목길은 만남과 교류의 장소로, 이곳에서 맺어진 마을 사람들의 돈독한 관계는 공동체적인 삶을 유지하는 원동력이 되었다. 이들은 쌍문동의 골목길에서 얼굴을 마주하면서 이야기를 나누고, 기쁨과 슬픔을 함께하면서 서로를 가족처럼 지지하고 격려했다. 그러나 현재 우리나라에서는 많은 사람들이 아파트에 거주하면서 이웃이 누구인지 모른 채지내고 있다. 아파트에 거주하는 동안 대부분의 사람들이 주민들과맺는 관계는 엘리베이터 안에서 어색하게 시선을 주고받는 정도가고작이다. 개인의 행복 수준을 예측할 수 있는 가장 큰 변수가 타인들과의 좋은 관계라고 할 때, 이웃을 상실한 거주 공간의 변화는 개인뿐만 아니라 사회적으로도 큰 손실이 되고 있다.

2

우리가 꿈꾸는 행복의 지도,
어떻게 그려가야 할까?

행복의 지도는 주어진 것이 아니라 만들어가는 것

사람들은 왜 행복의 지도를 그리기 시작했을까?

전기, 의료, 교육 등 생활에 필요한 대부분의 비용을 정부에서 대주는 나라가 있다. 이 나라에서는 남자들이 결혼을 하면 정부가 집을 지을 땅을 마련해주고, 매달 용돈까지 준다. 이 나라에서 사는 한, 돈에 관해서는 걱정이 없을 것 같다. 이런 나라가 정말 있을까? 이런 나라에서 산다면 얼마나 행복할까? 현실 세계에는 없을 것 같은 이런 나라가 실제로 존재한다. 서아시아의 석유 왕국 카타르이다. 그러나 카타르 사람들이 느끼는 행복 수준은 생각보다 높지 않다. 돈으로 명품을 구입할 수는 있어도 인간의 행복에 영향을 미치는 자유·사랑·신뢰·관계 등을 사들일 수는 없기 때문이다.

세계 각국의 정부들은 오랫동안 경제성장이 자국민들을 행복하게 해줄 것으로 믿어왔다. 그래서 대부분의 국가들이 경제발전을 국가 최대의 목표로 설정하고, 이에 도달하기 위해 국가의 역량을 우선적으로 집중해왔다. 그러나 경제가 성장한다고 국민들의 행복 수준이 계속해서 증가하는 것은 아닌 것으로 밝혀졌다. 저개발 국가의 국민들이나 소득 수준이 낮은 계층의 사람들에게는 경제력이 행복에 중요한 영향을 미친다. 영양 상태와 주거 환경 등이 열악한 상황에서 소득 수준이 증가하는 것은 이러한 문제들을 해결할 수 있는 기회로 작용할 수 있기 때문이다. 그러나 소득이 일정 수준을 넘어서면 소득과 행복 사이의 상관관계가 사라진다. 부유한 나라의 국민들이 가난한 나라에 사는 사람들보다 전반적으로 행복한 것은 사실이지만, 부유한 국가들 간에서는 경제력 하나만으로는 그 나라의 국민들이 느끼는 행복감을 설명할 수 없다.

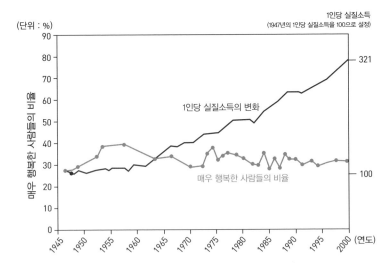

미국의 1인당 소득 변화와 행복 수준과의 관계

미국에서는 1947년 이래 1인당 실질소득이 세 배 이상 증가해왔으나 국민들의 행복 수준은 별다른 변화가 없었다. 그럼에도 불구하고 돈과 그에 따른 지위와 권력 등이 행복과 직결될 것이라는 믿음이 지속되는 이유는 현 시대의 소비자본주의가 자신의 체제를 유지하기 위해 행복을 소유와 비교의 대상으로 왜곡시키고 있기 때문이다. Layard, R., Happiness: Lessons from a new science, Penguin UK, 2011, 참고

한 국가의 경제력을 보여주는 척도인 1인당 GDP가 그 나라 국민들의 전반적인 삶의 질을 나타내는 지표로 적합하지 못하다는 반성과 함께 이를 대체하는 '인간개발지수(HDI, Human Development Index)', '생활의 질 지수(QLI, Quality of Life Index)' 등의 척도들이 개발되었다. 그러나 이 척도들에는 인간의 감정이 고려되지 않아 개인의 주관적인 정서 상태인 행복을 예측하기에는 부족한 점이 있기 때문에, 직접 설문조사를 해서 응답자들이 답한 삶에 대한 만족도까지 측정 지표로 추가하는 다양한 행복지수들이 등장했다. 오랫동안 개인의 감정과 철학적 사유의 대상으로 여겨졌던 행복이 비로소 국가 수준에서 고민하는 정책의 대상이 된 것이다. 이제 세계 각국 정부들은 자국민들의 행복 수준을 증가시키거나 감소시킬 수 있는 객관적인 행복의 조건이 존재하고, 이를 국가가 개선해나감에 따라 보다 행복한 사회를 건설할 수 있다고 믿고 있다. 그래서 해마다 다양한 기관에서 국가별 행복지수를 조사하고, 이를 바탕으로 행복의 지도를 만들어 공론의 장으로 이끌고 있다.

그렇다면 행복의 지도가 말하고자 하는 것은 무엇이며, 우리는 이를 어떻게 읽어야 하는 것일까?

행복의 지도에서는 무엇을 읽어야 할까?

우리는 국가 간의 경계가 명확하게 그려진 세계지도를 보는 데 익숙하다. 그래서 때로는 자신도 모르게 세계를 국가 단위의 경합의 장으로 인식하기도 한다. 그러나 행복은 국가 간에 우열을 가리면서 경쟁적으로 추구해야 할 대상이 아니다. 행복의 지도를 읽을 때에는 국가별 행복 순위에 집중하기보다는 국가마다 추구하고 있는 다양한 형태의 행복이 있다는 사실과 그러한 행복을 구성하고 있는 요인들의 차이에 주목해야 한다. 행복의 지도는 조사 기관이 행복을 어떻게 정의하느냐에 따라 다르게 그려진다. 국가마다 행복의 의미가 다를 뿐만 아니라, 문화적인 요인에 의해서도 설문에 대한 반응이 크게 달라지기 때문이다. 따라서 행복의 지도는 우리가 살아가는 공간이 지도로 재현되는 과정에서 사라진 다양한 행복의 조건들을 찾아 나서는 만남의 장으로 활용되어야 한다.

옆 페이지에 제시된 두 지도는 서로 다른 기관에서 제작한 '세계행복지도'이다. 위의 지도는 UN에서 2017년에 발표한 〈세계행복보고서(World Happiness Report)〉에 수록된 것이며, 아래의 지도는 영국의 신경제재단(NEF)에서 2016년에 조사한 '지구행복지수(Happy Planet Index)'를 근거로 제작한 것이다. UN에서는 2012년부터 156개국을 대상으로 행복지수를 조사해 매년 국가별 행복 수준을 보여주는 보고서를 발표하고 있는데, 이 조사에서는 각 조사대상국의 국민들에게 사회적 안전망(어려움에 처했을 때 도움을 청할 사람이 있는가?), 선택의 자유(자신의 인생을 선택할 수 있는가?), 관용의식(자선단체에 기부를 하고 있는가?), 주관적 부패지수(정부와 기업의 부패가 어느 정도인가?)에 관해 묻고, 이에 대한 응답자들의 반응에 1인당 국민소득과 기대수명을 더해 국가별 행복지수를 산출하고 있다. 이 조사에서는 덴마크, 아이슬란드, 노르웨이, 스웨덴, 핀란드 등의 북유럽 국가들과 네덜란드, 스위스 등의 서유럽 국가들이 항상 상위를 차지하고 있다.

UN의 행복지도와 달리 신경제재단에서 제작한 행복지도에는 코스

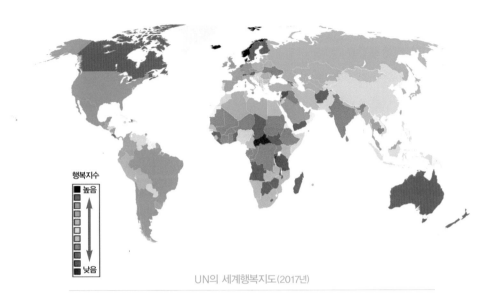

UN의 세계행복지도(2017년)

신경제재단의 세계행복지도(2016년)

타리카, 멕시코, 콜롬비아 등의 라틴아메리카에 위치한 국가들이 상위를 차지하고 있는 것을 볼 수 있다. 신경제재단에서 사용하는 행복지수는 생활만족도(모든 요인들을 고려할 때 전반적으로 당신의 생활에 얼마나 만족하는가?), 평균수명, 생태발자국(Ecological Foot Print) 등을 고려하여 도출한 것이다. 생태발자국은 인간이 자연에 남긴 피해 정도를 나타내는 지표로, 그 수치가 크면 클수록 지구 환경에 많은 피해를 끼친다는 의미가 담겨 있다. 신경제재단에서 사용하는 행복지수는 인류의 장기적인 행복에 있어서 지속 가능한 환경이 미치는 영향력에 초점을 둔 것으로, 조사대상국의 환경의 차이에 따라 국가 간의 행복지수가 크게 달라진다.

국가 간의 행복지수를 비교한 세계지도는 국가 전체를 동일한 행복 수준을 갖는 균질한 공간으로 가정한다. 그러나 한 국가 내에서도 행복 수준은 지역에 따라 많은 차이가 난다. 국가 내에서의 불평등한 행복의 분포를 이해하기 위해서는 보다 큰 스케일로 그려진 행복지도가 필요하다.

스케일은 흔히 축척이라고 불리는 지도학적 개념으로, 여러 가지 지리 현상이 발생하고 작동하는 공간 범위를 나타내는 의미로 사용된다. 그러나 스케일은 지도학적인 기능을 넘어 우리가 사는 세계를 다양한 측면에서 보다 사실적으로 이해할 수 있는 인식의 틀이기도 하다. 스케일을 달리하면 행복의 지도가 새로운 의미로 다가온다. 보다 상세하게 그려진 행복의 지도는 먼 곳으로 향해 있던 시선을 가까운 곳으로 돌려 생활공간에서 발생하는 불평등한 행복의 조건에 대해 생각해보게 한다.

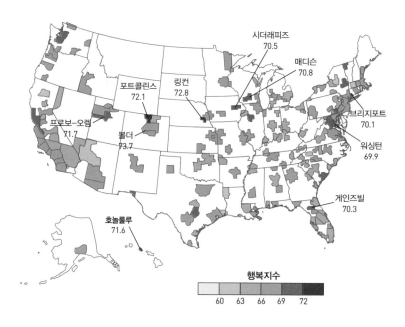

미국 주요 도시의 행복 수준

Florida, R., Mellander, C., & Rentfrow, P. J., The happiness of cities, Regional Studies, 47(4),
p. 613~627, 2013, 참고

우리나라의 지역별 삶의 질 지수 OECD, 2016, Economic Surveys : Korea

2016년에 OECD에서 발표한 '보다 나은 삶의 질 지수(Better Life Index)'에서 우리나라는 전체 38
개국 중에 28위를 기록했는데, 측정 항목에 따라 지역별로 큰 차이가 나타났다. 수도권은 서비스에
대한 접근도와 교육 부문에서는 전국에서 가장 우수했지만, 환경과 주택 부문에서는 최하위를 기록했
다. 이에 반해 제주도는 건강과 직업 부문에서는 전국에서 최고 수준을 보였지만, 안전과 서비스에 대
한 접근도는 우리나라에서 가장 열악한 것으로 나타났다.

지금 우리는 어떤 행복의 지도를 그려가고 있을까?

우리나라는 행복의 지도에서 어디쯤 위치하고 있을까? 안타깝게도 우리나라 사람들이 느끼는 전반적인 행복 수준은 높지 않은 편이다. 우리나라는 지난 50년 동안 꾸준하게 경제성장을 이룩했지만, 삶의 만족도는 오히려 점점 낮아지고 있다. 2016년에 발표된 UN의 〈세계행복보고서〉에서 우리나라 사람들의 행복 수준은 전체 조사대상국인 158개국 중에서 58위를 차지했는데, 이는 전년도의 47위에 비해 무려 11계단이나 하락한 것이다. 한편 2016년 OECD에서 발표한 '보다 나은 삶의 질 지수(Better Life Index)'에서 우리나라는 전체 38개국 중에 28위를 기록했을 뿐만 아니라, 삶의 만족도를 측정하는 항목에서는 이보다 더 낮은 31위를 나타냈다.

우리나라 사람들의 행복감이 낮은 이유로는 과중한 노동 시간이 지적되고 있다. 우리나라는 불명예스럽게도 OECD 국가들 중에서 연간 노동 시간이 멕시코에 이어 2위를 차지하고 있다. 우리는 행복해지기 위해 일을 하지만 정작 일을 많이 할수록 행복은 멀어지게 된다. 노동 시간이 많다는 것은 시간에 쫓기는 피곤한 삶이 이어진다는 것을 의미한다. 이와 대조적으로 전 세계에서 행복한 나라로 손꼽히는 덴마크에서는 많은 사람들이 오후 4시가 되면 퇴근해 마을 단위의 다양한 공동체 활동에 참여하고 있다. 행복은 개인의 마음에서 오는 문제만이 아니다. 개인이 행복한 국가를 만들기 위해서는 행복한 경험을 촉진할 수 있는 제도가 뒷받침되어야 한다. 우리나라가 행복한 국가로 변화하려면 무엇보다도 노동 시간을 줄여 일과 여가의 균형을 이루는 것이 시급하다. 저녁이 있는 삶은 인간으로서 누려야 할 당연한 권리이다.

불안정한 고용 형태도 우리나라 사람들의 낮은 행복감의 원인이 되고 있다. 한국노동연구원에서 조사한 우리나라 사람들의 고용 형태별 삶의 만족도를 보면 정규직의 행복 수준이 가장 높았고, 비정규직 중에서도 하루하루 불안정한 상황에서 일을 해야 하는 일일근로자의 삶의 만족도가 가장 낮게 나타났다. 일자리가 불안하면 미래를 설계하기 어렵다. 불안한 미래는 자신이 하고 싶은 일이 무엇인지조차 생각하지 못하게 할 정도로 선택의 자유를 제한한다. 국가가 부유해진다고 국민들이 행복해지는 것은 아니다. 국민소득이 증가해도 성장의 혜택이 소수에게만 집중된다면, 오히려 상대적인 박탈감만

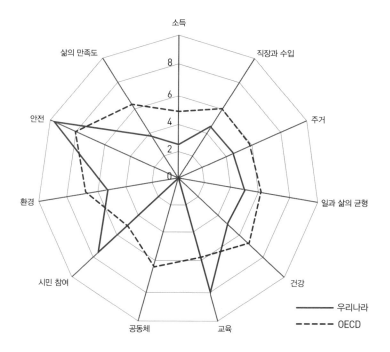

우리나라의 부문별 보다 나은 삶의 질 지수 출처 : OECD, 2016, Economic Surveys : Korea
10에 가까울수록 좋아짐을 의미한다.

커질 뿐이다. 국민 다수가 원하는 일을 하면서 자기 성장을 통한 행복을 누리도록 하려면 장기적인 안목을 가지고 비정규직의 처우를 적극적으로 개선해나가야 한다.

우리나라에서 공동체 문화가 파괴된 것도 국민들의 행복 수준을 떨어뜨리는 원인이 되고 있다. 2016년에 OECD에서 발표한 '보다 나은 삶의 질 지수' 중 '공동체지수' 부문에서 우리나라는 전체 38개국 중에서 37위를 기록했다. 더욱 놀라운 것은 우리나라의 공동체지수가 10점 만점에 0.2점이었다는 점이다. 이와 대조적으로 세계적으로 행복한 국가인 뉴질랜드, 덴마크, 아이슬란드 등은 만점에 가까운 공동체지수를 나타냈다. 이들 국가들은 모두 거주 장소를 중심으로 형성된 질 높은 공동체를 지니고 있다. 그러나 우리나라에서는 집을 자산 증식의 수단으로만 중요하게 여기고, 그 집이 위치한 장소를 중심으로 형성된 주민들 간의 관계의 질에는 무심한 편이다.

인간의 행복에 있어서 신뢰할 수 있는 이웃이 있다는 사실은 매우 중요하다. 거주 장소에서 이웃들과 좋은 관계를 형성하는 것은 심적인 안정감을 제공할 뿐만 아니라, 갑작스러운 어려움에 처했을 때 기댈 수 있는 든든한 버팀목이 되어주기도 한다. 따라서 믿을 수 있는 이웃이 가까이에 있는 사람들은 외롭거나 불안하지 않다.

그곳에 간다면 더 행복해질 수 있을까?

과도한 노동 강도, 청년 실업, 높은 자살률, 외모 지상주의, 소득 격차, 지역 불균형 등 우리 사회가 안고 있는 문제들은 도무지 탈출구가 없어 보인다. 이러한 우리나라의 모습을 두고 지옥 같은 한국 사회라는 뜻을 지닌 '헬조선'이라는 서글픈 신조어가 생겨나기도 했다. 그래서 많은 사람들이 보다 행복한 삶을 살기 위해 이민을 꿈꾸기도 한다. 왠지 '지금 이곳'보다는 '앞으로 그곳'에서 더 행복해질 수 있을 것만 같다. 그렇다면 과연 우리가 부러워하는 행복한 국가들에서 살면 정말로 더 행복해질 수 있을까? 답은 생각보다 간단하지 않다.

사람들은 다른 지역의 행복을 예측할 때 초점주의의 오류에 쉽게 빠져든다. 초점주의란 어떤 사건이나 대상을 머릿속에 그릴 때 초점이 되는 몇 가지의 요소에만 과도하게 주의를 기울인 나머지, 현실을 구성하고 있는 다양한 요인들을 간과하는 경향을 말한다. 심리학자들이 미국에서 1년 내내 맑은 날씨가 지속되는 캘리포니아의 주민들과, 겨울이 춥고 긴 중서부 지역의 주민들을 대상으로 상대 지역의 삶의 만족도를 평가하도록 하는 실험을 했다.

실험 결과 중서부 지역의 주민들은 캘리포니아에 거주하는 주민들의 삶의 만족도를 자신들이 거주하는 지역보다 높게 평가했다. 하지만 두 지역의 실제 삶의 만족도는 거의 차이가 없었다. 이러한 결과가 나타난 이유는 중서부 지역에 거주하는 사람들이 상대 지역의 기후에만 관심을 기울여 캘리포니아에서 사는 사람들의 일상에 미치는 다른 요인들을 과소평가했기 때문이다. 장소가 인간의 행복에 있어서 중요한 것은 그곳에서 삶을 유지하고 관계를 맺어가면서 인생의 의미를 발견하기 때문이지, 그곳을 떠올리거나 잠깐 방문해서가 아니다.

초점주의는 다른 나라로 이민을 가서 경험하는 자신의 행복을 예측할 때도 나타난다. 사람들은 이주하고 싶어하는 지역의 한두 가지 긍정적인 요소에만 집중한 나머지 실제로 그 지역에서 살아가는 사람들의 행복에 미치는 다양한 측면들을 간과할 가능성이 크다. 그러나 행복은 사회로부터 분리된 개인의 고립된 감정이 아니다. 한 사회에서 개인이 느끼는 행복감은 그 지역에 뿌리내린 문화와 연관되어 있다. 대체로 사람들은 자신의 성격과 특질이 주류 문화와 잘 맞을 때 높은 행복감을 느낀다. 이는 사람들이 본인과 비슷한 사고방식과 행동 양식을 지닌 사람들 속에서 생활할 때 더 큰 자유로움을 느끼고, 사회적으로 인정받기도 쉽기 때문이다. 따라서 이주한 국가의 문화가 자신과 잘 부합한다면 별문제가 없겠으나, 그렇지 않다면 행복 수준이 높은 국가에서 살아도 기대했던 것만큼 행복하지 않을 수도 있다.

물론 지구상의 어딘가에는 나를 더 행복하게 만들어줄 수 있는 국가나 도시가 분명히 존재할 것이다. 아니, 우리나라에도 지금 여기보다는 더 많은 삶의 기회와 매혹적인 사람들로 넘실대는 행복한 장소들이 나를 기다리고 있을지도 모른다. 그래서 많은 사람들이 지금 여기에 자신을 가두지 말고, 자신에게 맞는 장소를 찾아 용기를 내어 떠나라고 한다. 그러나 그것은 용기만의 문제가 아니다. 우리 주변에는 '떠날 수 있는' 상황이 허락되지 않는 사람들이 많으며, 그것은 나에게도 적용될 수 있다. 행복을 전적으로 개인의 문제로만 바라본다면, 정치는 사라지고 적응만이 남게 된다. 적응만이 남은 세상에서 우리가 할 수 있는 것은 제시된 매뉴얼을 열심히 좇아 행복의 승자가 되든가, 아니면 그렇게 되지 못한 자신을 탓해야만 한다. 나만의 행복한 장소를 찾아 떠날지, 우리라는 관계 속에서 행복한 장소를 함께 만들어갈지는 결국 선택과 실천의 문제이다.

행복한 장소를 만들면 '우리'가 행복해진다

우리는 '어디는 어떻다'라는 식으로 다양한 장소들에 관해 배워왔다. 그래서 장소마다 고유한 성격이 있고, 그 성격이 앞으로도 계속될 것이라고 믿고 있다. 그러나 본래부터 주어진 장소의 고유한 성격은 존재하지 않는다. 장소는 주어지거나 발견하는 것이 아니라, 만들어지는 것이다. 행복을 전적으로 개인의 문제로만 바라본다면, 장소는 주어지거나 발견되기만을 기다리는 수동적인 대상으로 전락하게 된다. 그러나 행복을 '우리'의 문제로 바라본다면, 장소는 함께 만들어가는 타협과 실천의 대상이 된다. 우리가 부러워하는 행복한 국가들 또한 그곳에서 살아갔던 사람들과 지금 살아가고 있는 사람들의 의식적인 노력이 누적되어 만들어진 것이지, 처음부터 주어진 것이 아니다.

알프스의 산악 국가 스위스는 20세기 초까지만 해도 유럽에서 가장 낙후된 국가 중의 하나였다. 치즈를 녹여 빵을 찍어 먹는 퐁듀에는 눈이 쌓여 고립된 스위스인들이 생존을 위해 굳은 빵을 먹던 방식에서 비롯됐다는 서글픈 사연이 담겨 있다. 한때 많은 스위스인들이 생계를 해결하기 위해 이웃 국가들의 군대에서 용병으로 근무하기도 했다.

그러나 오늘날 스위스는 하늘 아래 첫 번째 낙원이라고 불릴 정도로 부러움을 사는 나라가 되었다. 스위스가 행복한 국가가 되는 과정에는 시민들의 적극적인 참여가 있었다. 스위스는 독일어, 프랑스어, 이탈리아어, 로만슈어 등 다양한 언어가 사용되는 나라이다. 언어의 차이에 따라 생활권이 분리되어 있지만, 스위스의 행복지수는 언어권에 따라 차이가 나지 않는다. 스위스에서는 지방자치의 참여 정도

가 높은 주일수록 주민들의 행복 수준이 높게 나타난다. 지방자치에
참여한다는 것은 주민들 스스로 자신이 사는 지역을 만들어간다는
의미이다. 스위스인들은 자신이 살고 있는 지역에 대한 자부심이 강
한데, 이는 대대로 이웃과의 연대와 협력을 통해 그들이 사는 지역을
원하는 모습으로 만들어왔기 때문이다.

　레고와 동화의 나라로 유명한 덴마크 또한 처음부터 행복한 나라
는 아니었다. 한때 덴마크는 노르웨이와 스웨덴, 그리고 독일의 북부
지역을 통치하던 북유럽의 강대국이었다. 그러나 19세기 중반에 있
었던 독일과의 전쟁에서 패하면서 과거의 영토를 모두 잃어버려 전
국민이 실의에 빠지게 되었다. 그런데 오히려 이때부터 오늘날 덴마
크 사회의 근간이 되는 발전이 시작되었다.

　덴마크 사람들은 폐허가 된 조국이 다시 국제무대에서 큰소리를

덴마크의 협동조합

덴마크에서는 1882년 생산을 위한 최초의 협동조합이 탄생한 이래 1950년대부터는 대부분의 우유
생산 농가가 협동조합에 참여하고 있다. 협동조합이란 경제적으로 약소한 처지에 있는 농민, 중·소상
공업자, 소비자 등이 중심이 되어 재료나 상품 등을 구매·생산·판매·소비하는 과정에 있어서 일부
나 전 과정을 협력적으로 운영하는 조직단체를 말한다.

지방자치에 참여하고 있는 스위스 주민들

칠 수 있는 강대국이 되기보다는 작더라도 국민들이 행복할 수 있는 내실 있는 나라가 되기를 희망했다. 행복한 국가를 만들고자 했던 이들의 열망은 곧 곳곳에서 실천으로 이어졌다. 농촌에서는 농민들이 자체적으로 협동조합을 만들어 운영하면서 잡초만이 무성했던 황무지를 비옥한 낙농지대로 탈바꿈시켰으며, 산업 현장에서는 노동자와 경영자와 정부 간의 오랜 협상을 통해 어떤 일을 해도 생활하는 데 어려움이 없도록 충분한 기본 소득을 보장하기에 이르렀다.

아이슬란드는 2008년 전 세계를 강타한 경제위기 속에서 가장 큰 타격을 입은 국가임에도 불구하고, 2015년 UN에서 발표한 국가 행복 순위에서 당당히 2위를 차지했다. 아이슬란드인들은 다른 나라 사람들보다 인플레이션은 잘 참지만, 실업에는 완강하게 저항한다. 인플레이션은 다 함께 감내하는 분산된 고통이지만, 실업은 나와 관계를 맺은 누군가에게 집중되는 선택적인 고통이기 때문이다. 아이슬란드 사람들은 일생 동안 서너 개의 직업을 가지는데, 특히 많은 사람들이 시인이나 음악가가 되기도 한다. 물론 시인이나 음악가로서의 삶은 대부분의 경우 실패로 끝나지만, 이들은 실패해도 자유로이 새로운 시도를 한다. 이들의 뒤에는 국가와 시민사회가 함께 만들어낸 사회적 안전망이 촘촘하게 작동하고 있기 때문이다.

스위스, 덴마크, 아이슬란드 등은 모두 우리나라보다 국토 면적이 작은 나라들이다. 이 나라들은 이렇다 할 지하자원이 없고, 토양은 척박하고, 기후는 농업 활동은커녕 생활하기에도 불편할 정도이다. 하지만 이들 국가의 국민들은 자국을 세계에서 가장 행복한 장소로 변화시켰다. 국제무대에서 영향력을 행사할 수 있는 강한 국가가 국민들의 행복을 보장하는 것은 아니다.

행복한 국가는 깨어 있는 시민들의 참여로 만들어지는 것이다. 나와 너를 넘는 보다 커다란 행복은 내가 살고 있는 지금 이곳을 변화시키려는 시민들의 노력으로부터 시작된다. 나에게 맞는 행복한 장소를 찾아 떠나면 나만 행복해질 수 있지만, 행복한 장소를 만들면 우리 모두가 함께 행복해진다. 내가 살고 있는 장소로부터 분리된 나만의 행복은 존재하지 않는다. 행복은 같은 장소를 살아가는 사람들이 만들어가는 우리의 과정이지, 결코 나만의 결과가 아니다.

행복의 지도는 고정된 것이 아니다. 행복의 지도는 지금 이곳에서 우리가 하는 생각과 실천으로 새롭게 그려갈 수 있다.

3 ————————————————————

설악산은 백두대간에 속할까, 태백산맥에 속할까?
사회적 자연, 인간과 자연이 연결되는 지점을 성찰하다

자연은 '저절로 그러한' 것인가?

'자연'이라는 말을 들었을 때 머릿속에 떠오르는 심상을 물어보면, 대부분의 사람들은 인간의 손길이 닿지 않는 순수한 영역, 사회로부터 벗어나 휴식을 취할 수 있는 삶의 안식처, 인간의 생존에 필요한 각종 자원을 제공하는 환경적 토대 같은 것이라고 이야기하곤 한다. 즉 우리는 흔히 자연을 인간이 살아가는 사회 저편에 존재하는, 때 묻지 않은 무언가로 간주하는 경향이 있다. 국어사전을 살펴봐도 자연에 대한 이러한 인식이 잘 나타나 있는데, 국립국어원의 표준국어대사전에는 자연이란 "사람의 힘이 더해지지 아니하고 저절로 생겨난 산, 강, 바다, 식물, 동물 따위의 존재. 또는 그것들이 이루는 지리적·지질적 환경"이라고 되어 있다. 그런데 이것은 자연과 사회를 이분법적으로 바라보는 관점에 기초해서 내려진 정의라고 할 수 있다.

전통적으로 자연은 인간과 무관하게 저절로 형성되어 그 상태로 계속해서 존재하는, 사회로부터 분리된 대상으로 여겨져왔다. 그러나 인간의 손길을 거치지 않은 대상으로 자연을 한정하는 것은 개념적 정의에 해당할 뿐이지, 우리가 일상에서 접하는 자연의 실제 모습과는 많이 다르다. 오늘날 대부분의 자연은 인간의 행위와 무관한 '자연 그대로'의 것이 아니다. 농촌 풍경을 지배하는 논, 밭, 과수원 등의 농경지들은 오랜 세월에 걸쳐 인간 활동이 누적되어 형성된 산물이며, 도시 내부 곳곳에 자리 잡은 도심 숲은 처음부터 끝까지 정교한 기획 아래 조성된 경우가 많다. 심지어 인간의 거주지로부터 멀리 떨어진 깊은 오지조차 방문객들이 남긴 흔적들로 인해 시시각각 그 모습을 달리하고 있다.

물론 여전히 인간의 손길이 닿지 않은 원시의 모습을 간직한 자연이 존재하기도 하지만, 이는 기후나 지형적인 요인으로 인간의 접근이 어렵거나 특정한 목적을 가지고 보존하고 있는 경우가 대부분이다. 인간이 자연과 관계를 맺으며 살아가는 이상, 자연은 인간에 의해 간섭을 받을 수밖에 없으며, 이로 인해 끊임없이 변형되기 마련이다.

자연과 사회를 이분법적으로 분리해서 바라보는 관점 또한 인간의

2000여 년 동안 주민들이 경사지를 깎아 조성한 필리핀 루손 섬의 계단식 논

의도와 실천으로 만들어진 것이지, 본래부터 주어진 고유한 사유 방식은 아니다. 자연과 사회가 분리되어 있다는 이분법적인 세계관은 자연을 인간의 목적에 따라 활용하는 과정에서 출현했다. 근대 이후 인간은 발달된 과학기술을 이용해 자연에 가치를 매기고 개발하는 일에 몰두해왔다. 이 과정에서 인간은 스스로를 자연보다 우위에 있는 존재로 규정하고, 자연을 인간의 필요와 욕구를 충족시키기 위한 수단으로 대상화했다. 그 결과, 자연이 사회 밖에 존재하는 독립된 영역으로 간주되어 자연과 사회의 분리가 가속화된 것이다.

그러나 자연과 사회는 분리된 채로 존재하기보다는 늘 긴밀하게 연결된 상태에서 상호 영향을 미쳐왔다. 인간이 자연을 변형시키는 것 못지않게 자연 또한 인간에게 많은 영향을 끼친 것도 틀린 말이 아니다. 삼림 파괴, 기후변화, 자원 고갈, 환경오염 등은 인간이 자연을 이용하는 과정에서 발생한 현상으로 이는 다시 인간의 삶을 제약하거나 새로운 방향으로 유도하는 원인이 되고 있다.

자연이 인간의 행위와 무관한 순수한 것이 아니며, 자연과 사회가 분리된 존재가 아니라는 사실을 깨달으면, 자연과 사회의 관계를 바라보는 새로운 관점이 필요하다는 걸 알게 된다. 그러나 단순히 자연과 인간이 상호 영향을 미치고 있다는 사실을 강조하는 것만으로는 부족하다. 자연과 인간이 연결되는 방식은 해당 사회가 처한 상황에 따라 매우 다양하게 나타나기 때문이다. 따라서 자연이 다양한 사회 집단에 따라 차별적으로 인식되고 재생산되는 장면을 포착하기 위해서는 자연에 영향을 미치는 인간의 행동을 만들어낸 사회적 과정부터 탐색할 필요가 있다.

이런 성찰을 바탕으로 지리학자들에 의해 활발하게 제기되어온 대안적 관점이 바로 '사회적 자연(social nature)'이라는 개념이다. 사회적 자연은 자연이 사회로부터 분리된 순수하고 독립적인 영역이라는 사고방식을 거부하고, 자연과 사회가 연결되는 지점에 주목한다. 그리고 다양한 사회집단에 의해 자연이 차별적으로 인식되고 재현되는 과정뿐만 아니라, 자연을 변형시키는 힘이 무엇인지에 관해서도 많은 관심을 가진다. 이런 '사회적 자연'이라는 새로운 인식을 통해 우리나라의 주요 산줄기와 하천이 어떻게 사회적으로 구성돼왔으며, 그것이 다시 사회적 관계에 어떤 영향을 미치고 있는지 살펴보기로 하자.

자연에 이름이 붙여지는 순간 그 자연은 사회적 존재가 된다

이름을 알고 나면
이웃이 되고

색깔을 알고 나면
친구가 되고

모양까지 알고 나면
연인이 된다.

아, 이것은 비밀*

● 나태주, 《꽃을 보듯 너를 본다》, 지혜, 2015

앞의 글은 나태주 시인이 풀을 소재로 쓴 연작시 중 하나인 〈풀꽃 2〉이다. 시에서 화자는 어느 풀꽃의 이름을 알아낸다. 곧 그 풀꽃은 이웃이 되더니 친구를 거쳐 연인으로까지 발전하게 된다. 숲이나 들판에 자라는 다양한 초본식물을 한데 묶어 풀이라고 부른다. 풀은 어느 하나의 특정한 식물을 지칭할 때보다는 이름 모를 식물들을 집합적으로 가리킬 때 쓰는 말이다. 그러한 풀들 중에서 이름을 알고 있는 대상이 있다면, 그것은 다른 풀들과 달리 보이게 된다. 평상시에 민들레를 알고 있었다면 숲이나 들을 산책할 때 다른 어떤 풀들보다 민들레가 눈에 띄기 마련이다. 인간은 언어를 통해 존재를 선택적으로 지각하고 인식하기 때문이다.

시인이 풀꽃과 관계를 맺어간 방식은 사람들이 자연을 인식하고 해석하는 과정에도 그대로 적용된다. 연속적으로 펼쳐진 광범위한 자연 중에서 특정한 자연을 떼어내어 차별적으로 인식하기 위해서는 언어가 필요하다. 국토 최동단에 위치한 바위섬들을 떠올리기 위해서는 '독도'라는 두 글자가 필요하고, 백두산부터 지리산까지 이어지는 산줄기는 '백두대간(白頭大幹)'이라는 이름을 통해 그 존재가 드러나게 된다. 물리적인 측면에서는 독도와 백두대간 모두 그 이름과 무관하게 존재하지만, 이들이 인간의 인식체계 안으로 들어오기 위해서는 반드시 사회적으로 합의된 언어의 도움을 받아야 한다.

자연에 이름을 붙이고 의미를 규정하는 것은 다양한 사회적 맥락에 처한 다수의 행위자들에 의해 수행된다. 따라서 동일한 자연이 상반된 이해를 가진 행위자들에 의해 상이하게 재현되는 과정에서 대립과 갈등이 발생하기도 한다. 전 세계인이 이용하는 인터넷 지도에서 독도와 동해를 표기하는 방법을 둘러싸고 벌어지는 한·일 양국

간의 대립과 갈등은 자연이 어떻게 사회적으로 구성되는지를 극명하게 보여주는 사례이다. 인터넷 지도를 제공하는 글로벌 IT 기업들이 일본 정부의 요구를 받아들여 독도를 '다케시마'로, 동해를 '일본해'로 표기할수록 독도와 동해는 우리나라 사람들의 민족의식을 고취하는 상징적인 지위를 획득하게 된다. 자연에 특정한 이름이 붙여지는 순간, 그 자연은 가치중립적인 물리적 대상에서 가치지향적인 사회적 자연으로 전환되는 것이다.

자연을 사회적으로 구성하는 과정에서 발생하는 대립과 갈등은 국가들 사이뿐만 아니라 한 국가 내에서도 발생한다. 우리나라에서는 한반도의 산줄기를 재현하는 방식을 놓고 산맥 체계를 지지하는 이들과 백두대간을 옹호하는 이들 사이에서 치열한 논쟁이 전개된 바 있다.

백두대간은 한국의 산지 체계를 상징하는 대표적인 명사이다. 백두산을 국토의 기원으로 간주하고, 백두산 병사봉에서 지리산 천왕봉에 이르는 길이 약 1,470킬로미터의 산줄기를 일컫는 말로, '민족정기의 맥(脈)' 혹은 '한민족 공동체의 공간'으로 간주되고 있다. 그러나 백두대간이 우리의 인식체계에 자리 잡은 것은 생각보다 오래되지 않았다. 백두산을 국토의 기원으로 보는 시각은 16세기, 즉 조선 후기에 제작된 지도를 통해 처음으로 확인할 수 있으며, 백두대간이란 용어는 1980년대 이후에 이르러서야 사회적으로 통용되기 시작했다. 그렇다면 백두대간은 어떠한 과정을 거쳐서 갑자기 우리의 인식체계 안으로 들어오게 되었을까?

백두대간이란 단어가 세상에 다시 나오게 된 건 1980년대 한 고(古)지도 연구가가 실학자 신경준이 작성한 것으로 추정되는 《산경표

《山經表》》라는 책을 소개하기 시작하면서부터이다. 이 책에서는 '강이 흐르듯 산이 흐르며, 산은 강을 가르고, 강은 산을 넘지 못한다'는 기준에 따라 강을 끼고 있는 산은 정맥(正脈), 물줄기와 상관없이 솟은 산은 정간(正幹)으로 구분했고, '한반도의 등뼈'를 이루는 큰 줄기의 정간은 대간(大幹)으로 명명하여, 한반도의 산줄기를 1대간, 1정간, 13정맥으로 구성된 것이라고 설명하고 있다. 산악인들은 기존 지리 교과서에 실린 지도를 가지고 산행했을 때는 하천이 산을 가르면서 지도에 있던 산줄기가 끊긴 반면, 《산경표》를 이용한 산행에서는 산줄기와 물줄기의 흐름이 일치한다며 백두대간 개념이 기존 지도보다 정확하다고 옹호했다.

산악인들이 비판한 지리 교과서에 실린 산줄기 지도는 일제강점기에 활동한 일본의 지질학자 고토 분지로(小藤文次郎)가 작성한 '산맥체계론'에 기원을 두고 있다. 고토는 당시 조선의 산맥에 관한 논의들이 주로 지표면에 노출된 자연지형에 관한 설명에 치중하고 있음을 지적하면서 조선의 지세를 결정하는 내부 지질구조를 연구했다. 그러면서 지질학에 기반을 둔 과학적인 연구를 통해 한반도의 지질 형성 과정과 특성을 기준으로 우리나라의 산줄기 체계를 총 15개의 산맥으로 분류했다. 태백산맥, 소백산맥 등이 표현된 지리 교과서에 실린 산맥지도는 이와 같은 연구 결과를 바탕으로 제작한 것이다.

이러한 고토의 연구에 기원을 둔 기존의 산맥지도는 백두대간을 옹호하는 산악인들과 학자들에게 비판받기 시작했다. 이들은 고토가 일본인이라는 사실에 주목하며, 그가 제시한 산맥 체계를 일제강점기의 잔재로 규정했다. 고토의 산맥 개념은 민족정기가 깃든 백두대간을 마천령, 함경, 태백, 소백 등의 서로 다른 산맥으로 구분지어 절

우리 산줄기 분류 잘못돼 있다

집중취재

전통 지리서 '산경표' 각광

흔히들 우리나라 산세의 흐름은 산맥과 일치한다고 알고 있다. 함경산맥, 태백산맥, 차령산맥, 소백산맥 등 16개의 산맥이 있고 이들이 '조선, 지나, 랴오둥' 세 방향으로 분류된다고 배워 왔다.

그러나 관심을 가지고 우리나라의 산을 돌아본 사람이면 이 산맥들이 실제 산줄기의 흐름과 일치하지 않는다는 사실을 알 수 있다. 낙동강에서 중추천줄기고 추리산에서 문화산으로 가려 하면 금강이 앞을 가로막는다. 소백산맥을 이루는 마산산과 백운산 사이여는 섬진강이 도도히 흐른다. 서울·경기지방에도 북한산 등 산이 많은데 이들은 모두 '뮤스속'으로 돼 있다.

국어사전은 '산맥'을 "뻗어나간 산의 줄기"(우리말 큰사전), 어문각), "여러 산이 잇달아 길게 뻗치어 줄기를 이룬 지대"(새우리말 큰사전), 일성출판사)라고 정의한다. 교과서도 이한가지다. 그러나 실제는 다르다. 기대가 틀어지고 같이 뛰어나온다.

일본학자 지질구조 적용

우리나라의 산맥은 1900년대 초 일본 지질학자들이 땅 밑의 지질구조에 따라 분류한 것이기 때문이다. 지질구조에 따른 산맥이라는 개념은 나름대로 유용하지만 교과서나 교과서도 이한가지다. '산맥'을 '산줄기'와 같은 의미로 사용함으로써 지표상의 산의 흐름을 실제와 다르게 가르치고 있는 것이다.

이와 관련해 과거 우리 조상들이 산세를 분류한 본 체계를 다시 찾아내고 이에 따라 우리의 지도를 다시 작성해 사용하는

여기의 산의 유치를 대동여지도에 빼어 넣었다. 산의 이름이 많이 대되고 오자도 많아 그렸다. 같은 산경도를 완성하는 데 6개 월이 걸렸다. 어쨌든 그 과 회계의 산이라 할을 상대로 산경도의 우수함을 설명했다.

으로 모인다. 즉 이 지역은 모두 낙동강을 먹고 사는 낙동강 수계다. 한북정맥·한남정맥·한남정맥에 둘러싸이고 중부지방은 모두 한강수계다. 즉 대간·정맥들이 강을 청천강·대동강·예성강·임진강·한강·

'산맥'개념 실제 지형과 불일치
대간·정간·정맥으로 분류돼야

과거 우리의 역사·문화 분을 아는 데 매우 중요한 단서가 된다. 조상들에는 (산경표를 위하여)에서 '산경도를 알고 나면 지리 인식뿐 아니라 역사·문화 인식이 달라진다'고 말했다.

전통적인 우리의 지형 분류 체계에 따라 작성된 산경도(왼쪽)는. 190 3년 일본 지질학자 고토가 작성한 산맥도가 지표면의 실제 산세와 맞지 않음을 잘 보여 준다.

백두대간을 보도한 신문기사 **1994년 1월 7일자 한겨레신문**

단했기 때문에 민족공동체를 해체하려는 의도가 엿보인다고 비판했다. 특히 1990년대 들어 백두대간 옹호자들은 정부, 학자, 시민단체 등의 지원을 받은 다양한 활동을 통해 일반인들에게 민족주의적 감성을 자극하며 백두대간 개념을 사회 전방위적으로 확산시키는 데 주력하였다. 그 결과 지금처럼 백두대간이 '민족정기의 맥(脈)' 혹은 '한민족 공동체의 공간'이라는 심상(心想, imagery)을 지닌 용어로 통용되게 된 것이다.

그러나 고토 분지로가 백두대간 옹호자들이 말하듯이 제국주의적

관점에서 조선의 민족공동체를 해체하려는 정치적 의도를 가지고 연구했다고 보는 것은 설득력이 떨어진다. 고토의 산맥 체계는 《산경표》와는 다른 기준으로 제작된 것이다. 《산경표》가 산지의 연속성을 강조하여 지표면 외부로 드러난 지세의 모습을 강조했다면, 고토의 산맥지도는 땅 밑의 지질 특성에 초점을 둔 것이다. 그리고 이는 현대 지형학에서 산맥의 존재를 재현하는 일반적인 방법이기도 하다. 따라서 백두대간과 기존의 산맥지도 중 어느 하나만을 배타적으로 선택해서 사용할 필요는 없다. 이 둘은 서로 다른 장단점을 지니고 있으며, 이는 사용자의 목적에 따라 얼마든지 상호 보완적으로 결합될 수 있다.

백두대간과 산맥 체계 논쟁을 통해 살펴보았듯이 자연을 재현하는 방식은 처음부터 정해져 있는 고정적인 것이 아니다. 한반도의 산줄

설악산 흔들바위와 울산바위(1982년), 설악산 권금성 정상(2001년)

백두대간 용어가 없었던 1980년대나 백두대간 용어가 확산된 2000년대나 설악산의 자연지형은 존재했으며, 인간의 판단에 의해 설악산은 백두대간과 태백산맥 그 모두에 속할 수도, 혹은 속하지 않을 수도 있다.

기들은 이름을 부여받기 이전부터 존재해왔지만, 그것이 우리의 인식체계로 들어온 것은 백두대간과 태백산맥 등의 특정한 이름을 통해서이다. 따라서 백두대간과 기존의 산맥지도 중 어느 것이 맞고 틀리느냐에 관한 논쟁은 가치중립적인 과학의 영역이 아니라, 당대의 역사, 지리, 정치, 경제 등의 무수한 사회적 관계에 영향을 받는 사회적 문제로 이해되어야 마땅하다. 백두대간과 태백산맥 모두 인간의 의도적인 실천에 의해 만들어진 사회적 자연이기 때문이다.

동일한 자연일지라도 그것이 재현되는 방식은 사회집단의 이해관계에 따라 상이하게 나타난다. 그리고 자연의 상이한 재현은 사회 구성원들이 자연을 서로 다르게 지각하고 해석하는 데 많은 영향을 미친다. 따라서 인간이 자연을 인식하는 방식은 개인의 심리적 문제를 넘어 그들이 처한 사회적 맥락에 따라 달라지는 사회적 행위로 이해되어야 한다. 자연은 인간이 사는 세계의 저편에 독립적으로 존재하는 가치중립적인 대상이 아니라, 인간이 살아가는 사회 안에서 선택적으로 인식되고 끊임없이 재생산되는 가치지향적인 대상이다.

누가 어떤 목적으로 자연을 생산하고 변형시키는가?

자연은 인간의 간섭으로 인해 끊임없이 변형되고 있다. 지구상에 인간이 출현한 이래, 자연은 그 형태와 물리적 구성이 지속적으로 변화했다. 인간은 야생동물들을 자신의 목적에 맞게 가축으로 길들였으며, 농작물을 재배하기 위해 숲과 초지를 농경지로 바꾸어왔다. 상습적인 침수의 위험에 노출되었던 하천 주변은 인공 제방을 건설하고 배수시설을 정비하여 거주하기에 적합한 공간으로 탈바꿈시켰으며, 석유나 천연가스 등의 지하자원을 개발하기 위해 시베리아와 알래스카 곳곳에 도로와 도시를 건설했다. 오늘날 지구상에서 인간의 손길을 거치지 않은 '자연 그대로의 것'을 찾는 것은 쉬운 일이 아니다.

물론 인간만이 자연에 영향을 미치는 것은 아니다. 개미는 땅속이나 굵은 나무기둥 안에 자신들의 정교한 왕국을 건설하며, 비버는 하천이나 늪에 나뭇가지와 흙을 이용해 견고한 댐을 쌓기도 한다. 그러나 인간이 자연에 미치는 영향력은 다른 동물들보다 훨씬 광범위하고 파괴적이다. 인간과 자연의 상호작용은 결코 정해진 틀 안에서 반복적으로 진행되지 않는다. 인간이 자연과 맺는 관계는 특정 집단의 자본을 유지하고 증식하는 방향으로 이루어진다. 인간이 자연을 개조하는 이유는 인류 전체의 생존과 번영을 위해서라기보다는 일부 세력의 이익과 깊은 관련이 있는 경우가 많다.

현재 아프리카 대륙 곳곳의 숲과 초지를 파괴하며 건설되고 있는 대규모 농장들은 인류의 식량문제를 해결하기 위한 방편으로 이루어지는 인도적인 행위가 아니다. 다국적 농업회사가 자신의 이익을 관철하려는 과정에서 나타난 현상이다. 특정 세력의 자본이 자연에 가하는 압력은 생태적으로 불균등한 지리를 창출하기도 한다. 부유한 국가에 사는 사람들의 삶의 질을 위해 각종 공해 산업들이 가난한 나라 혹은 같은 국가의 부유한 도시로부터 가난한 도시로 이전한 결과, 생태적으로 혜택을 입는 지역과 피해를 보는 지역이 차별적으로 나타나게 되었다.

사회적 자연은 자연에 영향을 미치는 인간의 목적과 그것이 창출하는 불균등한 지리에 관해 질문한다. 자연을 사회적으로 재구성할

4대강 살리기 기념우표

수 있다는 것은 특정 집단의 이익을 위해 자연을 정치적인 수단으로 이용할 수 있다는 의미이기도 하다. 대표적인 예로 이명박 정부에서 추진한 4대강 살리기 사업을 들 수 있다. 4대강 살리기 사업을 기념한 우표를 발간한 정부기관은 4대강 살리기 사업이 "해마다 반복되는 수해를 예방하고, 수질 개선과 생태 복원을 통해 우리 하천을 건강한 하천으로 지키며, 수변 여가 공간을 조성하여 삶의 질을 개선하고 이와 더불어 지역 발전을 꾀한다는 목적을 가지고 추진"하였다면서 본 사업의 핵심인 댐을 우표의 배경 그림으로 실었다. 그러나 4대강 사업이 완료된 현재, 그 효과에 대한 다양한 의문이 제기되고 있다.

4대강 살리기 사업은 가뭄과 홍수를 방지하고 하천 생태계를 복원할 목적으로 16개의 댐들을 하천 유역에 건설했다. 이처럼 인간이 과학기술을 이용해 지형을 바꾸고 유량과 유속을 변화시켰다는 점에서 새로운 사회적 자연이 만들어진 것이다. 하지만 건설된 댐들로 인해 유속이 느려지고 또 기후변화의 영향으로 고온현상이 장기간 지속되면서 심각한 녹조 현상이 발생했다. 녹조는 물속에 사는 생명체들의 생존에 필요한 햇빛과 산소의 유입을 차단하면서 하천 생태계를 파괴했다. 게다가 유속이 느려진 데 따라 물이 고인 지점에서는 악취를 내뿜는 외래종 큰빗이끼벌레의 개체 수가 급격히 증가해 하천 생태계가 변화될 것으로 우려되고 있다.

그렇다면 정부는 이처럼 환경에 막대한 피해를 입히고 지역 주민들의 삶의 질을 떨어뜨리는 사업을 왜 강행한 것일까? 그것은 정부가 4대강 살리기 사업을 통해 이익을 얻는 집단의 요구를 수용했기 때문이다. 감사원의 조사에 따르면, 4대강 살리기 사업에 참여한 대기업 건설사들은 합법적인 경쟁 입찰을 통해 선정된 것이 아니라, 건설사들끼리 낙찰 예정자를 사전에 협의하는 담합을 저질러서 막대한 이익을 챙긴 것으로 드러났다. 오늘날 굴지의 건설사들이 1960~1970년대에 건설한 다목적댐, 고속도로, 발전소와 같은 사회 기반시설들은

4대강 녹조 현상

한국의 경제성장 초기 단계에 매우 중요한 역할을 했다. 하지만 눈부신 경제성장을 이루고 사회 기반시설이 충분히 구축된 오늘날에도 대기업 건설사들은 이로 인하여 야기될 경제적·사회적·환경적 문제들을 우려한 시민사회의 비판에도 불구하고, 자신들의 이익을 관철하기 위해 4대강 살리기 사업을 지지한 것이다.

4대강 살리기 사업으로 변형된 하천 생태계는 가치중립적인 과학기술의 결과물이 아니다. 자연이 변형되고 재생산되는 지점에는 기술적인 요인뿐만 아니라 정치·경제적인 힘들이 깊숙이 개입한다. 자연을 변형시키는 힘은 그것을 통해 특정한 목적을 달성하고자 하는 인간의 의도와 분리될 수 없다. 4대강 살리기 사업을 통해 나타난 부정적인 현상들은 이 사업을 통해 자신들의 이익을 관철하려는 집단들의 의도와 실천 속에 내재되어 있던 결과이다.

오늘날 자연은 이윤을 창출하기 위해 끊임없이 형태와 구성이 바뀌기를 강요받고 있다. 자본의 증식을 위해 자연이 생산되고 재구성되고 있는 것이다. 이러한 과정에서 인간과 생태계를 위협하는 수많은 문제들이 발생하고 있으며, 이를 해결하기 위해 매우 큰 사회적 비용이 지불되기도 한다. 4대강 살리기 사업을 통해 살펴보았듯이 사회적 자연은 환경문제가 사회의 구조적 측면으로부터 기인하고 있음을 알게 해준다. 또한 자연을 사회로, 인간을 자연으로 다가서게 하여 두 주체가 어떻게 만나야만 지속 가능한 사회를 만들어갈 수 있는지에 관해 성찰하도록 도와준다. 인류가 직면한 환경위기가 근본적으로 어디에서부터 시작되었는지를 파악하기 위해서는 자연에 압력을 가하는 인간의 행위를 야기하는 정치적·제도적·이데올로기적 측면에 대한 탐색이 선행되어야만 할 것이다.

4

기후변화와 미세먼지를 함께 해결하려면?
탈탄소 사회로의 전환이 답이다

기후변화는 전 인류가 마주한 위기다

인기리에 방영됐던 드라마 〈도깨비〉에는 한겨울에 사랑으로 꽃이 피
는 낭만적인 장면이 등장한다. 하지만 드라마가 아닌 현실에서 때 아
닌 꽃망울을 만나는 것은 사실 꽤 심란한 일이다. 겨울철 이상 고온 현
상의 징후를 마주하는 일일 수도 있기 때문이다. 한반도가 지질학적 ·
기후적 측면에서 안정기에 접어든 이후 아주 오랜 기간, 따뜻한 남풍
을 타고 북상하는 봄의 개화 시기와 찬 북풍을 맞으며 남하하는 가을
의 단풍 시기를 통해 우리는 사계절의 변화를 누릴 수 있었다.

그런데 지난 200년간 누적된 산업화의 효과로 기후가 크게 변화하
고 있다. 온실 기체가 대기에 누적되면서 지구 평균기온의 상승이 지
구적 규모로 일어나고 있고, 국지적 수준에서는 가뭄과 홍수, 폭염과
폭설과 같은 자연재해가 평균분포 바깥의 이상 수준(extreme events)
에서 발생하는 일이 잦아지고 있는 것이다. 지질학적 시간 규모에서

는 대륙의 이동과 화산 분출 등의 자연적 요인에 의한 기후변화가 몇 차례 있었지만, 최근의 기후변화는 산업화와 도시화 같은 인위적 요인에 의한 것이어서 우려스럽다. 사실 지난 200년간의 산업화와 도시화는 경제성장의 결과물이며, 이런 경제성장을 통해 인류의 삶의 질은 크게 개선되어왔다. 하지만 산업화와 도시화를 뒷받침하는 에너지·전력이 대체로 화석연료(석탄, 석유)를 기반으로 생산되었고 화석연료 연소에 의해 대기 중으로 방출된 이산화탄소가 지속적으로 누적된 결과, 인류는 현재의 기후변화 위기에 직면하고 말았다.

기후변화는 인류에게 중차대한 문제이다. 우리나라는 지구온난화로 해수면이 상승해 침수되고 있는 섬나라도, 만년설이 녹아내리는 산악 국가도 아니니 상관없는 일이라고 말할 수 있을까? 지구촌에는 가뭄으로 인한 산불, 집중호우로 인한 도시 침수 등 이상기후 때문에 눈물짓는 사람들이 많다지만 내가 살고 있는 지역과는 무관하니 안심할 수 있을까? 세계는 네트워크로 얽혀 돌아간다. 내가 먹는 음식,

환경위기시계 출처 : 환경재단

시간대별로 0~3시는 양호, 3~6시는 불안, 6~9시는 심각, 9~12시는 위험. 12시에 가까울수록 인류의 생존이 불가능해진다는 걸 의미한다. 우리나라는 2016년 9시 47분에서 2017년 9시 9분으로 다소 완화되었는데, 이유는 환경친화적 대통령의 당선으로 한국 기후변화 대응 노력에 대한 기대가 있었던 듯하다. 참고로, 트럼프의 파리협정 탈퇴 선언으로 미국은 10시 9분, 우리나라가 포함된 아시아는 9시 25분으로 나타났다.

내가 입는 옷, 내가 숨 쉬는 공기까지 무엇 하나 독자적인 것이 없다. 기후변화는 식량 생산, 산업, 인구 이동, 생태 환경 등 전방위적으로 영향을 미친다. 지구촌의 그 누구도, 더 나아가 미래 세대까지도 기후변화로부터 자유로울 수 없다. 기후변화는 더 이상 미룰 수 없는 인류의 숙제인 셈이다.

글로벌 기후 거버넌스, 공통되지만 차별적인 책임

기후변화의 책임은 누구에게 물어야 할까? 산업화의 정도에 따라 기후변화에 미친 영향이 다른 만큼 국가마다 책임 정도는 다를 수밖에 없다. 하지만 기후변화는 전 세계적으로 영향을 미치는 지구적 차원의 위기이기 때문에, 개별 국가의 대응뿐 아니라 지구적 차원의 협력과 대안 모색이 필요하다. 기후변화에 대한 지구촌 논의는 1990년대부터 시작해 오늘날까지 이어지고 있다. 오늘날의 기후변화에 관한 갈등이나 합의를 이해하기 위해서는 대략적인 전개 과정부터 알아야할 필요가 있다. 중요한 전진을 이룬 회의를 중심으로 기후변화 협의의 역사적 맥락을 짚어보기로 하자.

첫 번째 전진은 1992년 브라질 리우데자네이루의 지구정상회의(Earth Summit)와 함께 열린 유엔환경개발회의에서 166개국 정상이 서명함에 따라 유엔기후변화협약(UNFCCC)이 체결된 것이다. '리우회의'는 동구 사회주의 체제의 해체 이후 명실공히 세계의 시장과 시민사회가 하나로 연결되는 지구화 시대를 맞이해, 세계 각국 정상들이 모여 공동의 미래를 전망하고 공동의 과제를 도출한 뜻깊은 장이었다. 이 회의에서 지구공동체가 직면한 공통의 과제로 '기후변화'라는 의제가 제시되었고, 이에 대한 공동의 대응 노력이 필요하다는 점이 합의되었다.

물론 합의 과정에는 큰 진통이 있었다. 이미 산업화의 완숙기에 있는 선진국들과 이제 막 지구화된 경제에 진입하여 산업화의 희망을 품고 있는 개발도상국들의 입장이 달랐기 때문이다. 이에 '공통적이지만 차별화된 책임의 원칙'이 도출되었다. 다시 말해 산업화를 먼저 달성한 24개 OECD 국가와 11개 전환경제국이 온실가스 배출에 더 큰 책임이 있으므로 개도국보다 먼저 감축 노력을 실시해야 한다는 뜻이다(당시 한국은 OECD 국가가 아니었으므로 의무적 감축대상국에서는 제외되었다).

두 번째 전진을 이룬 회의는 1997년 일본 교토에서 열린 제3차 당사국총회(COP 3)로, 기후변화에 대응함에 있어 중대한 발걸음을 내딛은 자리였다. 이 회의에서 기후변화의 주범인 주요 온실가스에 대한 정의*가 이루어졌고, 2008~2012년(1차 공약 기간) 사이 1990년대 대비 온실가스 총배출량을 평균 5.2퍼센트 줄이자는 목표가 수립되었기 때문이다. 그리고 선진국과 개도국에게 차별적인 의무를 부여하는 '교토의정서'도 이때 채택되었다.

하지만 교토의정서의 운명도 순탄치는 못했다. 2001년 3월, 조지 부시 미국 대통령이 '불공평, 고비용'을 이유로 교토의정서 비준을 거부했으며, 더 나아가 미국 내에서는 기후변화 자체를 의심하는 '기후회의론'이 유포되기까지 했다. 우여곡절 끝에 교토의정서는 2005

● 지구온난화는 대기 중의 온실가스(GHGs, Greenhouse Gases) 농도가 증가하면서 온실효과가 발생하여 지구 표면의 온도가 점차 상승하는 현상을 말한다. 온실효과를 일으키는 6대 온실기체는 이산화탄소(CO_2), 메탄(CH_4), 아산화질소(N_2O), 수소불화탄소(HFCs), 과불화탄소(PFCs), 육불화황(SF_6)이다.

년부터 발효되었지만 그 이후에도 여러 차례의 고비를 넘어야 했다.

세 번째 전진은 그로부터 10년이 지나 찾아왔다. 2007년 인도네시아 발리에서 열린 제13차 당사국총회(COP 13)는 기후변화 협상에 또 하나의 분기점을 마련한 회의였다. 당시 2010년 이후에는 한국, 중국, 브라질, 인도 등 개발도상국들의 온실가스 배출량이 선진국의 배출량을 능가할 것이라는 관측이 나오는 상황이었다. 이제는 온실가스 다배출 개발도상국도 온실가스 감축에 의무적으로 동참해야 한다는 목소리가 커지게 되었다. 이때 채택된 '발리-로드맵'에서 교토 이후 선진국과 개도국이 모두 참여하는 새로운 기후변화 대응체제를 만들자는 것이 합의되었다. 하지만 새로운 체제에 대한 논의는 1차 공약 기간(2008~2012년)이 끝나는 시점까지 마련되지 못한 채 교토의정서의 공약 기간을 연장(2013~2020년)하는 땜질 처방만 이루어지고 말았다.

파리 기후변화회의

전 세계에 벌어진 기후변화 종식 시위

　네 번째 전진! 2015년 파리에서 열린 제21차 당사국총회(COP 21)에서 마침내 기후변화 대응의 목표와 세부규칙을 포함한 '파리협정'이 체결되었다. 교토의정서 이후 18년 만에 새로운 합의에 도달하게 된 것이다. 파리협정에서는 IPCC의 4차 및 5차 보고서의 의견을 따라 지구 평균온도의 상승폭을 산업화 이전 대비 2℃ 이내, 장기적으로는 1.5℃ 이내에서 안정화시키자는 목표를 세웠다. 금세기 말인 2100년에 이르면 신규로 배출되는 온실가스가 제로에 수렴하는, 이른바 탄소 중립(carbon neutral)에 도달하자는 데 뜻을 같이한 것이다. 이 말은 곧 저(低)탄소가 아니라, 탈(脫)탄소 사회로의 전환을 이루자는 획기적인 주장을 담고 있는 셈이다.

　선진국만이 아닌 협상 당사국 196개국이 모두 참여하여 자발적인 국가별 감축 목표를 수립해야 한다는 점도 교토의정서와의 큰 차이점이다. 또한 구속력 있는 협정이므로 각국이 제시한 감축 목표는 2023년 이후 5년마다 점검하며 결코 후퇴해서는 안 된다는 원칙도 수립하였다. 기후변화 대응에 소요되는 비용은 선진국을 중심으로 과거 국제개발협력기금(ODA)과는 구분되는 별도의 재원을 마련한 다는 내용 또한 협정문에 공식 포함되었다.

신(新)기후체제의 도전 과제, 2℃ 이내로 방어하라!

과학자들은 대기 중의 이산화탄소 농도 450ppm을 기후변화의 중대한 분기점, 이른바 티핑포인트로 본다. 이 기준점을 넘어서면 세계의 평균기온은 산업혁명 이전과 비교할 때 2℃ 이상 올라가게 되는데, 그렇게 되면 홍수와 가뭄, 이상 한파, 이상 고온, 극지대 빙하 해빙에 따른 해수면 상승이 본격화되는 등 기후변화로 인한 재앙이 현실화될 가능성이 매우 높기 때문이다. 마치 탄성을 잃은 고무줄처럼 다시는 산업화 이전 수준으로 돌아갈 수 없을 것이라는 비관적 전망도 나오고 있다.

　세계에서 가장 청정한 지역으로 손꼽히는 하와이 마우나로아 관측소에서는 매일 대기 중의 온실가스 1일 평균농도를 관측한다. 그런데 2013년 5월 이곳에서 관측 역사상 처음으로 온실가스 농도가 400ppm을 넘어서는 결과가 발표되었다. 이에 기후변화를 우려하는 세계 시민들 사이에서는 인류가 돌이키기 어려운 변화의 과정에 이미 접어든 것이 아닌가 하는 암울한 전망이 퍼져나갔다.

　UN은 기후변화협약에 따라 '기후변화에 관한 정부 간 위원회(IPCC, Intergovernmental Panel on Climate Change)'라는 전문기구를 만들어 기후변화의 위험을 평가하고 기후변화협약의 국가별·지구적 실행 보고서를 발행하는 임무를 부여하였다. IPCC는 1990년 이후 5~6년 간격으로 총 다섯 차례의 기후변화에 관한 평가보고서를 발간했다.

출범 초기만 해도 기후변화를 인정하는 집단과 부인하는 집단 간의 이해관계가 첨예하게 대립했지만 2007년 발표된 IPCC 4차 보고서를 통해 기후변화는 '사실상 확실(99%)'하며, 변화의 원인은 인간 활동의 결과일 가능성이 '지극히 높다(95%)'는 일치된 의견이 도출

서로 다른 온실가스 배출을 가정한 4개의 시나리오, 그 결과는?

IPCC 5차 보고서에서는 기준이 되는 대기 중 온실가스 농도 값을 설정한 다음, 그 농도 값에 해당하는 배출량이 지속적으로 배출될 경우 지구의 평균온도의 상승 값을 예측하는 총 4개의 시나리오를 제출하였다. 이를 대표농도경로(RCP, Representative Concentration Pathways)라고 하며, 검토된 4개의 시나리오는 온실가스 농도에 따라 RCP 8.5, RCP 6.0, RCP 4.5, RCP 2.6 시나리오라고 불린다. RCP 시나리오별 특징을 간략히 살펴보자.

시나리오 구분	특징	2100년 온실가스 농도
RCP 2.6	인간 활동에 의한 영향을 지구 스스로가 회복 가능한 경우 (실현 불가)	420ppm
RCP 4.5	온실가스 저감 정책이 상당히 실행되는 경우	540ppm
RCP 6.0	온실가스 저감 정책이 어느 정도 실현되는 경우	670ppm
RCP 8.5	저감 없이 현재 추세로 온실가스를 배출하는 경우	940ppm

위의 시나리오가 보여주듯 기후변화를 완화시키기 위한 지구적 노력 없이 현재의 추세대로 온실가스를 배출하면 21세기 말에 대기 중 온실가스 농도는 940ppm에 이르게 된다. 이렇게 되면 지구 평균온도는 4.8℃ 상승하고 강수량도 6.0퍼센트 증가하게 된다. 이러한 사태를 막기 위해 국가별·지구적 차원의 온실가스 저감 노력이 필요하며, 최대 RCP 4.5 시나리오를 따르되, 사회·경제적 전환을 통해 지구 평균온도 상승을 2℃ 이하, 가능하면 1.5℃ 이하에서 유지하자는 목표가 파리협정을 통해 합의되었다.

되었다. 2011년 발표된 5차 보고서에서는 지난 100년간(1901~2012년) 지구의 평균기온도 이미 0.89℃가 상승하였다는 결과가 포함되었다. 이것은 인류에게 변화를 위해 노력할 시간조차 그리 많이 남지 않았다는 심각한 경고인 셈이다. IPCC의 5차 보고서에 따라 2015년 파리에서 열린 제21차 당사국총회(COP 21)에서는 온실가스 농도를 450ppm 선에서 방어하자는 전 인류적 과제를 놓고 토론이 벌어졌고, 파리협정을 통해 2020년부터 신기후체제를 출범시키자는 원칙이 합의되었다.

신기후체제는 지난 200년간의 산업화 시대와는 구분되는 새로운 패러다임을 요구한다. 단순히 온실가스 배출을 감축하는 것을 넘어, 기후변화 대응 재원을 조성하여 선진국과 개도국의 조화로운 감축과 적응을 지원해야 한다. 또한 1992년 리우회의에서 합의된 '지속 가능 발전'의 원칙을 실제로 실현하기 위해, 지역·국가·지구적 차원에서 환경과 경제와 사회의 조화로운 발전을 추구해야 한다.

세계 11위(2016년 기준)의 경제대국인 한국도 기후변화의 안전지대가 결코 아니다. 기상청이 발간한 〈한반도 미래 기후변화 전망보고서〉(2012)에 따르면, RCP 4.5의 시나리오에 따라 온실가스 감축이

RCP	CO₂ (PPM)	온도(℃)		해수면(cm)		강수량(%)	
		전 지구	우리나라	전 지구	우리나라	동아시아	우리나라
RCP 8.5	936	3.7	5.9	63	65(남·서해안) 99(동해안)	–	18
RCP 6.0	670	2.2	–	48	–	–	–
RCP 4.5	538	1.8	3.0	47	53(남·서해안) 74(동해안)	7	16
RCP 2.6	421	1.0	–	40	–	–	–

RCP 시나리오별 기후변화 전망 21세기 말 기준, 출처 : 기상청(2012년)

이루어지더라도 21세기 말 한반도 평균기온은 3.0℃(지구 평균 1.8℃), 해수면 상승은 동해안 74센티미터, 남·서해안 53센티미터로, 지구 평균(47센티미터)을 훨씬 웃돈다. 유라시아 대륙의 동안에 위치한 한반도는 몬순의 영향을 크게 받기 때문에 변화의 폭과 극심한 이상기후가 보다 심하게 나타날 가능성이 높은 탓이다.

파리협정 전 대부분의 국가가 자발적 감축 목표를 UN에 제출하였는데, 한국은 2030년까지 배출전망치(BAU. 별도의 노력 없이 현재 수준의 온실가스 배출이 유지될 경우를 상정함) 대비 37퍼센트의 온실가스를 감축하겠다는 계획을 밝힌 바 있다. 한국의 감축 목표에는 국내 감축분 25.7퍼센트와 해외 감축분 11.3퍼센트가 뒤섞여 있다. 이에 기존의 감축 목표보다 국가 감축분은 사실상 후퇴한 것이라는 비판이 일었던 게 사실이다. 하지만 한국 정부가 녹색기후기금(GCF)이라는 국제기구를 인천 송도에 유치한 만큼 개도국의 온실가스 감축 노력에 대한 적극적인 지원과 더불어 국가 경제 및 에너지·전력 체제를 탈탄소의 방향으로 전환해야 한다는 것은 분명해 보인다.

기후변화에 대한 국가별·지역별 책임과 대응

지구 평균온도 상승을 2℃ 내외로 억제하려면 대기에 배출된 이산화탄소 총량은 1조 톤 이하로 유지해야 한다. 그런데 2011년 기준, 인류가 이미 배출한 이산화탄소량은 5,150억 톤이며, 따라서 2100년까지 배출할 수 있는 이산화탄소의 총량은 4,850억 톤에 불과하다. 세계 각국은 향후 배출 가능량을 이 한도 내에서 배분해야 하는데, 기후변화협약의 가장 기본적인 원칙인 '공통되지만 차별적인 책임'의 세부규칙을 둘러싼 국가 간 합의는 마무리되지 못했다. 2020년 이후 선진국과 개도국 모두 감축 의무를 이행해야 하지만, 국가별 감축 목표를 어떻게 차별화할 것이며, 공약 불이행 시 국가를 규제할 구체적인 방식에 대한 논의는 아직 협의를 시작하지도 못한 실정이다. 따라서 기후변화의 대응은 끝이 아니라 이제 시작점에 선 것이라고 해도 과언이 아니다.

다음의 지도와 도표는 2011년 기준 주요 온실가스 배출국의 국가별 배출량과 국민 1인당 평균배출량을 보여준다. 환경경제학에서 오

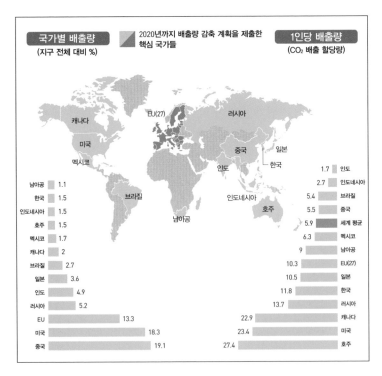

주요 온실가스 배출국의 국가 및 1인당 배출량(2011년) 출처 : CAIT

염의 정도를 계산하는 가장 기본적인 공식이 I(환경영향오염)$=P$(인구)$\times A$(풍요)$\times T$(기술)이다. 이 기본 공식에 유념하면서 국가별로 기후변화에 대한 책임과 대응이 어떻게 다른지 검토해보도록 하자.

먼저 중국을 살펴보자. 중국은 2008년 이후 미국을 제치고 세계 최대의 온실가스 배출국이 되었는데, 2011년 기준 세계 온실가스 배출 총량의 19퍼센트 이상을 차지하는 대표적인 온실가스 다배출 국가이다. 국가 경제규모에서 미국과 더불어 G2를 차지하는 초강대국의 현실을 여실히 보여주는 지표라고 할 수 있다. 하지만 1인당 배출량은 여전히 세계 평균보다 낮은 수준이다. 세계의 공장이라 불리며 급속한 산업화와 도시화를 이룬 중국은 인구와 산업화의 측면에서는 2000년대 이후 기후변화에 큰 책임이 있으나, 국민 개개인의 평균적인 풍요의 수준은 서구 선진국들에 비해 낮은 편이다.

200여 년의 산업화에 책임이 큰 미국과 유럽 선진국(EU 27) 간의 비교에서도 흥미로운 점을 찾을 수 있다. 사실 1인당 GDP만 봐도 양 지역의 생활수준 격차는 그리 크지 않지만 국가 배출량과 1인당 배출량의 격차는 매우 크다. 특히 1인당 배출량에서 미국인의 배출량은 유럽인의 배출량의 두 배에 달한다. 20세기 초에는 에너지 소비량이 곧 경제성장과 발전의 척도로 인식되기도 했다. 여전히 이 명제가 유효한 미국과 달리 유럽에서는 에너지 소비와 경제발전이 탈동조화(decoupling)되는 경로를 밟고 있다. 앞서 언급하였듯 파리협정에 따른 신기후체제는 탈탄소 사회를 지향하며, 유럽은 가장 성실히 의무를 이행하고 있는 지역이다. 미국식과 유럽식 가운데 어떤 풍요의 길이 지구에 해를 덜 끼치는지 알 수 있는 대목이라고 하겠다.

동아시아의 대표적인 산업국인 한국과 일본도 비교해보자. 일본은 인구와 경제규모에서 한국의 두 배 이상이다. 총배출량에서는 일본이 더 큰 책임이 있지만, 1인당 배출량 비교에서는 한국이 일본에 비해 에너지 다소비형 국가임을 알 수 있다. 또한 두 국가 모두 에너지 다소비형 중화학공업이 경제의 근간을 차지한다는 점에서 향후 온실가스 감축을 위해서는 기술적·사회적 체제 전환이 반드시 필요하다는 것도 알 수 있다.

마지막으로 지구의 허파 역할을 하는 열대우림의 보고(寶庫) 브라질과 인도네시아의 경우를 살펴보자. 두 국가 모두 1인당 배출량은 세계 평균보다 낮은 상태이다. 물론 두 나라가 최근 산업화와 도시화가 급속도로 진행 중인 대표적인 신흥국이지만, 또 그에 따라 국가 배출량이 다소 늘어난 것도 있지만, 이 두 국가의 온실가스 배출원인은 산업화보다는 탄소를 흡수하던 열대우림이 빠른 속도로 사라지면서 순(純)탄소 배출원으로 전환된 것에서 찾아야 한다. 특히 인도네시아의 경우 브라질보다 최근 산림 감소 속도가 훨씬 빠르다. 엘니뇨 등으로 인한 이상기후의 영향도 적지 않으나 인도네시아의 열대우림 감소와 온실가스 배출은 상업적 플랜테이션(팜오일과 목재)의 급속한 확산이 주된 원인으로 지목되고 있다. 2015년의 경우, 최악의 건기가 찾아와 1천 건 이상의 화재가 발생했는데, 화재로 발생한 연무(haze)가 이웃 국가인 싱가포르와 말레이시아에 피해를 입혀 국가 간 갈등을 심화시켰다. 특히 화재로 인한 이탄지(peatland, 땅속에 많은 양의 탄소를 저장하고 있는 습지) 손실이 심각한 수준이어서 2015년 인도네시아는 세계 5대 온실가스 배출원이라는 불명예를 얻기도 했다.

이상에서 살펴보았듯이 기후변화의 정도와 양상, 온실가스 감축을 위한 국가별 과제는 매우 다양하다. 하지만 인류가 직면한 공동의 과제인 기후변화 앞에서 그 어느 국가도 감축 의무로부터 자유롭지는 못하다. 대선 국면에서 공공연히 '기후회의론'을 지지하던 트럼프가 2016년 말 대통령 당선이 확정되었을 때, 마침 모로코 마라케시에서 개최 중이던 제22차 당사국총회(COP 22)에서는 탄식의 함성이 터져나왔다. 2017년 3월 말, 트럼프는 "파리협정은 미국에 불이익을 가져다준다. 나는 미국 국민을 보호할 책무를 수행할 의무가 있다"며 오바마 정부가 탈탄소 사회를 향한 청사진으로 제시한 '클린 파워플랜'을 재검토하겠다는 행정명령에 서명했다. '기후변화보다는 일자리'를 내세우며 석탄 및 에너지산업에 종사하는 남성 노동자들의 지지를 끌어내는 동시에 전임 정권의 정책을 뒤집는 처사로 볼 수 있다.

그러나 이러한 변화를 반대하는 미국인들의 행동도 함께 전개되고 있다. 트럼프 취임 100일인 2017년 4월 29일에는 워싱턴 D.C.를 비롯한 미국 내 300여 곳에서 '전국민 기후 행진'이란 시위가 펼쳐졌다. 레오나르도 디카프리오와 같은 유명 할리우드 배우에서부터 신규 송유관 공사로 생존권 위협에 내몰린 아메리카 원주민들에 이르

워싱턴 D.C.의 전국민 기후 행진(2017년)

기까지 수천 명의 미국 국민이 트럼프의 반(反)환경정책을 비판하고
파리협정의 약속을 지켜야 한다며 목소리를 높였다. 더 나아가 캘리
포니아를 비롯한 10여 개의 주에서는 트럼프 정부의 기후변화 탈퇴
결정을 비판하며, 주 정부 차원에서라도 파리 기후협약을 중단 없이
이행할 것이라고 선언하기도 했다.

아시아의 열대우림국 인도네시아에서도 변화의 모습은 이어지고
있다. 동남아시아에서는 연무가 동북아시아의 황사 및 미세먼지 갈
등과 마찬가지로 심각한 문제였다. 6~9월 건기 동안 인도네시아의
산림과 이탄지에서 발생한 화재가 인접국에까지 이르는 심각한 연무
를 발생시켜 보건과 교통 및 관광 부문의 경제적 타격으로 이어졌기
때문이다. 이 문제를 해결하기 위해 동남아시아국가연합(ASEAN)은
2002년 연무협정을 체결했지만, 주요 원인 당사국인 인도네시아가
비준을 거부함으로써 효력 없이 표류 중이었다. 그러던 인도네시아
가 협정 체결 12년 만인 2014년 말 국회에서 연무협정을 비준하며
변화된 태도를 보여주었다. 그 결과, 2015년부터 강화된 규제와 기
업, NGO, 지역 공동체가 참여하는 자발적 노력에 힘입어 2016년의
화재와 연무는 전년 대비 절반 수준까지 낮아졌다.

기후 복지와 탈탄소로 가는 길

기후변화는 국민 개개인의 인식 전환과 생활양식의 변화를 요구하지
만, 큰 틀에서 보면 탈탄소 사회를 향한 사회·기술·경제적 차원의
재구조화와 에너지·전력 부문의 전환을 향한 로드맵이 동시에 이루

순위	국가	순위	국가
1	방글라데시	6	아이티
2	시에라리온	7	에티오피아
3	남수단	8	필리핀
4	나이지리아	9	중앙아프리카공화국
5	차드	10	에리트레아

세계 10대 기후 취약국(2015년) '매우 심각' 수준

어져야 한다. 탈탄소 전환을 위해 많은 국가들에서 기후에너지부를 신설하는 등 정부 조직 개편을 비롯한 다양한 조치에 나서고 있다. 사실 기후변화의 진행을 완벽하게 통제하는 것은 현재로서는 불가능한 일이다. 이미 대기 중에 배출된 온실가스로 인한 영향이 현실에서 나타나고 있기 때문이다.

따라서 기후변화에 대응하는 일은 온실가스의 배출을 줄이는 완화(mitigation) 활동뿐 아니라, 거대한 변화에 인류의 생활양식을 적응(adaptation)시키는 활동도 중요하게 요구된다. 기후변화의 영향은 사회경제적 취약 국가나 취약 계층에 보다 큰 피해를 입힐 가능성이 높다. 국제적 차원에서는 주요 기후 취약국에 대한 기후변화대응 ODA(공적개발원조)의 제공을, 국내적으로는 취약 계층을 위한 폭염대책이나 겨울철 난방비 지원 등과 같은 기후 복지적 차원의 노력이 필요한 이유다.

최근 우리 사회의 가장 시급한 대기오염 현안 중 하나인 미세먼지 대책 역시 기후변화 대응 로드맵과 밀접하게 관련되어 있다. 2017년 초《네이처(Nature)》에 수록된 한 논문은 베이징의 심각한 겨울철 스모그에 대해 난방용 석탄 소비량 증대의 영향이 지대하지만, 그뿐 아

니라 기후변화의 요인도 있다고 주장하고 있다. 기후변화의 영향으로 시베리아 기단에서 불어오는 겨울 계절풍이 약화되면서 스모그의 베이징 정체가 심화되고, 대기 안정화로 오염물질 확산이 저지되면서 스모그가 훨씬 심해진다는 것이다.

한국의 미세먼지는 중국발 요인과 국내 석탄발전소 및 디젤유 차량에서 기인하는 요인이 복잡하게 엉켜 있다. 이에 미세먼지 대책은 한국과 중국이 함께 '화석연료에 기반한 발전과 교통 부문'을 축소하기 위한 공동의 노력을 다짐하는 것에서 시작될 수 있을 것이다. 눈에 띄게 악화된 미세먼지와 인류의 미래를 위협하는 기후변화에 대응하기 위해 우리 사회는 어떤 선택을 해야 할까? 앞에서 이야기했듯 인류에게 남겨진 시간은 그리 많지 않다.

● 기후변화행동연구소 뉴스레터
http://climateaction.re.kr/index.php?document_srl=172493&mid=news01#0

새로운 공간의 선택과 개발은
어떻게 서울을 만들었나?

나와 우리 모두의 도시화1

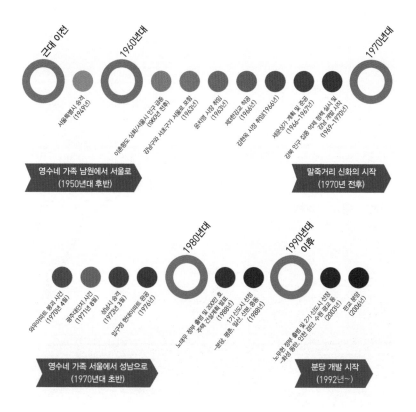

서울 및 수도권의 변화 과정

도시화 과정의 속살과 공간이 주도해나간 사회 변화

다음의 사진을 보자. 어느 날 소달구지를 끌며 농사를 짓던 마을이 하루아침에 도시 개발의 최고 중심지로 자리 잡았다. 소수의 사람들을 제외하고는 이런 기막힌 광경에 넋을 놓았다. 위쪽 사진 속 마을

압구정동 아파트 일대 위 1978년(ⓒ전민조), 아래 2017년

은 아래의 사진처럼 우리나라 중산층의 최고 터전이 되었다. 그 과정은 이촌향도(離村向都)와 수도권의 형성이라는 거대한 사회 변화 속에서 찾을 수 있다. 그 변화는 극적이며 특이했고 빨랐다. 그 극적인 변화 속에는 끊임없이 이어지는 공간의 변화가 있었다.

그 거대한 공간의 변화와 재편의 과정을 좀 더 자세하게 들여다보면, 많은 사람들이 주거 공간을 이동한 경로를 만날 수 있다. 순수하게 자발적이지만은 않은 이유들로 주거 공간의 변화를 경험한 수많은 사람들의 삶 속에서 우리나라 근·현대의 도시화 과정이 진행되었다. 그런 변화의 모습을 당대의 평범한 한 가족이 겪은 이주 경험을 통해 들여다볼 계획이다. 그 속에는 국가 주도의 성장 과정을 지나오는 동안 우리나라 도시문화 형성을 주도한 공간 전략이 고스란히 드러나 있다. 그리고 그러한 공간의 선택이 어떻게 사회 변화를 주도했는지도 볼 수 있다.

이촌향도, 남원에서 서울로

여기 한 가족이 있다. 그 가족을 영수네라고 하자. 영수의 할아버지는 영수의 아버지가 아직 어릴 때 일찍 돌아가셨다. 집안의 가장이 없으니 가세가 급격히 기울었다. 할아버지의 경제력에 의존했던 가족은 시골에서 땅 한 평 없이 경제력을 유지하기 어려웠다. 할머니는 가족을 이끌고 겨우 닿을 만한 연고를 찾아 서울로 이주하게 된다. 1950년대 후반의 일이다.

우리나라의 도시화 과정은 여러 단계를 거쳐서 진행되었다. 해방

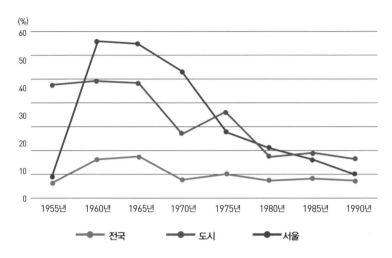

도시화 과정에서 인구 증가율 비교 **출처 : 통계청**

이후 1940년대 말 일시적으로 해외에서 유입된 인구가 도시로 집중하면서 처음 나타났다. 이후 한국전쟁이 발발했고, 1960년을 전후로 급격한 도시화가 진행되기 시작했다. 통계적으로 1955년 약 632만 명의 도시 인구 중 서울 인구가 156만 명이었다. 도시화 과정에서의 인구 증가율을 비교해놓은 그래프를 보면 1960년 즈음을 기점으로 서울의 인구 증가율*이 급격하게 높아지는 모습을 볼 수 있다. 이촌향도를 선도하는 도시로서 서울의 위상이 본격화되는 시기였기 때문이다. 1960년을 전후로 도시화의 성격 또한 달리 나타났다. 1960년까지는 도시의 기반산업이나 시설 등의 수용 능력을 초과하여 생활 기반의 조성 없이 도시화가 진행되었다. 현대의 제3세계(또는 개발도상국) 도시들처럼 불량주택이 기하급수적으로 늘어나게 되었다.

● 인구 증가율은 전년도 대비 현재 연도의 인구가 얼마나 증가했는지를 나타내주는 지표이다. 0보다 크면 인구가 증가하고 0보다 작으면 인구가 감소하는 것을 의미한다.

이 시기 사람들이 농촌을 떠나 도시로 이동한 주된 이유는, 다양한 흡인 요인을 가진 도시를 향한 동경에서 비롯되었다. 또한 경쟁적으로 더 나은 삶을 꿈꾼 것도 크게 작용하였다. 그 당시 도시라는 공간은 평등 또는 공평한 경쟁이 가능한 곳이라는 기대감이 있었기 때문이다. 그런 기대는 많은 사람들로 하여금 교육을 통해 신분 상승이 가능하다고 여기게 만들었다. 이런 도시 공간의 특징은 젊은이들이 농촌을 떠나 도시로 향하게 한 주요 원인으로 작용하였다.

광복 이후 민주사회로의 변화와 한국전쟁 이후 공간의 재편은 기존에 존재하던 차별적 요인들을 제거했는데, 이로써 대부분의 사람들이 새로운 공간에서 혼재되어 살아가야 했던 시기를 맞이한 것이다. 이후 누구나 노력을 통해서 더 나은 삶을 살 수 있다는 가능성과 그것이 가장 잘 실현될 수 있는 공간이 도시라는 통념이 받아들여지며 도시로의 인구 집중은 가속화하기 시작했다.

1960년 이후의 도시화는, 서울을 비롯한 주요 도시를 중심으로 공업단지가 곳곳에 조성되면서 산업의 발달이 주도하는 형식으로 진행된다. 이로써 본격적인 근대화가 이루어지는 시기로 넘어가게 되는 것이다.

청계천 판자촌 화재와 와우아파트 붕괴사건의 전말

영수네 가족은 이촌향도가 활발하게 진행되던 1950년대 후반 서울에 처음 입성해 청량리 주변에 자리를 잡았다. 여느 가족들처럼 보다 나은 삶을 누리기 위해 실낱같으나마 서울에 연고를 찾아 상경한 것이다. 하지만 누군가의 도움을 받아 집을 마련해 살 만한 형편은 되지 못했다. 할머니의 노동력에 의존해 셋집 하나를 얻어서 영수의 아버지가 겨우 학업을 마칠 수 있는 정도였다. 당시에는 방학이 끝나고 나면 종종 빈자리가 생겼고, 그 자리에는 국화꽃이 놓여 있곤 했다. 그러면 반 친구들은 눈물을 흘리며 친구의 죽음을 애도했다. 무허가 주택 지구의 거주민들은 화재에 쉽게 노출되었고 제대로 된 의료 지원을 받지 못하는 등 사각지대에 놓여 있었기 때문이다. 급속한 도시화의 부작용이 낳은 수많은 비극들 중 하나였다.

광복 직전 일본군에 의해 지어진 방공호는 광복 후 귀국한 많은 동포들의 임시 주거지 역할을 했다. 이른바 혈거(穴居)족*이라 불린 이들이다. 이외에도 한국전쟁 이후 월남민들은 지금의 용산 일대 해방촌이라고 불리던 곳에 판자촌 집단 마을을 조성하여 살았다. 이후 청계천변에도 당시 신문기사의 표현처럼 '게딱지'같이 무허가 건축물들이 들어섰다. 자고 나면 수백 채가 넘게 생겨나는 판잣집이 순식간에 하천가와 산허리를 덮어버릴 정도였다. 나중에는 무허가 건축물이 매매가 될 정도로 일반화되기에 이르렀다.

이렇게 과밀화된 서울의 무허가 주택들은 많은 문제를 낳았다. 박정희 정권 출범 당시 처음으로 서울시장에 임명된 윤치영은 아무것도 하지 않은 시장으로 많이 알려져 있다. 자료에 따르면 여러 웃지 못할 말들을 남겼는데, 간추려보면 "현재도 많은 사람들이 서울로 들어오고 있는데, 서울을 살기 좋은 도시로 만들면 더 많은 사람들이 들어오기 때문에 아무것도 하지 않고 있는 것"이라는 등, "서울로 이

● 혈거란 동굴에서 거주하는 형태를 말한다. 자연적인 동굴은 아니지만, 방공호에 거주하는 당시 사람들을 혈거족이라고 불렀다. 그때 서울의 주택 부족 현황을 잘 보여주는 기록이다.

1965년 제2청계천 무허가 건물 철거 모습 **출처 : 서울역사박물관**

주해오고자 하는 사람들이 서울시장의 허가를 받도록 입법조치를 하자"는 등 지금으로선 이해하기 어려운 말들을 많이 했다.

　1966년 취임한 김현옥 서울시장은 불도저라는 별칭에 가장 적합한 일들을 진행시켜 서울의 현대화 과정에서 가장 중요하게 거론되는 인물이다. 그는 수많은 도로와 건축물들을 남겼다. 공사 완공 기일을 미리 적시하고 공사를 진행한 것이 이때부터였다고 하는데, 특히 짧은 기간 안에 공사를 마무리한 것으로 잘 알려져 있다. 취임 초기 그가 가장 신경 써서 해결하고자 한 것은 불량 주택지구 문제였다. 판자촌을 이루며 사는 사람들은 여러모로 문젯거리였다. 특히 화재가 자주 발생한 것이 그랬다. 나무로 얼기설기 짜놓은 집들 중 한 곳에서 불이 나면 순식간에 퍼져나갔고, 소방차가 진입하기도 어려워 거의 해마다 많은 화재민들이 발생하는 것도 큰 위협이었다. 또한 이들 대부분 정부와 여당에 그리 동조적이지 않아 언제든 정부에 반대하는 시위나 폭동을 일으킬 잠재적 가능성이 있다고 판단한 면도 한몫했다.

　　김현옥 시장의 해결책은 두 가지로 진행되었다. 추진력이 매우 뛰어났던 그는 지금의 성남시 일대에 해당하는 '광주 대단지' 건설을 계획함과 동시에 판자촌들을 철거하고 그 자리에 시민아파트를 건설해 판자촌 주민들을 수용하려 했다. 초기 시민아파트는 금화산˙ 위에 지어졌다. 청와대와 박정희 대통령에게 잘 보이는 곳이어야 했기 때문이다. 1969년 400여 동의 아파트가 1년 사이에 지어졌다. 그중 와우아파트는 6개월 만에 건설되었는데, 설계 자체도 부실인 데다가 공사비가 중간에 수없이 착복되면서 터무니없는 부실 공사로 마무리되었다. 그중 15동 건물이 1970년 4월 8일 새벽 6시 20분에 폭삭 무너지는 사고가 발생했다. 이 비극은 '와우아파트 사건'이라는 이름으로 회자되었다. 모든 것이 미숙했던 시기, 급속한 도시화가 비극적인 시대의 상징들을 낳으며 진행되었던 것이다.

● 서울시 마포구 창천동 일대. 현재는 와우산으로 불리고 있다.

첨단 건축물 세운상가에서 쫓겨난 사람들

청계천 판자촌에 터를 잡은 영수네 가족은 그 당시 대부분의 서울 시민들이 겪었던 고통과 결을 같이하는 삶을 살았다. 영수의 아버지가 고등학교를 졸업할 무렵, 서울과 지방의 대도시를 중심으로 활발한 산업화가 시작되었다. 산업화에 따른 변화는 공단의 건설과 함께 나타났다. 영수의 아버지는 서울의 공업고등학교를 졸업하고 구로 일대 전기기계설비 회사에 취직했고 박봉으로 할머니와 친족들을 비롯해 대가족을 부양하며 살았다.

그즈음 서울 중심부에 수많은 콘크리트 빌딩이 세워졌다. 1966년 김현옥 시장과 건축가 김수근의 만남은 이후 도시화 과정에 큰 흔적을 남긴다. 당시 세기의 건축가 르 코르뷔지에(Le Corbusier)의 영향을 받은 김수근은 김현옥 시장에게 청계천변 소개지° 일대에 1킬로미터에 이르는 건축물 건설을 제안하였다. 그러잖아도 건축에 모든 것을 걸었던 김 시장은 이 계획에 매료되어 당시 여러모로 문제가 되었던 청계천 판자촌을 없애기로 마음먹었다. 최첨단 건축물이 여러 가족들을 쫓아낸 사건이었다. 당시에도 이런 대규모 건축 사업에 대한 비판이 많았다. 그러나 불가능이란 없다고 생각했던 김현옥은 일단 공사를 시작하고 빠르게 완성시키면 돌이킬 수 없을 거란 무대책의 대책으로 대응했다. 이 공사는 1966년에 계획하고 모든 과정을 거쳐 실제 착공하는 데 1년밖에 걸리지 않았다.

이렇게 해서 1968년 종로 3가와 퇴계로 3가 사이에, 8개의 건물이 공중 보행로로 이어진 최초의 주상복합 건물 세운상가가 완성되었

● 일본의 소이탄(고열로 모든 것을 불태우는 무기)의 공격에 대비해 아무것도 없이 공터로 남겨두는 땅

다. 하지만 계획과는 달리 건물 모양이 이상하다는 평가와 함께 이후로도 많은 비판을 받았다.

　김현옥은 기존 불량 주택지구 개선 사업이라는 명목 아래 기존의 판자촌들을 무차별적으로 철거해나갔다. 자진 철거를 하면 새 보금자리를 주겠다고 회유했다. 세운상가의 경우도 다르지 않았다. 하지만 결과적으로 새로 지어진 아파트와 건물들에서는 기존 거주민이 쫓겨나고 외부의 중산층들이 유입해 들어오는 일종의 여과 과정이 나타났다. 영수네 가족도 이 시점을 계기로 거의 쫓기듯 서울을 벗어나게 된다.

말죽거리 신화, 강남 개발과 중산층의 탄생

영수네 가족이 남원에서 서울로 상경한 비슷한 시기에 영수 아버지의 고향 친구 가족도 서울로 상경했다. 상경할 무렵 연고를 통해 서울로 진입할 수 있었던 영수네와 달리, 아버지의 친구는 아무런 연고도 없고 형편도 더욱 어려워 한강 이남의 개발되지 않은 시골에 자리를 잡았다. 그러고는 지금의 논현동 일대에 조그만 땅을 얻어 양계장을 하다가 돈을 벌면서 조금씩 인근의 땅을 사 모으기 시작했다. 아버지 친구의 양계장은 운 좋게도 훗날 말죽거리 신화의 한가운데 자리 잡은 것이었다. 시작은 영수네가 조금 더 나았지만, 결과적으로 부(富)의 쏠림 현상이 발생하며 경제적 역전이 생기게 된 결정적 이유가 바로 그것이었다.

　현재 강남구와 서초구를 이루고 있는 지역은 1963년 서울로 포함

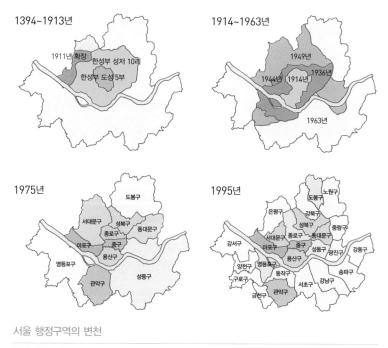

서울 행정구역의 변천

출처 : 서울정책아카이브, 〈지도로 보는 서울〉 참조

된다. 지금 강남이라 불리는 지역은 1966년 초 '강남 개발 구상'이라는 계획이 발표되고 개발이 구체적으로 진행되어갔던 1970년대까지 별 볼일 없는 시골 그 자체였다. 자동차가 지나다닐 리가 만무했던 곳이었던지라 도로는커녕 전기조차 들어오지 않는 그런 촌구석이었다. 하지만 얼마 지나지 않아 여러 우연한 계기들을 통해 엄청난 집값 상승을 기록한 말죽거리 신화의 탄생을 맞이하게 된다.

근대화 과정에서 나타나는 발전 국가의 전형적인 특성을 보였던 그 시기에는 많은 것이 국가 주도로 이루어졌다. 갑자기 불어난 서울의 인구는 여러 가지 문제점을 야기했다. 특히 당시는 군인들에게 권력이 주어진 시기였기 때문에, 북한과 관련된 안보 문제는 꽤 심각하게 여겨졌다. 당시엔 서울에서 한강을 건널 수 있는 다리가 제1한강교(지금의 한강대교)와 광진교밖에 없었다. 다시 전쟁이 발발할 경우를 대비하지 않을 수 없었기 때문에 제3한강교(지금의 한남대교)의 건설은 시급하고 필수적인 일이었다. 예상 밖의 큰 규모로 만들어지게 된 제3한강교는 경부고속도로 건설 계획과 맞물리게 되었고, 제3한강교를 지나서 만나게 되는 영동지구(현재의 강남 일대)는 1, 2지구로 나뉘어 구획정리 사업이 실시되었다.

허허벌판에 대규모 지역을 개발하는 일은 쉽지 않았다. 효과적인 개발을 위해서 여러 가지 정책들이 시행되었다. 우선 주택건설촉진법을 도입해(1972년) 대형 민간 건설업체들에게 여러 가지 혜택을 주었다. 그중 대표적인 것이 아파트 선분양 제도이다. 건설사들이 은행으로부터 자금을 빌리지 않아도 아파트를 지을 수 있게 된 것이다. 도시계획에 따라 강북의 명문 고등학교들도 강남으로 이전시켰다. 이는 훗날 강남 8학군 탄생의 계기가 된다. 그린벨트 정책도 크게 한 몫을 했다. 영동 개발이 가시화되기 전에 주목받았던 지역들이 개발제한구역으로 완전히 묶였고, 강북의 개발도 엄격하게 억제되었다. 더 이상 한강 이북에 인구가 몰려서는 안 된다고 판단한 것이다. 그 결과, 당연히 영동지구 일대로 사업가들의 투자금이 몰리게 되었다. 그 외에 강남고속버스터미널 건설, 법원 및 검찰청 이전 등으로 인해 현재 강남 지역은 빠른 속도로 개발되었다.

우리나라가 아파트 중심의 주거 문화를 가지게 된 것도 이 시점이 기반이 되었다. 우선 새로 분양된 압구정동 아파트에 사회 지도층 인사 600여 명이 특혜 분양을 받았다는 스캔들이 났다. 이 사건은 엄연한 불공정 행위였음에도 오히려 큰 홍보 효과를 거두었는데, 물리적인 건축물에 '사회 지도층'이라는 상징성이 덧붙었기 때문이다. 또한 선분양 제도를 통해 건설사에 특혜가 주어졌다. 이런 제도적 지원에 따라 구매할 의사와 능력이 되는 사람들이 아파트를 구입해서 들어오게 된 것이다. 이 과정에서 아파트를 구매한 사람들은 집값 상승으로 상당한 이득을 보게 되었다. 그러자 많은 사람들이 아파트 분양에 대한 선망을 가지게 되었다. 아파트에 중산층이라는 상징성이 더해지면서 이에 편입하고 싶어하는 많은 사람들이 아파트 구입을 시도하기에 이르렀다.

그야말로 우리나라의 아파트 신화가 시작된 것이다. 이와 함께 중산층은 더욱 공고하게 굳어졌다. 강남에 중산층이 확대된 것은 당시 정권 유지 차원에서도 필요한 일이었다. 도시 내 빈민이 있을 경우 반정부적인 성향을 가지게 될 것을 우려했기 때문이다. 그래서 영등포구 일대의 개발을 억제하면서 서울 도시 내 빈민을 광주 대단지로 이주시키려 했던 것이다. 그 결과, 영동지구 일대에 중산층이 자리잡았고, 이들은 자신들의 이익을 지켜가는 과정에서 보수화되어갔다. 이는 정권 안정에 큰 도움이 되었다. 민관이 합동으로 작전을 수행하듯 이루어진 강남 개발은 이후 우리나라 도시 문화 형성에 상상 이상의 파급효과를 가져오게 된다. 이는 (다음 장에서 살펴볼) 위성도시와 신도시의 개발 과정을 통해서 확연히 드러난다.

공간이 주도한 사회 변화, 그리고 중산층의 탄생

'자리가 사람을 만든다'는 말이 있다. 여기서의 '자리'가 비단 사회적인 지위에만 한정되지는 않을 것이다. 어떤 위치에 자리 잡느냐 또한 무척 중요하다. 특히 우리나라의 수도권 형성 초기에 태동한 아파트 중심의 도시 주거 공간은 특정 위치를 개발하여 특수한 사회적 문화를 탄생시켰다. 결국 공간이 사회 변화를 주도해온 것이다. 그러한 공간의 변화와 선택은 권위주의 국가 체제하에서 인위적으로 강력하게 이루어져왔다. 그리고 그 선택은 이후의 수도권 발달 과정에서 보편화된 아파트 중심의 공간 구조 형성에도 큰 파급을 미치게 되었다. 이른바 '강남'의 상징성이 만들어지고 사람들 사이에서 확고하게 자리 잡아감에 따라 제2, 제3의 강남이 계속 등장했던 것이다.

우리나라의 아파트 문화를 연구한 한 프랑스 지리학자는 이런 과정에 대해 이렇게 말했다. "서울에 보편적으로 존재하는 아파트단지들은 강력한 권위주의 정부가 재벌과 손을 잡고 급격한 성장을 추구하면서 만들어낸 한국형 발전 모델의 압축적인 표상인 셈이다."●

어쩌면 좁은 국토에 인구가 밀집해 있기 때문이라고 말할 수도 있다. 하지만 지금까지 경험적으로 주택 밀집 지역이 아파트단지로 재개발된 이후 인구밀도는 줄곧 낮아져왔기 때문에 인구 수용을 위해 아파트가 필요하다는 논리는 받아들이기 어렵다. 우리나라에서만 특이하게 만들어져온 도시 문화의 형성 과정에 그 주된 원인이 있다. 국가의 공간 선택에 따라서 새로운 도시 형태와 사회 문화가 형성되어온 것이다. 중산층이라는 사회계층도 강남에 이어 신도시로 끊임없이 계속되는 공간 개발 과정을 통해 나타났다.

● 발레리 줄레조, 길혜연 역, 《아파트공화국》, 후마니타스, 2007

6

어린 시절 그 동네는
어떻게 아파트 숲이 되었나?
나와 우리 모두의 도시화 2

아파트공화국의 탄생

아파트는 우리 사회의 큰 특징을 형성해왔다. 이미 포스트모더니즘
에 기반을 둔 사회 문화가 보편화되어 있는 지금, 우리 사회 대부분
의 주거를 규정하는 경관은 아파트라는 하나의 동일하게 규격화된,
모더니즘을 대표하는 형태였다. 우리의 눈에는 전혀 이상할 것 없는
이런 경관이 외국인의 눈에는 이상하게 보였나 보다. 프랑스의 지리
학자 발레리 줄레조(Valérie Gelézeau)가 이를 '아파트공화국'이라는
이름으로 표현한 걸 보면 말이다. 그녀가 본 다른 유럽의 여느 나라
들과는 달리 한국에만 나타나는 특이한 경관이었던 것이다. 서구식
건축물의 상징이지만, 주로 서민층의 거주 구역으로 인식되고 있는
아파트는 특이하게 한국형 주거 문화의 상징이 되었다. 다만, 한국의
아파트는 중산층의 상징이었다. 그런 이미지를 통해 아파트 신화가
공고화되어갔다.

자본주의 도시의 발달 과정은 끊임없이 발전의 주도권을 새로운 곳으로 넘기고 받는 경로를 통해 나타난다. 이것이 마치 시소운동과 같다고 해서 '시소이론'이라고 한다. 아파트가 보편화되어갈 무렵, 이를 점유하기 위한 눈치게임으로 인해 지역 간 주도권이 이동해가는 현상이 마치 '시소운동'처럼 보인 것이다. 새로운 곳이 개발되어 자리를

르 코르뷔지에가 1920년 구상한 모더니즘 건축양식이 잘 반영된 도시 디자인
파리의 꿈(Dream for Paris)

분당신도시 일대 항공사진 이미지 (2009년) **출처 : 네이버 항공뷰**

잡아가면서, 도미노처럼 기존의 도시가 낙후되어가는 현상이 나타났다. 강남에서 성남, 분당, 판교 그리고 다시 도심을 중심으로 재활성화가 일어나는 과정이 마치 시소가 널뛰는 듯했다. 강남 이후 수도권의 발달 과정은 이런 복잡한 부조화가 전개되어가는 과정이었다.

위성도시 개발의 이면, 광주대단지사건

앞서 1950년대 남원에서 서울로 이주해온 영수네를 다시 불러오자. 1970년을 전후로 영수의 아버지 회사가 경기도 광주로 이전했다. 당시 많은 전기회사들이 지금의 경기도 광주의 공업지역으로 이전해갔기 때문이다. 이와 함께 영수네도 광주 대단지(지금의 성남시)로 이사를 하게 되었다. 당시 청계천을 비롯한 서울의 판자촌 거주민들이 쫓기듯 이주해간 곳이 지금의 성남시 수정구와 중원구 일대인 광주 대단지였다. 여기는 당시 서울로부터 이주해오는 빈민들을 수용하기 위한 주택 정책으로 인해 광주로부터 분리된 행정구역이었고, 대규모의 이주단지개발계획이 진행된 곳이었다.

광주 대단지, 즉 성남지구를 중심으로 많은 사람들이 모이기 시작했다. 수정구와 중원구를 중심으로 높고 낮은 구릉지들의 산비탈에 집들이 즐비하게 채워졌다. 초기 이주민들에게 주어진 입주권은 실질적인 효력을 낳지 못했다. 토지가 있더라도 집을 지을 돈이 없었던 사람들은 서울에서 거주할 때와 별반 다르지 않은 주거 형태를 취하면서 자신들의 입주권을 비싼 가격에 팔아넘겼다. 점점 입주권의 가격이 올랐고 땅값 또한 빠르게 치솟았다. 도시 빈민 이주를 목적으로 조성된 택지가 서울 중심부의 토지 가격과 비슷해진 것이다. 1971년 국회의원 선거 이후 남발된 공약과는 달리 성남지구의 토지 분양 가격이 매우 높은 수준으로 발표되자 많은 사람들이 폭력적인 집단 반발 행동을 보였는데, 이것이 바로 광주대단지사건이다. 광주대단지 사건은 이후 영동지구나 여의도 개발의 방향을 결정하는 데 큰 영향을 미쳤다. 빈민들을 위험하고 통치하기 어려운 존재로 인식한 정부는 정권에 친화적이면서 안정적인 생활수준을 가진 보수적인 사람들이 필요하다는 판단 아래 새로운 방식으로 공간을 조성하기 시작하였다. 이렇게 광주대단지사건은 강남의 탄생에 중요한 영향을 미친 사건이라고 할 수 있다.

이런저런 진통을 겪으며 1973년 성남지구는 성남시로 승격된다. 같은 해, 영수의 아버지와 어머니가 결혼했다. 부부는 성남에 집을 마련하기 위해서 노력하며 고단한 삶을 이어나갔다. 비슷한 시기 서울 주변 지역에는 도시개발제한구역이 지정되었고, 서울 남부 지역을 중심으로 안양과 부천이 시로 승격되는가 하면, 인천과 수원이 급부상하고 있었다. 수도권의 공간적 확대가 한창 진행되는 시기였던 것이다.

광주 대단지가 판자촌 정착지 이전 대상 지역으로 선정된 경과는

경기도 광주군에 속해 있던 성남지구를 독립된 행정구역으로 분류하는 내용의 기사

서울의 판자촌들을 성남으로 이주시킨 이후 민원 처리의 어려움과 강한 반발을 보이는 시민들에 대한 질서 유지의 필요성, 초등학교 신설 등의 내용이 기사에 담겨 있다. 1969년 7월 1일자 매일경제신문

정확히 알 수 없다. 당시의 도시계획은 오늘날처럼 여러 전문가들로 구성된 자문의 형태를 거치는 구조가 아니었다. 정책 결정자의 의견이 중요했던 것이다. 게다가 빠른 성과를 중시했던 김현옥 시장이 그런 전문가 집단을 좋아할 리 없었다. 장소를 선정하게 된 원인은 매우 단순했다. 후보가 된 의정부, 김포, 광주 중 의정부와 김포 일대는 휴전선에 가까워 안보에 위협이 되었고, 안양에서 수원에 이르는 지역은 이미 토지 가격이 올라 부적절했다. 그런데 광주군에서도 성남지구는 외곽 지역이었고, 서울과 경계를 접하고 있어 최적지로 선정되기에 좋았던 것이다. 현재 성남시의 구시가지 일대가 당시의 광주대단지 개발 대상 지역이다. 처음에는 서울과 먼 지리적 고립감으로 인해 관심의 대상이 되지 못했다. 이후 잠실대교가 건설되고 잠실지구가 개발되고 헌릉을 거쳐 을지로로 연결되는 교통로와 대중교통이 겸비되면서 급격하게 관심이 높아졌다. 이 모든 것이 건설에 미쳐 있던 시장이었기에 가능했던 일이다.

1기 신도시 건설과 제2의 강남 탄생

격변의 1980년대가 지나고 노태우 대통령의 취임 공약이었던 200만 호 주택 건설의 일환으로 신도시 다섯 곳이 선정되었다. 이에 따라 성남시 분당, 안양의 평촌, 고양의 일산, 군포의 산본, 부천의 중동 등에 대규모 아파트를 건설하기 시작하였다.

사람들이 많이 거주하지 않았던 분당 일대의 높고 낮은 구릉지들이 1990년대를 전후로 하여 빠른 속도로 깎여나가기 시작했다. 한번 착공하자 하나의 도시가 만들어지기까지는 그리 오랜 시간이 걸리지 않았다. 1990년경 공사를 시작해 1992년 분당 시범단지에 사람들이 입주하며 생활권이 만들어졌으므로, 당시 대규모 공사로는 그 속도가 타의 추종을 불허하는 것이었다. 하루가 다르게 산이 없어지고 건물이 올라갔다.

이 시점부터 '제2의 강남' 또는 '어디 어디의 강남' 같은 말이 유행하기 시작했다. 소위 강남이 부유한 중산층의 상징적인 주거 공간으로 인식되고 있음을 보여주는 것이다. 그리고 그 첫 번째가 분당이었다. 분당 신도시가 생겨나면서 이전의 성남시는 빠르게 주도권을 잃기 시작했다. 신도시 지역을 중심으로 형성된 새로운 생활권으로 인해 이전 성남 주거단지의 많은 것들이 빠져나갔다. 분당에 여러 학교들이 생겨나면서 기존 성남 시내의 학교들이 위기의식을 갖게 되었다. 분당과 가까웠던 학교들은 분당이 생기기 이전까지는 시 외곽에 있는 선호되지 않던 학교였지만, 분당이 생긴 이후로 오히려 성남의 명문으로 자리를 잡아갔다. 이렇게 전체적인 성남은 점점 더 발전하고 있었지만, 옛 성남 주거단지의 환경은 점점 더 열악해졌다.

1987년 6월 항쟁 이후 등장한 노태우는 선거 공약으로 200만 호의 주택을 건설하겠다고 발표했다. 이미 1980년 전두환은 500만 호 주택을 건설하겠다고 발표했지만, 그 계획은 목동단지 8천여 세대의 건설을 끝으로 용두사미가 되어 흐지부지 사라져버렸다. 이 일을 모를 리 없는 노태우는 일단 수도권 5개 신도시를 발표하고 택지를 조성하기에 이른다. 이번엔 진짜라는 점을 강조하려고 했던 것이다. 200만 호라는 주택의 수는 당시 서울 시내 전체 주택의 수와 비슷한 정도였다. 따라서 이런 허황된 계획이 달성될 수 있을지 의심하는 분위기가 팽배하였다. 또한 함께 치러진 88서울올림픽으로 인해 언론도 이 사업을 주목하지 않았다. 하지만 1989년 반전의 드라마처럼 주택 200만 호 건설에 속도가 붙기 시작했다. 성남의 분당과 고양의 일산에 더해 부천의 중동, 안양의 평촌, 군포의 산본에 이르는 5개 신도시 지역을 설정하고, 지역의 여건에 따라 특성화된 자족 기능을 계획하였다. 그중 분당은 강남의 중산층을 유인하려는 목적으로 계획된 신도시로서, 서울 지역의 정보산업과 서비스업, 공공기관을 유치하는 데 성공하였다.

신도시 건설의 배경은 여러 가지 의도가 포함되어 있었다. 먼저 주택 가격 폭등에 따른 사회 전반의 갈등 양상이 극대화되어가고 있는 점을 해결해야 했다. 또한 3저 호황 덕에 불붙었던 경제성장이 막을 내리고 있어 이를 해결할 돌파구가 필요했다. 토목·건설에 대한 집중적인 투자는 이런 상황에서 단기간에 성과를 낼 수 있는 달콤한 대안이었다. 토목과 건설 중심의 경기부양 패러다임은 한동안 지속되어 왔다. 건설사 대표 출신의 인사가 대통령이 될 수 있었던 것도 그러한 맥락에서 크게 벗어나지 않을 것이다. 어쨌든 대규모 아파트 건설을 통해 주택난 해소와 경기부양을 할 수 있었기에 빠른 속도로 신도시를 건설해나갔던 것이다.

한편 1987년 택지개발촉진법의 개정은 민관 합동 개발방식을 제도화했다. 이는 재벌이 소유한 대형 건설사들이 빠르게 성장하는 데 큰 도움을 주었다. 그 이후부터 대형 건설사업과 함께 비리와 뇌물, 횡령 등의 뉴스가 '정경유착'이라는 이름으로 자주 등장했다.

공사는 빠르게 진행되었다. 좁은 도로 위로 뿌연 모래먼지를 흩날리며 수많은 굴삭기와 트럭이 지나다녔다. 1년도 채 지나지 않아 시범단지가 거의 완성되었다. 많은 사람들은 신속한 공사 속도에 놀라움을 금치 못했다. 그러나 얼마 후 아파트의 부실공사 논란이 연일 보도되었다. 골재가 부족해서 바다 모래를 가져다 쓴 것과 철근 부족 등이 문제로 지적되었다. 입주자들은 금방 균열이 생긴 벽을 보며 불안을 안고 살아야 했다. 주택 200만 호 건설의 주요 목적 중 하나였던 '중동 특수 이후 남은 건설 장비의 활용'이 가져온 문제도 있었다. 장비 부실로 인해 부실 건설이 지적되면서 파문이 일었던 것이다. 이런 문제로 어떤 곳은 일부를 헐어내고 재시공을 하는 데도 생겨났다.

이런저런 문제점들 속에서도 아파트 신화는 지속됐다. 어떤 학자는 1990년대 이전까지만 해도 국내 저소득층의 생활수준이 북한에 비해 나은 수준이 아니었다는 점이 신도시 건설의 숨겨진 주요 의도라고 보았다. 사회적 격차로 인해 발생하는 갈등에 드는 막대한 사회적 비용을 이미 경험했던 탓이고, 자유로운 정보 교환이 가능한 시대에 그것이 또 다른 위협이 될 수 있다고 판단했던 것이다. 하지만 신도시의

일산 신도시 건설 관련 기사
1989년 4월 27일자 동아일보

많은 주택 공급은 그만큼 아파트 가격을 상승시키는 데 큰 기여를 했고, 이 과정을 통해 중산층을 더욱 공고하게 만드는 역할을 했다. 애초부터 저소득층 가정이 들어가서 살 수 있는 곳이 아니었다. 이렇게 콘크리트 숲속에 또 다른 강남 문화가 점차 자리매김해갔다.

덕선이네의 이사와 〈응답하라 1988〉 에필로그

우연한 선택에 따른 희비의 교차는 1990년대에 그치지 않고 2000년대에 들어서도 지속되었다. 자신이 사는 지역이 어딘가에 따라서 수년 뒤에 큰 자산가가 되는 경우도 드물지 않게 일어났다. 2015년 드라마 〈응답하라 1988〉이 크게 흥행했다. 드라마 말미에 여주인공 덕선이네 가족은 서울을 떠나 판교로 이사를 간다고 했다. 어느 한 부동산 전문가는 이 가상의 스토리를 실제 상황이라고 가정해 덕선이네가 얼마나 돈을 벌었을지 분석하기도 했는데, 못해도 서너 배가량의 자산을 증식했을 가능성이 있다고 밝혔다.

사실 과거 판교는 전형적인 농촌이었다. 대부분 개발제한구역으로 묶여 있어 건물 하나 찾기 어려운 곳이었다. 일대의 꼬마들이 여름이면 친구들과 같이 놀러가는 물놀이 공간이기도 했다. 성남시의 구시가지 권역 내에 살았던 이들은 시가지를 벗어난 곳은 많이 낙후된 데로 여겼다. 실제로 시가지를 벗어나서 다니다 보면 비닐하우스나 천막을 치고 살던 사람들의 모습을 심심찮게 볼 수 있었다. 하지만 현재 시점에서 보면 상황은 완전히 역전된다. 구시가지를 제외하고는 모두 신도시가 되었기 때문이다. 분당도 판교도 그렇다.

영수의 부모는 분당 신도시가 들어설 때 아파트 분양권을 얻고자 여러 번 시도했지만 기회를 얻지 못했다. 이후 인근 용인의 수지, 죽전 등이 개발될 때는 그런 낙후된 곳에 아파트를 얻을 필요가 없다는 영수 아버지의 만류로 청약을 시도하지 않았다. 같은 시기 옆 동네에 살고 있던 영수 친구네는 땅값이 오르자 집을 팔고 판교에 아파트를 분양받았다. 당시 판교에 아파트를 분양받기만 하면 로또에 당첨된 거나 다름없다고들 했다. 결국 아파트 신화는 끝나지 않았다. 지금 그 친구네와 영수네의 자산 가치의 차이는 어림잡아도 다섯 배가 넘는다.

1기 신도시 건설 이후에도 한동안 해소되지 않았던 고질적인 문제들, 즉 수도권의 과밀화와 난개발 주택 공급 부족 등을 해결하기 위해 또다시 계획적으로 2기 신도시들(동탄, 파주, 판교, 김포, 광교 등)이 선정되었다. 그중 판교는 분당보다도 서울에 가까운 위치에 있었으나 공공의 이익을 위한다는 명분으로 개발이 제한되어오던 곳이었다. 2000년대 중반, 강남의 집값 불안 해소를 목적으로 개발계획이 발표되었다. 또다시 제2의 강남 건설계획이 등장했다. 다양한 규모의 주택을 공급하여 강남의 인구를 흡수하고 중산층을 늘리는 한편, 저소득층을 위한 임대주택 공급을 늘리는 것이 판교 신도시 개발의 목표였다.

판교에 새로운 주택이 생기고 인구가 유입해 들어오면, 판교에 유입한 인구가 떠난 자리에 보다 낮은 소득의 사람들이 집을 얻게 되는 '주거 여과' 과정이 나타날 것이라 기대했다. 그렇기만 하다면, 판교에 고소득층을 위한 주거단지를 조성하는 것은 큰 문제가 없어 보였다. 그 때문인지 판교는 애초 계획과는 다르게 상류층을 위한 주거지 조성으로 변해 있었다. 하지만 기대했던 여과 과정은 잘 나타나지 않았다. 주택 보급률이 100퍼센트를 넘어서는 상황에서도 무주택자들은 전세와 월세를 전전하며 이사 압박에 시달려야 했다. 새로운 아파트가 대량으로 공급되고 있었음에도 몇 차례의 전세 대란이 일었다. 역설적으로 새로운 신도시를 조성할 때마다 주택 가격은 점차 높아졌고, 그만큼 소득 격차가 더 벌어졌다. 또한 중산층으로의 진입장벽은 점차 높아졌다. 그럼에도 불구하고 높아진 중산층의 장벽을 무리하게 넘어선 사람들은 소위 '하우스 푸어'의 비극적인 대열에 합류할 수밖에 없었다.

이렇게 되자 강남의 아파트와 함께 탄생한, '4인 가족, 아파트, 자동차, 일정 수준 이상의 연봉'으로 대표되는 중산층이 몰락해가기 시작했다. 평범한 중산층으로 살고 싶다는 소박한 꿈이 더 이상 소박하지 않게 되었을 때, 이미 그 소박함을 위한 치열한 눈치게임은 사회 전체에 만연해 있었다. 주택의 공급은 새로운 수많은 신도시들의 개발로 크게 증가했지만, 주택 부족과 과도한 주거비 상승 문제는 해결되지 않았다. 서울을 중심으로 확산되어나갔던 수많은 아파트 숲속에서 자신의 보금자리 하나 마련하지 못한 사람들이 태반이었다. 그러나 동시에 다른 곳에서는 아파트가 로또처럼 여겨지면서 모델하우스가 붐볐다. 아파트가 주거 이상의 가치를 가질수록, 한쪽에서는 전세와 월세를 전전하는 사람들이 늘어났다. 아파트단지에 이삿짐이 활발하게 오르내릴수록 집값은 올랐다. 여전히 아파트 신화는 유효하다고 외치는 사람들이 있고 정부는 그들을 도와 주택 거래 활성화를 주도했다. 무주택자들이 보호의 대상이 되지 못하던 시기가 한동안 계속되었다.

공간의 변화가 주도하는 삶

자본주의 도시의 발달 과정에서 나타나는 '시소운동'은 도시 중심과 외곽이 발전하고 쇠퇴하는 와중에 흔히 볼 수 있는 현상이다. 서울과 위성도시, 신도시의 개발 과정에서 이런 모습을 잘 볼 수 있었다. 시소는 한쪽이 높이 올라갈수록 다른 쪽이 더 아래로 떨어지게 된다. 신도시의 개발과 함께 집값이 높아질수록 기존의 도시 지역이 더욱 낙후되어가는 것과 비슷하다. 불평등이 확장되어가는 것이다. 많은 양의 아파트가 공급되었음에도 불평등의 격차가 해소되지 않는 이유다. 아파트 공화국의 아파트 신화는 계속 새로운 곳으로 이동하면서 이어졌다. 그 과정에서 사람들은 어떤 위치를 점유하고 있는가에 따라서 아무것도 하고 있지 않아도 저절로 가난해졌고, 어떤 이들은 부유해졌다. 이런 알 수 없는 역설이 도시 공간을 만들어가고 있었다.

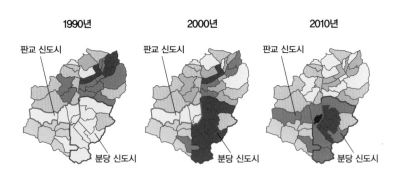

성남시의 소득분포 변화

10년 단위로 성남시의 소득분포 수준을 보면 분당 신도시 개발 이후, 판교 신도시 개발 이후 높은 소득분포 지역이 분당에서 판교 신도시로 이동하고 있는 모습을 볼 수 있다. 또한 구도시와 신도시 간 소득 격차는 점점 증가한다. 참고로 회색으로 표시된 부분은 분석에서 제외된 곳이다.(《신도시 조성 이후 신·구도시의 계층변화 및 양극화》 참조)
(※ z는 지역별 소득의 상대값을 의미하는 것으로, z값이 높을수록 지역의 소득이 높다는 뜻이다.)

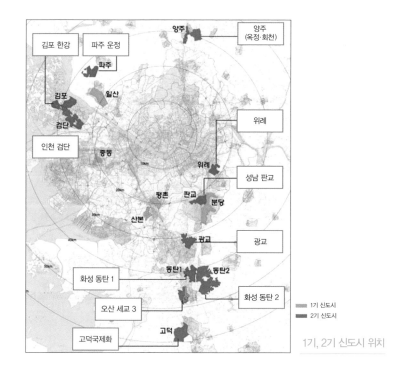

우리나라는 위성도시와 1기, 2기 신도시 건설을 통해 수도권의 범
위를 확장해왔다. 영수네 가족이 경험한 성남에서 분당, 판교로 이어
지는 수도권의 확장 과정은 새로운 공간의 변화에 따라 삶이 변화해
가는 과정이었다. 성공적으로 중산층의 평범한 삶에 안착한 이들이
있는가 하면, 여전히 도시의 여기저기를 떠돌아다니는 이들도 있었
다. 엇갈린 운명들의 다양한 수렴과 교차의 큰 흐름이 도시 공간의
특징을 형성해갔다. 결국 도시는 그런 다양하고 우연적인 사람들의
삶의 공간을 토대로 만들어진다. 그 공간을 구체적으로 하나씩 살펴
보면 그곳을 구성하는 커다란 도시 사회와 그 구성의 특징을 볼 수
있다.

난민들에게 물만큼
중요했던 건 무엇이었을까?

정보통신기술이 발달해도 여전히 지리는 중요하다

목숨만큼 소중한 스마트폰

얼마나 꼭 쥐고 있었는지 모하메드의 손가락 끝이 하얗다. 손바닥에
는 땀이 흥건하다. 다마스쿠스를 탈출해 유럽으로 향하는 열아홉 살
의 시리아 청년 모하메드는 '이것'을 두고 "목숨만큼 소중하다"고 말
한다. 국제연합(UN)도 물, 음식, 피신처만큼 '이것'이 난민에게 중요
한 것이었다고 발표했다. 도대체 '이것'은 무엇일까?

정답은 바로 스마트폰이다. 좀 더 정확하게 말하면 인터넷과 연결할
수 있는 모바일 기기. 모하메드는 시리아를 탈출하기로 다짐하고 가장
먼저 한 일이 좀 더 좋은 스마트폰을 구입하는 것이었다고 했다. 그는
스마트폰으로 구글 검색을 하고 '유럽으로 이주하는 법', '브로커 없이
유럽으로 밀입국하기' 같은 페이스북 페이지를 보며 여정의 정보를
얻었다. 폐쇄된 국경을, 난민선의 가격과 위치를, 난파된 배와 강도
사건을, 구호기관의 연락처를 작은 스마트폰을 통해서 얻고, 구글 맵

스마트폰을 보고 있는 난민들 출처 : 연합뉴스

을 통해 길과 시간을 계산했다. 왓츠 앱*으로 가족과 소식을 나누기도 했다. 짬이 날 때마다 스마트폰을 충전했고 심카드를 구입했다.

　이러한 사실을 잘 알고 있는 유엔난민기구(UNHCR)는 난민들에게 심카드와 휴대폰 충전에 사용할 수 있는 태양광 랜턴을 나누어주었고, 적십자는 식수를 얻을 수 있는 곳을 지도에 표시해 페이스북에 공유했다. 세계식량계획(WFP)은 난민 아이들의 음식 지원을 위한 기부 앱 '쉐어 더 밀(Share the Meal)'을 만들었다. 난민을 위해 무엇을 할 수 있을지 고민하던 전 세계 많은 사람들이 이 앱을 통해 난민 아이들을 도울 수 있었다.

전 세계가 동시에 인터넷 연결이 안 된다면?

갑자기 전 세계가 동시에 인터넷 연결이 안 되는 모습을 한번 상상해 보자. 사실 상상하는 것도 쉽지 않다. 게임도 못 하고, 숙제도 못 한

● 카카오톡과 같은 모바일 메신저 앱

다. 가족이나 친구들과는 어떻게 연락을 하나? 검색을 할 수 없으니 이런 상황에서 무엇을 어떻게 해야 하는지도 모르겠다. 무섭고 두려울 뿐이다. 일단 집 밖으로 나가서 사람들이 모여 있을 법한 곳으로 달려가야겠다는 생각을 하지만, 대체 어디로 달려가야 하지?

어느새 세상은 그렇게 변했다. 인터넷이 없으면 할 수 있는 것이 없는 세상이 된 것이다. 우리는 눈을 떴을 때부터 감을 때까지 늘 인터넷에 연결되어 있고, 그것에 의지해 살아가고 있는지도 모른다. 인터넷은 우리 삶과 삶터를 완전히 그리고 매우 빠르게 바꿔놓았다.

가장 큰 변화 중 하나는 (좀 과장해서 말하면) '더 이상 이동할 필요성이 없어졌다'는 것이다. 물리적 공간에서의 이동 없이 단지 접속을 통해 다른 장소에 있을 수 있게 되었다. 집에서 인터넷 상점을 둘러보고 대학교 강의를 듣고 회사 일을 한다는 것은, 집에 있지만 상점에, 대학교 강의실에, 회사 사무실에 있다는 의미이기도 하다. 어딘가로 이동하면서 스마트폰의 은행 앱을 통해 은행 업무를 처리하는 것은, 이동하는 행위가 더 이상 어딘가를 가기 위해 소비하는 시간이 아니게 되었다는 말이기도 하다. 인터넷을 통해 시간과 공간에 대한 인식이 확대된 것이다. 더 이상 하루는 24시간이 아니고, 여기에만 머물러 있는 것이 아니다. 물리적인 거리보다 (몇 분 걸리나 하는) 시간 거리, (비용 문제도 고려된) 심리적 거리가 더 중요해졌고, 절대적인 입지보다 다른 장소와 얼마나 (인터넷으로) 잘 연결되어 있느냐가 더 중요해지고 있다.

게시판이 중심이 된 사이버(가상) 공간에서 사람들이 만나 가십을

● 5,000만 명의 사용자들과 접속하는 데 라디오는 38년, TV는 13년이 걸렸지만, 인터넷은 4년밖에 안 걸렸다.

나누고, 주장하고, 논쟁하고, 자랑하고, 작당을 모의하는 것도 큰 변화다. 국경도, 시차도, 계급도 없고, 심지어 가상의 이름으로 활동할 수도 있는 게시판이라는 공간에 사람들이 모인 것이다. 얼굴도 이름도 모르지만 관심사가 같은 사람들은 그곳에서 정보를 교환하고 수다를 떤다. 때로는 정치적인 사이버 시위를 하고 서명운동을 한다. 마치 봉화 또는 전염병처럼 퍼지는 '펌' 문화를 통해 특정 소식과 유행이 빠르게 전달된다. 때로는 한 네티즌의 제안에 다른 네티즌의 의견이 더해져 구체적인 일시와 장소, 행동 등이 정해지고 실제 공간에서 '정모', '번개', '촛불집회'라는 이름 등으로 재현되기도 한다. 그 과정 속에서 그 전과는 다른 독립된 개인이 탄생했다. 자신만의 독특한 창작물을 만들어 세상에 알리는 사람들이 많아졌고, 자신이 거대 언론사를 대신해 뉴스를 생산하기도 했다. 백과사전이 담당했던 소위 진리라는 것은 방에서 두드리는 키보드 소리에 무너진 지 오래다.

인터넷이 없는 것을 상상할 수 없는 시대. 몇몇 사람들은 이러한

2016년 광화문 촛불집회 **출처 : 연합뉴스**

정보통신기술의 발달이 거리의 한계를 극복해 결국 공간과 지리를 의미 없게 만들 것이라고 말한다. '공간의 소멸', '지리학의 종말'이라는 말도 들린다. 과연 그럴까?

여전히 지리는 중요하다

재미있게도 1920년대 초 몇몇 전문가들은 전화로 인해 거대도시, 즉 뉴욕이 점점 쇠퇴하여 1960년대에는 사라질 것이라고 예측했다. 하지만 뉴욕은 아직까지 세계 최고 도시 중 하나이다.

이처럼 지리는 여전히, 그리고 앞으로도 중요한 역할을 할 것이고, 사라지지 않을 것이다. 이렇게 주장하는 건 다음과 같은 이유 때문이다.

첫째, 너무나 당연하게도 인터넷 속의 많은 정보는 현실 공간을 기반으로 한다. 현실 공간이 인터넷 속 공간을 만들고, 인터넷 공간의 한계는 현실 공간이 채운다. 이러한 사례는 너무나도 많다. 앞서 소개한 난민 사례가 그렇고, 집회 사례도 그렇다. 최근 크게 증가하고 있는 젊은 엄마를 중심으로 한 소위 '지역 맘스 커뮤니티'도 주목할 만한 사례다. 젊은 엄마들은 인터넷 커뮤니티를 통해 어린이집, 학원, 맛집, 취미생활 등 지역 정보와 육아 등 자신의 노하우를 공유하고, 육아용품과 장난감 같은 물품을 나누며 공동 구매한다. 주변 상권은 '지역 맘스 커뮤니티'에 광고를 하고 다양한 서비스를 제공하기도 한다. 때로는 지역 현안에 대해 커뮤니티에서 한목소리를 내어 지역 이슈를 이끌기도 한다.

인터넷을 통해 모든 정보가 교환되지 않는다는 사실도 중요하다.

사람과 사람이 만나서 교환되는 정보도 분명 존재하기 때문이다. 창의적인 생각은 사람과 사람이 만나 밥을 먹고 차를 마시고 수다를 떠는 그 속 어딘가에서 나타난다. 이를 '암묵지(暗默知, tacit knowledge)'라고 하는데, 여전히 사람을 모이게 하는 이유 중 하나이다. 정보통신기술이 발달하면 재택근무가 보편화될 거라는 예상 또한 이런 이유로 무너졌다. 오늘날 재택근무는 일부 직종에서 한정적으로 나타나고 있고, 그 또한 전일제보다 시간제·요일제 재택근무 방식으로 이루어지고 있다.

둘째, 정보통신기술은 지리적 격차를 만들어낸다. 우선 정보통신기술에 대한 상당한 수요는 대도시에 있다. 더불어 새로운 정보통신기술을 만들어내는 곳 또한 대학과 연구소들이 모여 있는 대도시인 경우가 많다. 새로운 정보통신기술은 그러한 대도시에서 먼저 선보이게 되고, 이와 관련된 다양한 투자와 서비스산업, 사람들 또한 대도시로 몰리게 한다. 중소도시는 소외되고 대도시는 새로운 정보통신기술을 통해 중소도시의 기능을 잠식하곤 한다.

또한 인터넷과 같은 정보통신기술은 셀 수 없이 많은 서버와 케이블로 구성된다. 그러한 하부구조, 즉 물질성에서 자유로울 수 없다. 따라서 정보통신기술은 그 하부구조를 만들고 유지할 수 있는 지역에서 발달한다. 사회적·공간적 편차가 존재할 수밖에 없는 것이다. 인터넷 접속과 속도는 세계적으로, 또 지역적으로 매우 불균등하게 나타난다.

인터넷의 물리적인 환경과 관련하여 인터넷데이터센터(IDC)를 주목할 필요가 있다. 인터넷데이터센터는 서버, 네트워크, 스토리지 등 인터넷이 작동하기 위한 장비들이 집적된 기반시설을 말한다. 그래서 이를 서버호텔이라고도 한다. 클라우드컴퓨팅, 빅데이터 등 인터넷 사용량이 많아지면서 데이터센터는 더욱 확장되고 중요해지고 있다. 데이터센터는 안정적인 전력 공급이 가능한 곳, 지진 등 자연재해에 안전한 곳, 냉각이 유리한 곳, 정치적으로 안정된 곳 등에 위치한다. 구글은 2017년 현재 열다섯 곳의 데이터센터를 가지고 있고, 네이버의 인터넷데이터센터는 춘천, 서울 등 네 곳에 위치해 있다. 환경단체에서는 인터넷데이터센터의 과도한 전기 사용량과 이산화탄소 배출량을 지적하기도 한다.

아메리카

사우스캐롤라이나, 버클리 카운티
아이오와, 카운실블러프스
조지아, 더글러스 카운티
노스캐롤라이나, 레노어
오클라호마, 메이스 카운티
테네시, 몽고메리 카운티
오리건, 댈러스
칠레, 킬리쿠라

유럽

아일랜드, 더블린
네덜란드, 엠사분
핀란드, 하미나
벨기에, 생 지슬랭

아시아

타이완, 창화
싱가포르

구글의 데이터센터 위치(2017년)

참고로 부산은 동아시아 인터넷데이터센터의 중심지가 되고 있다. 일본-중국-동남아시아로 향하는 케이블과 쉽게 연결되고, 지진으로부터 안전하기 때문이다. 마이크로소프트, 소프트뱅크, KT 등이 이곳에 데이터센터를 두고 있다. 당연히 인터넷 속도는 데이터센터에서 멀어질수록 느려진다.

더불어 인터넷 활용의 영향은 지역의 정치, 법, 인구 구성, 소득수준, 언어, 사회 문화 등 지역적 상황과 차이에 따라 달리 나타난다. 대표적으로 언어가 그렇다. 인터넷 자료의 약 60퍼센트는 영어로 되어 있기 때문에 영어 실력이 부족한 집단 또는 비영어권 국가의 사람들이 인터넷에서 얻을 수 있는 정보는 제한될 수밖에 없다.

정보통신기술의 발달은 새로운 공간을 만든다

인터넷 등 정보통신기술의 발달은 새로운 공간을 만들기도 한다. 흔한 예로 와이파이존을 들 수 있다. 사람들은 와이파이가 잘 잡히는 (그리고 이왕이면 전기콘센트도 있는) 카페에서 일을 하고, 공부를 한다. 학생들이 만나는 곳도 어느덧 무료 무선 인터넷을 자유롭게 할 수 있는 지역 명소, 지하철역, 패스트푸드점, 편의점 등이 된 지 오래다. 지방자치단체는 공공 와이파이존을 늘리고, 속도를 높이기 위한 정책을 펼친다.

정보통신기술을 활용하여 도시가 당면한 문제점을 해결하고, 제한된 자원으로 도시를 효율적으로 관리하는 한편, 더 나은 공공서비스를 제공하는 스마트 도시의 출현도 주목할 만하다. 우리나라에서는 이미 미국, 일본 등 주요 선진국보다 빠른 2004년, 화성 동탄, 용인 홍덕지구에 최초로 도입하였고, 2008년 〈유비쿼터스 도시(U-City)의 건설 등에 관한 법률〉(약칭 유비쿼터스도시법)을 제정하여 스마트 도시를 적극적으로 확대하고 있다.

이것의 연장선에서 최근에는 사람의 개입 없이 인터넷에 연결된 기기끼리 서로 정보를 주고받아 일을 처리하는 사물인터넷(IoT) 기술이 활용되기도 한다. 주정차 금지구역의 도로 바닥에 있는 센서가 불법 주정차를 감지하여 자동으로 신고를 하고, 쓰레기통은 쓰레기

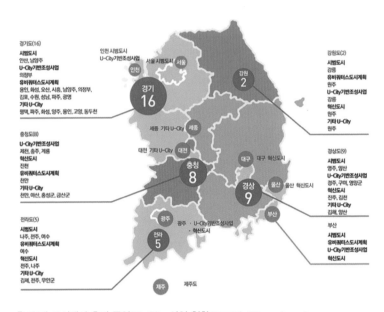

총 73개 도시에서 추진 중인 U-City 사업 현황(2013년) 출처 : u-city.co.kr

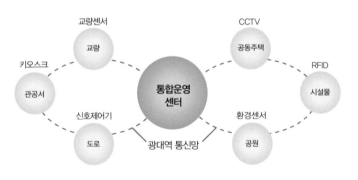

U-City의 핵심인 도시통합운영센터

의 양을 스스로 감지하여 수거를 요청한다. 온도와 습도센서, 연기센서 등을 수집하고 종합하여 화재 징후를 체크하기도 하고, 통학하는 학생의 시간과 동선을 파악해 순찰차의 순찰 시간과 경로를 조정하는 모습 또한 지금 우리가 살고 있는 도시에서 일어나고 있다.

기술의 발전에도 중요한 것은 '바로 이곳'

언젠가부터 기차역 매표소 앞에는 젊은이들이 보이지 않는다. 설이나 추석을 앞두고는 더욱 그렇다. 컴퓨터와 스마트폰을 이용해 예매가 가능해진 후부터다. 미리 표를 끊지 못한 어르신들은 매표소에서 입석표를 살 수밖에 없고, 그들은 기차의 칸과 칸 사이, 의자와 벽 사이에 몸을 기댄 채 고단한 이동을 해야 한다. 그렇다면 인터넷에 익숙한 젊은이들은 어떤가? 현실 공간에서 받은 상처와 낮아진 자존감을 사이버 공간에서 채우려 하지만, 자신의 글이 다른 사람에게 어떻게 보일지, 어떻게 하면 잘 보일지 걱정한다. 하루하루가 불안하다. 자신의 글에 달린 댓글에 상처받고 '좋아요' 하나에 웃는다.

정보통신기술은 분명 우리를 편하게 만든 것 같지만 그렇지 않은 사람도 있고, 우리를 다른 사람들과 더 연결시킨 것 같지만 더 외롭게 만든 것 같기도 하다. 때로는 쉴 새 없이 발전하는 새로운 정보통신기술을 따라가야 한다는 강박에 힘겹기도 하다. 소중한 개인정보는 나도 모르게 유출되어 누군가가 알고 있을 것만 같아 불안하다.

● 하지만 시민들의 안전과 편리한 생활을 위해서 이용되어야 하는 센서, 네트워크, 시스템이 시민들을 감시하는 수단이 되고 있다는 주장, 글로벌 IT기업, 건설업체의 이윤 추구의 장이 되고 있다는 주장 등 비판적인 목소리에도 주목할 필요가 있다.

삼성 갤럭시 S7 공개행사 중 마크 저커버그 **출처 : 페이스북**

행사에 참가한 사람들은 VR기기를 통해 가상현실에 있고, 저커버그는 현실에서, 현실에 있으나 가상 현실 속에 있는 참가자를 바라보고 있다.

'좋아요'가 아무리 많아도 세상은 변하지 않는다.

그럼에도 불구하고 정보통신기술은 매우 빠른 속도로 계속 발전할 것이다. 그리고 그러한 정보통신기술의 발달은 공간을 변화시킬 것이고, 새로운 공간을 만들어낼 것이다.

지난 2016년 2월, 삼성 갤럭시 S7 공개행사에서 삼성은 스마트폰뿐만 아니라 VR(가상현실)을 체험할 수 있는 기기를 선보였다. 그리고 그 자리에서 페이스북의 설립자 마크 저커버그는 "가상현실은 최고의 소셜플랫폼"이라며 "가상현실의 원년"을 선언했다. 가상현실(VR)은 실제와 유사한 인공 환경이고, 인공 공간이다. 그곳에서 보고 듣고 만질 수 있다. 조만간 우리는 VR기기를 통해 집 안에서 마치 야구장에 온 것처럼 야구경기를 볼 수 있을 것이고, VR기기를 이용해 가상으로 여행을 갈 수 있을지도 모른다.

포켓몬 GO[*]의 출시와 함께 크게 주목받은 AR(증강현실, 확장현실)도 우리의 삶을 변화시킬 것이다. AR은 현실 공간 위에 무엇을 겹쳐 보이게 하는 기술이다. GPS 정보를 기반으로 화면에 다양한 속성 정보를 보여줄 수 있다.

사물인터넷(IoT) 기술은 이제 사물 너머 사람, 데이터, 프로세스 등 모든 것이 인터넷으로 연결되는 만물인터넷(IoE) 기술로 확장되고 있다.

여기서 우리가 기억해야 할 것이 있다. 정보통신기술은 그저 우리가 살고 있는 이곳을 더 즐겁게 하고, 현실의 문제를 좀 더 쉽게 해결하도록 도와주는 도구라는 것, 우리는 인터넷데이터센터 속 서버에서가 아닌, 발을 딛고 있는 '바로 이곳'에서 이런저런 사람들과 더불어 산다는 것이다. 중요한 것은 이곳, 우리의 삶터이고, 옆에 있는 사람이다.

● 포켓몬 GO는 직접 움직인다는 의미의 'GO'뿐만 아니라 'Geo(지오)'의 의미도 함께 가지고 있다.

2부

인간과
공동체

스타벅스의 비싼 커피 값,
부동산 임대료라고?
차별과 배제가 일상화된 공간의 변화를 꿈꾼다

놀이터 출입 금지? 통행로 이용 금지?

여기 두 가지 사례를 살펴보자. 첫 번째 사례. 저소득층 임대 세대와
일반 세대가 함께 거주하는 서울시의 한 아파트 놀이터에 어느 날 공
고문이 붙었다. 그 내용은 '임대 세대인 ○○○동 아이들의 놀이터 출
입을 금지하며, 무단 이용 시 사고가 발생하더라도 책임지지 않겠다'
는 것이었다. 그렇다면 임대 세대 아이들은 왜 단지 안 놀이터에서
놀 수 없게 되었을까? 임대 세대는 놀이터의 유지·보수비용을 내지
않으며, 임대 세대 아이들이 놀이시설을 험하게 사용하고 늦은 시간
까지 소란을 피운다는 것이 그 이유였다. 비단 어린이 놀이터뿐만이
아니다. 잘 가꿔진 화단, 테니스장과 같은 체육시설, 주차장 등 단지
안 다른 편의시설의 이용도 종종 이와 같은 이유로 제한된다.

두 번째 사례. 세종시에서는 초등학교 통학로를 두고 인근 단지
주민들이 갈등을 빚고 있다. 4단지 학생들이 지나다니지 못하도록

아파트 통행로를 둘러싼 단지 간 갈등 **세종의 사례**   철조망으로 폐쇄된 아파트 통행로 **광주의 사례**

3단지 주민들이 단지 안 통행로를 막기로 결정했기 때문이다. 이 역시 4단지는 3단지 보행로의 유지·보수비용을 내지 않는다는 것이 그 이유였다. 아파트 통행로를 둘러싼 갈등은 비단 이곳만의 문제가 아니다. 심지어 일부 지역에서는 철제 담장뿐만 아니라 담장을 넘지 못하도록 철조망까지 설치했다. 그 결과, 많은 주민들이 단지 외곽으로 먼 길을 돌아가야 하는 상황에 처하게 되었다.

두 사례 모두 관계기관들은 아파트단지가 입주민의 사유지이기 때문에 뾰족한 해결책이 없다는 입장이지만, 그럼에도 불구하고 안타까움을 감출 수 없다. 공간 이용을 둘러싼 이러한 차별과 배제가 좀 지나친 건 아닐까?

커피 값이 초단기 부동산 임대료라고?

박해천 교수는 저서 《아파트 게임》에서 1990년대부터 유행하기 시작한 노래방, PC방, 찜질방 등과 같은 다양한 목적의 상업적 방들에 주목했다. 여기에서 특히 흥미로운 것은 이들 공간에 지불하는 비용을 '초단기 부동산 임대료'로 간주했다는 점이다.

수년째 확산되고 있는 커피전문점 역시 같은 관점에서 이해할 수 있다. 사실 커피 한 잔 값에서 커피 원두가 차지하는 비중은 10퍼센트 남짓에 불과하다. 이에 비해, 우리나라의 커피 값이 지나치게 비싸다는 비판이 거세지만, 카페는 더 이상 음료를 마시기 위한 목적으로만 이용되는 곳이 아니다. 오히려 책을 읽고 공부하며 모임을 가질 공간을 얻기 위해 카페에 초단기 부동산 임대료(음료 값)를 지불하고 서비스로 음료를 제공받는다고 해도 과장이 아니다. "스타벅스는 단순히 커피라는 제품을 파는 것이 아니라, 혼자 오랫동안 편하고 멋지게 시간을 보내기에 좋은 '제3의 공간'을 팔고 있는 것"이라는 분석은 이를 뒷받침한다. 커피전문점뿐만이 아니다. 인터넷에 '공간 대여'라고 입력하면 수많은 업체들이 검색된다. 공간 그 자체가 인기 있는 사업 아이템이 되어, 이용료를 받고 일정 시간 동안 공간을 대여해주는 곳들이 늘고 있는 것이다.

이처럼 자본주의 사회에서는 공간도 그에 걸맞은 값을 지불하고 구입해야 하는 하나의 상품이 되었다. 하지만 공간은 옷이나 가전제품처럼 상점에서 판매되고 있는 일반적인 상품들과는 근본적으로 다른 성격을 가지고 있다. 공간은 공장에서 기계를 이용하여 대량으로 생산할 수 없으므로, 양이 제한되어 있을 수밖에 없기 때문이다. 예를

● 물론 이 과정에서 장시간 자리를 차지한 손님과 업주 간에 갈등이 발생해 이용 시간을 제한하는 카페들도 생겨났다.

●● 간척 사업이나 인공 섬 건설, 해저 도시 건설 등을 거론하며 공간도 늘릴 수 있다고 반론할지 모른다. 그러나 이는 공장에서 동일한 청바지를 대량으로 생산하는 것과는 비교할 수 없을 만큼 복잡하고 힘든 일이다.

들어, 국내에 약 1,000개에 달하는 스타벅스 매장이 들어선 공간들은 각각 지구상에서 딱 하나밖에 존재하지 않는 상품인 것이다. 이로 인해 공간에 대한 수요와 공급 간 불일치가 생겨나고(수요 〉공급) 한정된 공간을 둘러싼 경쟁이 발생하게 된다.

나만의 공간을 지키고 싶다, 그들만의 세상

한정된 공간을 둘러싼 경쟁, 그리고 경쟁자들을 제치고 구입한 이 공간을 '나만의 공간'으로 굳게 지키고 싶다는 열망. 그 결과, 차별하고 배제하는 사유 공간들이 점차 확대되고 있다. '거주자 외에 외부인의 출입을 엄격히 제한하는 사유화된 지역'을 뜻하는 '게이티드 커뮤니티(gated community, 빗장 도시 혹은 빗장 동네)'가 대표적인데, 게이티드 커뮤니티가 가장 먼저 발달한 미국에는 현재 3만여 개의 커뮤니티에 400만 명 정도의 인구가 거주하고 있다고 한다. 대개 부유한 사람들을 위한 폐쇄적인 공간이다. 이와 관련해 "위험하며 불편한 세상과 거리를 두려고 담장과 CCTV, 진입로 가로막, 경비원을 두고 여러 사람이 함께 자발적으로 고립되는 이 장벽은 불법 이민을 막는 장벽과 함께 앞으로 더욱 번성하게 될 것"이라는 분석이 나오기도 했다.

게이티드 커뮤니티의 확산은 우리나라에서도 예외가 아니다. 2000년대 이후 건설된 초고층 고급 주상복합 아파트들에서 두드러지는데, 서울 강남의 타워팰리스가 대표적이다. 이런 아파트들은 골프연습장, 수영장, 파티장, 외부 손님맞이 응접실 등 입주민들만 이용할 수 있는 편의시설을 특징으로 한다. 외부인은 단지 안에 있는 은행

그들만의 세상, 타워팰리스

현금지급기조차 이용할 수 없다. 이 폐쇄적인 공간 속에서 만나고 있는 사람들은 단지 안과 밖을 구별 짓고, 서로 비슷한 소득과 사회적 지위를 지닌 동질 계급이라는 정체성을 확인하며 그들만의 커뮤니티를 형성해나간다.

앞서 언급했던 아파트단지 안 놀이터와 통행로 이용을 둘러싼 갈등, 최근 사회적으로 큰 논란이 되었던 단지 안 택배차량 진입 금지와 같은 문제들은 모두 게이티드 커뮤니티의 확대 추세와 연관해 이해해야 한다.

그런데 여기서 공간의 또 다른 특성에 주목할 필요가 있다. 공간이 일반적인 상품들과 근본적으로 다른 또 한 가지 이유는 바로 외부성을 가지고 있기 때문이다. 외부성(externality)이란 다른 사람에게 의도치 않은 손해나 혜택을 입히는 것을 의미한다.[*] 공간이 외부성을 갖는 것은 주변 공간에 영향을 주는 동시에 주변 공간의 영향을 받는 까닭이다. 내 땅이라고 함부로 쓰레기를 태우거나 내 집이라고 마음껏 뛰고 떠들 수 없는 이유는 나의 이런 행동이 주변 사람들에게 피해를 줄 수 있기 때문이다.

한편 주변 지역이 개발되면 덩달아 동네 집값이 올라 이익을 얻기

---

[*] 예를 들어 과수원 주인과 양봉업자는 서로 긍정적인 외부성을 발휘할 수 있다. 과수원 근처에서 양봉을 하면 과수원에 꽃이 필 때 벌들이 모여들어 양봉업자가 더 많은 꿀을 채취할 수 있고, 과수원 주인은 꽃 수정이 활발해져 더 많은 과일을 얻을 수 있기 때문이다.

도 한다. 이 경우, 집값이 오른 것은 전적으로 나의 노력 때문만이 아니라 정부가 도로, 공원, 학교 등 기반시설을 건설하여 가치를 만들어냈기 때문이다. 이와 같은 공간의 외부성을 고려한다면, 경제적 대가를 치르고 공간을 사유화했더라도 본질적으로 이 공간에 대해 완전하고 배타적인 '나만의' 권리를 주장하기란 쉽지 않다. 게이티드 커뮤니티 또한 마찬가지다.

사유 공간이 늘어날수록 공공 공간은 줄어든다

공간은 절대적인 양이 제한되어 있다. 그렇기 때문에 지금과 같이 상품처럼 거래되는 사유 공간이 늘어날수록 공공 공간은 줄어들 수밖에 없다. 다음의 사례들을 살펴보자.

첫 번째 사례. 2013년, 부천시는 시청 인근 부지에 청보리와 해바라기, 유채 등을 심은 '보리밭 사잇길'을 조성했다. 밭 한가운데 원두막과 벤치를 놓고 사이사이에 예쁜 조각상을 배치하여 시청을 찾은 민원인뿐만 아니라 아이들에게도 도심 속 녹지 공간과 자연을 체험할 기회를 제공한 것이다. 그런데 2015년, 시는 보리밭 부지를 민간 기업에 팔았고 현재 이곳에는 지상 49층 높이의 주상복합 아파트가 건설되고 있다. 이러한 현상이 비단 부천에서만 벌어지고 있는 것은 아니다. 국가와 지방자치단체 소유의 많은 땅들이 재원 확보와 지역 개발이란 이유로 민간에 매각되고 있다.

두 번째 사례. 자연 또한 마찬가지다. 자연은 모두의 것이어야 하지만, 현실에서는 자연경관과 조망권을 독점하는 사례들을 쉽게 찾아볼 수 있다. 《서울, 도시의 품격》이라는 책에서 지은이 전상현 교수는 한강은 엄연히 공유 자산임에도 강변에 공공시설이 아닌 아파트가 들어서는 바람에 특정 소수만이 일상에서 한강 경관을 누릴 수 있게 되었다고 지적한 바 있다. 경치가 좋기로 소문난 곳이면 어김없이 들어서는 전원주택 단지들 또한 이러한 비판을 피할 수 없다.

자연경관과 조망권의 사유화를 둘러싼 논란이 가장 거센 곳은 제주도이다. 대규모 숙박단지를 조성해 해안경관을 독점하려는 기업들 때문인데, 중국 자본까지 유입되며 상황이 더욱 심각해지고 있다. 성산일출봉을 한눈에 볼 수 있는 섭지코지 해안의 경우를 예로 들어보자. 섭지코지 일대의 80퍼센트 이상을 소유한 개발 사업자는 이곳에 해양관광단지를 조성하고 입장료를 내지 않는 관광객과 제주도민의 출입을 금지시켰다. '우리가 구입한 땅이니, 이곳에서 성산일출봉을 감상하고 싶다면 돈을 내라'는 논리인 것이다. 이뿐만이 아니다. 천연기념물로 지정될 만큼 뛰어난 경치를 자랑하는 서귀포의 주상절리 해안 역시 최근 비슷한 논란에 휘말렸다.

사유화 논란이 거센 섭지코지 해안

공공 공간은 누구에게나 열려 있을까?

공공 공간의 축소 외에도 문제는 더 있다. 사유 공간과 달리 경제적 이유 때문은 아니지만, 공공 공간에서도 차별과 배제가 일상화되어 있다는 점이다. 공간의 이용을 둘러싼 갈등은 비단 사유 공간에서만 발생하는 건 아닌 것이다.

첫 번째 사례. 2014년 6월, 서울의 신촌 연세로에서 제15회 퀴어˙ 문화축제가 열렸다. 축제는 우여곡절 끝에 가까스로 개최되었는데, 성소수자를 혐오하고 축제를 반대하는 단체들로 인해 장소 사용 허가가 쉽게 나지 않았다. 축제 반대를 주도한 사람들은 성소수자들이 공공 공간에 나와 행진하며 자신의 존재와 정체성을 드러내는 것을 원하지 않았다. 결국 양측 간의 첨예한 대립은 축제 당일까지 이어졌는데, 연세로에서 서로 팽팽하게 대치하며 긴장감이 절정에 달했다. 축제 반대 측 수백여 명이 도로에 앉아 성소수자들의 행진 차량을 가로막기도 하였다.

대학생들로 북적이는 연세로는 '누구나' 접근하여 이용할 수 있는 공공 공간이다. 사실 모든 거리가 다 그렇다. 그러나 실제로 우리나라의 거리는 성소수자들에게 결코 호의적이지 않은 공간이다. 혹시 이성 연인이 아닌 동성 연인이 손잡고 자연스럽게 거리를 활보하는 것을 보았거나 상상해본 적이 있는가? 대부분 그렇지 않을 것이다.

두 번째 사례. 2008년 6월, 서울의 광화문 광장 일대에서 미국산 소고기 수입에 반대하는 촛불집회가 열렸다. 서울시청 앞과 광화문

˙ 퀴어(Queer)는 본래 '이상한', '색다른' 등을 의미하는 단어였지만, 현재는 성소수자(LGBT-레즈비언, 게이, 양성애자, 트랜스젠더 등)를 포괄하는 단어로 사용된다.

광화문 광장을 가로막은 명박산성 **출처 : 오마이뉴스**

퀴어문화축제에서의 공간 대치, 행진 VS 점거
출처 : 노컷뉴스

일대는 '국가의 정치적 중심지'를 상징하기 때문에 집회를 막으려는 정부와 집회 참가자 모두에게 전략적으로 중요한 공간이다. 도심 한복판에서 100만 명 규모의 촛불 대행진이 계획되자, 결국 경찰은 인천항에서 60여 개의 화물 컨테이너를 가져와 장벽(이른바 명박산성)을 쌓고 집회 참가자들의 청와대 진입과 집회 확산을 봉쇄했다. 연세로와 마찬가지로 광화문 광장 역시 '누구나' 접근하여 자신의 생각을 자유롭게 표현할 수 있는 공공 공간이다. 그러나 실제로 우리나라의 광장에서는 정부 정책과 권력을 비판하는 사람과 사회적 약자(장애인, 노동자, 농민 등)의 목소리는 번번이 무시되고 차단되었다. 지난 2015년, 집회 도중 경찰이 쏜 물대포에 맞아 사망한 고(故) 백남기 농민의 사례는 이를 잘 보여준다.

소유하지 못했어도 공간을 이용할 수 있을까?

이미 1960년대에 프랑스의 철학자 앙리 르페브르(Henri Lefèbvre)는 일반 상품과는 특성이 다른 공간마저도 이윤 추구를 위한 상품이 되어버린 현실을 비판한 바 있다. 르페브르는 이에 대한 대안으로 "토지에 대한 소유권을 갖지 못했더라도, 일상생활에서 도시 공간을 충분하고 완전하게 사용할 수 있는 권리가 보장되어야 한다"(도시에 대한 권리 : the right to the city)고 주장했다. 소유 여부에 관계없이 공간을 사용하자는 르페브르의 주장은 현실과 동떨어진 헛된 이상처럼 들릴지도 모른다.

그러나 작은 움직임들이 곳곳에서 생겨나고 있다. 소유하지 못한 사람들과 공간을 함께 사용하면서 공공성을 높이려는 시도들인데, 경제적으로 넉넉하지 않은 청년들을 위해 하루에 커피 한 잔 값을 받고 테이블 하나를 자기 사무실처럼 쓸 수 있도록 대여해주는 협업 공간(coworking space)들이 대표적인 사례이다. 모임 공간을 필요로 하는 개인과 단체에게 최소한의 사무 공간을 제외한 나머지 공간을 개방하는 시민단체와 협동조합 또한 늘고 있다. 건물을 마을에 내놓고 마을 공동체를 위해 사용하거나, 주중에는 비어 있는 주차장을 지역 주민들에게 개방하는 교회들의 사례도 있다. 물론 비용을 받는 곳도 있지만 최소한의 공간 유지비에 불과할 뿐, 이들 공간의 대부분은 경제적 이익을 목적으로 하지 않는다는 점에서 상업적인 공간들과 차별화된다.

우리나라로 치면 세종문화회관 정도에 해당하는 런던의 로열 페스티벌 홀은 비싼 표를 구입하고 공연을 관람하려는 관람객이 아니더

청년일자리허브 내부

무중력지대 내부 출처 : 무중력지대 홈페이지

라도, 가볍게 차를 마시며 이야기를 나누는 사람들부터 카드 게임을 하는 사람들에 이르기까지 누구나 편히 들어가 자유롭게 시간을 보낼 수 있는 공간이다. 우리나라의 공공기관도 조금씩 변화하고 있다. 강당과 회의 공간을 주민과 공유하는 관공서가 늘고 있고, 해당 지역 내 다양한 공간을 발굴하고 공유를 장려하기도 한다. 더 나아가 서울시는 청년들이 돈 걱정 없이 자유롭게 만나고 다양한 활동을 이어갈 수 있도록 '청년일자리허브'*와 '무중력지대'** 같은 열린 공간을 조성하여 운영하고 있다.

차별과 배제가 아닌 인정과 포용의 공간으로

한 시민단체는 지난 2002년부터 '한평공원 만들기' 사업을 벌이고 있다. 이름 그대로, 버려지거나 잘 쓰이지 않는 동네의 작은 공간을 주민 모두가 누릴 수 있는 새로운 공공 공간으로 조성하는 사업이다. 한평공원 조성 과정에서 지역 주민들의 참여는 필수적이다. 이뿐만 아니다. 도심 속 폐가를 주민 모두가 자유롭게 사용할 수 있는 공동 공간으로 조성하고 냄새나던 산속 쓰레기장을 주민과 공공기관이 힘을 합쳐 숲속 생태놀이터로 탈바꿈시키는 등, 곳곳에서 공공 공간이 되살아나고 있다.

　모두 매우 의미 있는 시도들이다. 공간을 필요로 하는 많은 사람들에게 공간을 돌려주기 위해서는 공공 공간이 확대되어야 하는 건 당연지사다. 그러나 단지 '깔끔하게 단장된' 공공 공간의 개수와 면적이 늘어난 것에만 만족하면 되는 것일까? 사유 공간과 구별되는 공

---

* 서울시는 은평구 녹번동 일대의 옛 질병관리본부 부지에 '서울혁신파크'를 조성하고 2013년 4월에 청년일자리허브(청년허브)를 열었다. 청년허브는 단순히 청년 실업 문제를 넘어 청년들의 자유로운 만남과 네트워크를 촉진하기 위한 거점 공간을 지향하고 있다. 이를 위해 청년허브에는 각종 모임에 적합한 다양한 개방 공간들이 존재한다.

** 무중력지대라는 이름은 '청년들을 부르는 공간이 없다. 무중력 상태에서 떠다니는 느낌이다. 청년들이 디딜 수 있는 공간이 있었으면 좋겠다'는 제안에서 유래한 것으로, 청년들을 위해 마련된 열린 공간이다. 서울시의 첫 번째 무중력지대가 바로 청년허브이며, 2015년 1월에 두 번째 무중력지대가 대방역 앞에 들어섰다.

버려진 방범초소에서 주민들의 쉼터로 탈바꿈한 한평공원 1호 출처 : 걷고싶은도시만들기시민연대 홈페이지

공 공간의 핵심은 바로 '개방성'에 있다. 그러나 이때 개방성을 단지 눈에 보이는 측면에만 국한하여 해석해서는 안 된다. 연세로와 광화문 광장의 사례에서도 보았듯이, 사실 물리적으로 열린 공간인지 닫힌 공간인지는 크게 중요하지 않다. 문이 활짝 열려 있다고 해서 누구나 자유롭게 그 공간을 누릴 수 있는 것은 아니기 때문이다.

그렇다면 공공 공간이 누구에게나 열린 공간이 되기 위해서는 어떤 노력들이 필요할까? 공간은 그 공간을 이용하고 경험하는 수많은 사람들과 결코 분리될 수 없기 때문에 다양성과 차이가 공존할 수밖에 없다. 그렇기에 진정한 의미의 공공 공간은 '다름'을 차별하고 배제하는 것이 아니라 인정하고 포용하는 공간이어야 한다.

자연과 문화를 모두의 유산으로

전통적으로 우리나라에서는 어장과 목초지, 산과 같은 자연 자원을 현재 세대뿐만 아니라 미래 후손까지 포함한 공동체의 소유로 여겼

시민 유산 1호인 강화 매화마름 군락지 출처 : 인천광역시

다. 그 결과, 개인의 소유와 독점을 인정하지 않고 공동체 모두가 나서서 관리하는 경우가 많았다. 대형 개발사업의 추진과 공동체의 해체로 인해 빠른 속도로 감소하고 있지만, 제주도에서는 여전히 마을 공동체 소유의 공동 목장을 찾아볼 수 있다.

영국은 산업혁명 이후 경제가 성장하고 무분별한 개발이 이뤄지는 과정에서 역사 유적과 자연환경이 심각하게 훼손되었다. 이런 상황에서 1895년에 내셔널 트러스트(The National Trust)가 설립되었다. 영국 최대의 시민단체인 내셔널 트러스트는 기부금과 후원금으로 운영되는데, 역사적으로 중요하고 자연이 아름다운 장소를 사들이거나 소유주로부터 기증받은 후 영구 보전하는 것을 목적으로 한다. 영국 내셔널 트러스트는 100년 이상 꾸준히 활동을 이어온 결과, 아름다운 숲, 호수, 협곡, 오래된 성, 영주의 저택과 정원, 작가의 집 등 영국 전체 국토의 약 1.5퍼센트를 소유하고 있다. 또한 해안선 보존 운동도 펼쳐 영국 전체 해안선의 약 17퍼센트를 소유·관리하고 있다. 내셔널 트러스트는 전 세계 30여 개국으로 확산되었고, 우리나라에서도 지난 2000년에 한국 내셔널 트러스트가 출범했다. 이후 강화 매화마름 군락지, 최순우 옛집, 나주 도래마을 옛집, 연천 비무장지대 일원 임야 등을 확보하여 시민 유산으로 보전하고 있다.

내셔널 트러스트 운동은 개인의 소유에 따른 독점을 막기 위한 활동이란 점에서 우리의 전통과 일맥상통한다. 또한 공간이 상품으로 거래되며 사유 공간뿐만 아니라 공공 공간에서조차 차별과 배제가 일상화된 현실에서 상징하는 바가 크다. 다시 앞에서 언급했던 제주도의 자연경관 사유화 논란으로 돌아가보자. 이제 현명한 해법을 제시할 수 있지 않을까? 최근 정부가 제주도 해안을 매입해야 한다는 주장이 힘을 얻고 있는 것은 바로 이 때문이다.

9

민달팽이 세대와 지옥비를 아시나요?
공간에 대한 권리도 인권이다

나는 민달팽이 세대다

여기 한 청년이 있다. 그는 소위 말하는 '인 서울' 대학에 합격해 희망에 가득 차 있었다. 지방에서 서울로 대학을 간다는 것이 마냥 쉬운 일은 아니어서, 선생님과 친구들의 축하와 부러움을 한 몸에 받기도 했다. 하지만 기쁨도 잠시. 서울에 딱히 아는 사람이 없던 청년은 자취방을 알아보려고 대학가 근처 부동산을 들렀다가 많이 당황했다. 다섯 평 남짓의 원룸이 보증금 1,000만 원에 월세가 50만 원. 이 정도면 청년의 고향인 부산에서는 투룸을 얻을 수 있는 비용이었다. 서울과 지방의 격차를 모르는 건 아니었지만 예상보다 더 컸다. 결국 발품을 팔고 여러 선호 조건들을 포기한 후, 보증금 300만 원, 월세 30만 원의 원룸을 구했다. 사실 집만 있으면 살 수 있는 게 아니라, 전기세, 난방비도 내야 하고 밥도 사먹어야 하는 등 혼자 사는 데 드는 생활비도 만만치 않았기 때문에 방세를 절약할 수밖에 없었다.

청년의 원룸은 반지하여서 햇빛이 잘 들지 않았고 환기도 안 돼 여름에는 퀴퀴한 곰팡이 냄새가 났다. 또 문만 열면 바로 도로여서 소음으로 잠을 설치기 일쑤였고, 사생활도 보호받기 힘들었다. 2년의 계약 기간이 끝나자, 월세를 올려달라는 주인의 요구에 룸메이트를 구해 옥탑방으로 이사했다. 옥탑방은 햇빛도 잘 들고 통풍도 잘되었지만, 여름은 매우 덥고 겨울은 너무 추웠다. 청년은 에어컨도 없이 여름을 견뎌보려다 더위를 먹고 앓기도 했고, 겨울에는 10만 원에 가까운 난방비로 재정 압박을 받기도 했다.

그래도 청년은 사정이 좀 나은 편이라고 할 수 있었다. 청년의 선배들 중 몇몇은 부모님께 계속 손을 벌리는 것이 힘들어 학교 앞 고시원으로 이사했다. 고시원은 보증금이라는 목돈은 들지 않았지만 화장실과 샤워장을 공동으로 이용해야 했고, 한 평(3.3제곱미터)이 조

(단위 : 만 원, 표기 : 보증금/월세)

서울 주요 대학가 평균 월세 **2016년 8월 기준**

고시원 풍경 ⓒ심규동

금 넘는 정도의 방에 책상과 작은 침대를 놓으면 제대로 움직일 수 있는 공간조차 확보되지 않았다.

　서울 생활 내내 청년을 가장 괴롭힌 것이 바로 주거 문제였다. 주거 비용을 함께 분담할 룸메이트가 계속 함께 지내줄 것인지, 2년간의 원룸 계약 기간이 끝나면 또 어디로 가야 하는지, 생활비를 얼마나 절약해야 하는지 등 모두 주거와 관련된 문제들이었다. 청년은 언제쯤 이런 고민으로부터 벗어날 수 있을까? 청년을 보면, 마치 집 없이 태어나는 민달팽이가 떠오른다.

지옥비를 아시나요?

지옥비는 지하방, 옥탑방, 고시원과 같은 비주택을 전전하는 요즘 청년들이 자신들의 꽉 막힌 처지를 자조하며 앞 글자를 따서 만든 신조어이다. 우리나라 인구주택총조사(2010년 기준)에 의하면, 서울에는 전체 인구의 4분의 1 정도인 약 230만 명의 청년 세대가 살고 있다. 이 청년들 가운데 무려 4분의 1가량에 해당하는 52만여 명이 주거 빈곤에 처해 있다. 1인 청년 가구로 한정하면 주거빈곤율*은 더욱 높아진다. 서울시 1인 청년 가구의 36.2퍼센트인 12만 가구가 주거 빈곤 가구이며, 그 가운데 29.8퍼센트는 지하나 옥탑방, 18.3퍼센트는 고시원이나 비닐하우스와 같은 비주택 가구이다. 이러한 현상은 서울 중에서도 대학가 주변에서 두드러지게 나타난다. 서울대가 있는 관악구 대학동은 1인 청년 가구의 주거빈곤율이 무려 77.3퍼센트나 된다. 더 큰 문제는 전국 가구의 주거빈곤율이 2000년 이후 29.2퍼센트에서 14.8퍼센트로 크게 감소하고 있는 반면, 서울 1인 청년 가구의 주거빈곤율은 31.2퍼센트에서 2010년 36.2퍼센트로 증가하고

최저 주거 기준 미달 가구
(주거 빈곤 가구)
123,591가구(36.2%)

최저 주거 기준 이상 가구
217,226가구(63.8%)

서울시 1인 청년 가구 주거 수준(2010년) **출처 : 통계청**

● 우리나라는 주거기본법 제17조, 동법 시행령 제12조에 근거하여 국민이 쾌적하고 살기 좋은 생활을 영위하기 위하여 필요한 최소한의 주거 기준을 설정하고 있다(최저 주거 기준). 이에 따르면 1인 가구는 14제곱미터, 2인 부부는 26제곱미터 이상의 주거 면적 요건을 충족하여야 한다. 그리고 총 가구 중에서 최저주거 기준에 미달하는 가구의 비율을 주거빈곤율이라 한다.

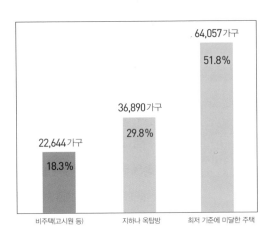

64,057가구

51.8%

36,890가구

29.8%

22,644가구

18.3%

비주택(고시원 등)　　지하나 옥탑방　　최저 기준에 미달한 주택

서울시 1인 청년 가구 중 최저 주거 수준 미달 가구의 거처 유형(2010년) **출처 : 통계청**

있다는 것이다. 또한 국토교통부의 2012년 주거실태 조사를 보면, 서울 1인 청년 가구의 96.3퍼센트가 전세 또는 월세이며, 이들 중 69.9퍼센트가 소득의 3분의 1 이상을 주거비에 쓰고 있고, 22퍼센트는 무려 소득의 절반 이상을 주거비로 쓰고 있는 것으로 나타났다. 여기에 대학 등록금과 임대료의 지속적인 상승, 인턴이나 기간제와 같은 비정규직의 증가로 인한 고용 불안이 하루가 다르게 청년 세대들의 어깨를 짓누르고 있다.

현재 우리 청년들은 소득에 비해 과도한 주거비를 지불하면서 미래를 위한 저축은 꿈도 꾸지 못한 채 힘겹게 살아간다. 이들의 고통은 젊다는 이유만으로 응당 치러야 할 대가이거나 견뎌내야 하는 과업이 아니다. 이들의 주거 빈곤은 이미 청년 세대를 넘어 장년 세대로 진행되고 있고 더 많은 시간이 흐르면 노년층까지 연장될 것이다. 가난한 청년이 가난한 장년이 되고, 가난한 장년이 가난한 노인이 될 것이기 때문이다. 더욱이 상당수 청년들이 주거 문제에서 시작된 경제적 궁핍으로 결혼·출산 등과 같이 생애주기에서 중요한 일들까지도 포기하고 있으며, 이는 한 나라의 존립 근거인 인구의 재생산 구조 자체를 흔드는 위험한 결과를 초래하고 있다.

언제부터인지 국가의 미래 동력으로 중추적인 역할을 해야 할 대한민국 청년들이 주거 문제로 고통받고 있다. 이들이 원했던 것은 힘겨운 공부를 마치고, 바쁜 회사 일을 끝내고 단지 편안하게 누워서 쉴 수 있는 '집'이었다. 답답하면 창문을 시원하게 열 수 있고, 벽에 못을 박아 액자를 걸 수 있고, 책장을 구입해 책을 꽂고, 예쁜 화분 하나를 가꾸는 것이 그렇게 사치스러운 일일까? 20대 청년 세대는 '방'이 아닌 '집'이 필요하다. 우리는 그 출발을 어디서부터 해야 할까?

집도 인권이다

우리 주변에서 흔하게 볼 수 있는 달팽이는 껍데기를 갖고 태어난다. 달팽이는 새나 딱정벌레와 같은 천적을 만나면 재빨리 껍데기 속으로 몸을 감춘다. 살기 힘든 무더운 여름과 추운 겨울에는 껍데기 안으로 들어가 입구에 점액으로 단단한 막을 치고 자신을 보호한다. 달팽이가 등에 지고 있는 이 껍데기는 달팽이가 나이를 먹을수록 함께 자란다. 달팽이에게 이런 껍데기가 없다면 어떻게 될까? 무더위나 추위도 견딜 수 없을뿐더러 천적을 만나면 쉽게 잡아먹힐 것이다. 달팽이에게 껍데기는 있으나 마나 한 것이 아니라, 자신의 생명과 안전을 보호해주는 은신처다. 생각해보면 모든 생명체는 자신만의 보금자리를 가지고 있다. 새는 둥지에서, 물고기는 강물이나 바다 속에서. 모두에게 집이란 자신과 가족을 보호하고 편안히 쉴 수 있으며, 잠을 자고 새끼를 키우는 공간이다.

우리 인간도 마찬가지다. 집은 우리 자신과 가족을 보호하고 사생활을 지켜주며 여유와 편안함을 주는 곳이다. 이를 바탕으로 인간은 다시 집 밖으로 나가 열심히 일을 할 수 있다. 그래서 '집(home)'은 그 의미상 '주택(house)'과는 다르다. 주택은 냉장고나 자동차를 바꾸듯이, 필요에 의해 언제나 다른 것으로 바꿀 수 있는 하나의 상품이다. 하지만 집은 좀 다르다. 집은 인간에게 가장 친밀한 장소이며, 세계와 나를 이어주는 통로이다. 때문에 집은 단지 지붕과 벽, 창문만 있으면 되는 게 아니라, 그 안에 사는 사람이 최소한 인간다운 생활을 하는 데 아무런 문제가 없어야 한다. 그래서 삶의 터전인 집의 문제는 개인의 문제를 넘어 인간의 존엄성을 유지하기 위한 기본적인 권리, 즉 인권인 것이다.

적절한 주거에 대한 인간의 권리는 이미 수많은 국제 규범에서 기본적인 인권으로 규정하고 있다. 국제연합(UN)은 1948년 '세계인권선언'에서 '주거를 포함한 적절한 생활수준을 누릴 권리'를 천명했으며, 1966년 '경제·사회·문화적 권리에 관한 국제 규약'에서는 주거권을 국제법으로서의 효력과 구속력을 갖고 있는 조약으로 만들어 각국 정부가 이행하도록 하고 있다. 최근에는 UN 산하에 '인간정주위원회(UN-Habitat)'를 두고 지속 가능한 주거 개발과 모두를 위한 적절한 주거를 위해 노력하고 있다. 우리나라도 주거에 대한 권리를 헌법과 법률로 규정하고 있으며, 주거권 관련 국제 규약이 국회 비준을 통과하여 국내법과 동일한 효력을 발휘하고 있다.

이처럼 모든 인간은 기본적인 인권으로 최소한의 주거 생활을 향유할 권리가 있고, 국가는 이를 실현할 의무를 갖고 있다. 그럼에도 불구하고 우리 청년들은 민달팽이처럼 거처할 집 없이 지·옥·비를 옮겨 다니고 있는 실정이다. 이것은 인간다운 생활과는 거리가 멀며, 인간의 존엄성을 유지하기 위한 권리를 제대로 보장받지 못하고 있는 것이다. 다시 말해 인권을 침해받고 있다는 말이다.

사실 하나의 인권으로서 주거에 대한 권리 문제는 오늘날 청년들의 거주가 밀집된 대학 주변이나 고시촌 동네에서만 나타나고 있는 것은 아니다. 2009년 추운 겨울 새벽, 서울의 한복판인 용산구 남일당 건물 옥상에서 농성을 벌이던 세입자들을 경찰특공대가 강제 진압하는

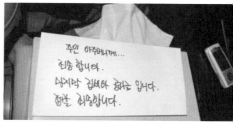

송파구 세 모녀가 남긴 유서 같은 메모

다큐멘터리 〈두 개의 문〉

2012년 개봉한 용산 참사를 다룬 다큐멘터리 독립 영화. 용산 참사가 일어난 원인과 진실 규명에 다가서는 내용을 담담하게 그려내 다시 한 번 용산 참사에 대한 사회적 관심을 불러일으켰다. 그해 언론인권상 본상을 수상하였다.

과정에서 여섯 명이 사망하고 스물네 명이 부상을 입는 대형 참사가 일어났다. 참사 유가족들은 이렇게 말한다. "보상금 때문이 아니라 단지 살고 싶었고, 살기 위해 건물 옥상에 올라갔다"고. 2014년 송파구 반지하 셋방에서는 세 모녀가 "정말 죄송합니다"라는 메모와 함께 갖고 있던 전 재산인 현금 70만 원을 마지막 집세와 공과금으로

- 세계인권선언(1948) 제25조 1항 모든 사람은 먹고 입고 거주하는 것과 의료 및 필수적인 사회 서비스를 포함하여 자신과 가족의 건강과 행복을 위해 적절한 생활수준을 누릴 권리를 갖는다.
- 경제·사회·문화적 권리에 관한 국제 규약(1966) 제11조 1항 이 규약의 당사국은 모든 사람이 적절한 식량, 의복 및 주거를 포함하여 자기 자신과 가족을 위한 적절한 생활수준을 누릴 권리와 삶의 조건을 지속적으로 개선할 권리를 가지는 것을 인정한다.
- 경제·사회·문화적 권리에 관한 국제 규약 일반논평 4호(1991) 적절한 주거에 대한 권리는 모든 경제적·사회적·문화적 권리를 누리는 데 가장 중요한 요소이다.
- 환경과 개발에 관한 리우 선언 의제21(1992) 7장 인간 정주의 목적은 모든 사람들의 정주, 생활 및 노동 환경에 대한 사회적·경제적·환경적 질을 개선하는 것이다. (……) 안전하고 위생적인 거주지에 대한 접근은 개인이 신체적·정신적·사회적·경제적으로 잘 살아간다는 것의 기본이며, 국가적·국제적 행동의 근본이 되어야 한다.
- 대한민국 헌법 제35조 3항 국가는 주택 개발 정책 등을 통하여 모든 국민이 쾌적한 주거 생활을 할 수 있도록 노력하여야 한다.
- 대한민국 주거기본법 제2조 국민은 관계 법령 및 조례로 정하는 바에 따라 물리적·사회적 위험으로부터 벗어나 쾌적하고 안정적인 주거 환경에서 인간다운 주거 생활을 할 권리를 갖는다.
- 대한민국 주거기본법 제18조 1항 국가 및 지방자치단체는 최저 주거 기준에 미달되는 가구에게 우선적으로 주택을 공급하거나 개량 자금을 지원할 수 있다.
- 대한민국 주거기본법 제18조 2항 국가 및 지방자치단체가 주거 정책을 수립·시행하거나 사업 주체가 주택 건설 사업을 시행하는 경우에는 최저 주거 기준에 미달되는 가구를 줄이기 위하여 노력하여야 한다.

뇌두고 스스로 목숨을 끊은 끔찍한 사건도 있었다. 도대체 이들이 죄송한 것은 무엇이며, 누가 이들로 하여금 스스로 죄송하다는 말을 하게 만든 것일까? 주거에 대한 우리의 권리가 보장받지 못한다면 인간의 생존권도 심각하게 위협을 받는다. 때문에 집은 단지 물리적인 구조물도, 잠시 머물고 나갈 임시적인 거처도 아니다. 집은 인간의 생존권에 우선하여, 인간이면 누구나 인간다운 생활을 하기 위해 마땅히 누리고 보장받아야 할 권리이다. 그러니까 집도 인권이다.

도시도 인권이다

오스트레일리아의 어느 선주민들은 주택 없이 모닥불 주변에서 가족과 함께 살아가는데, 그들은 이곳을 '집'이라고 부른다. 그들에게 집이란 벽돌과 시멘트로 만들어진 인공 구조물이 아니라, 편안함과 사랑을 느끼는 공간이라고 한다. 영어에서도 집을 뜻하는 홈(home)은 단순히 자신이 머물고 있는 건물만을 의미하지 않는다. 홈은 자신이 태어난 도시(hometown)일 수도, 국가(homeland)일 수도, 지구일 수도 있다. 집은 하나의 고정된 물체가 아니며, 사람들이 거주하는 모든 공간들은 본질적으로 '집'의 의미를 담고 있다. 그래서 영어권 사람들은 거주지를 잃은 아픔을 향수병(homesickness)으로 표현했을지도 모른다.

이처럼 공간은 물고기와 물처럼 그곳에 거주하는 사람들과 떼려야 뗄 수 없는 관계를 맺고 있다. 공간은 그곳에 살아가는 사람들이 지속적으로 만들어왔고 만들어갈 거주지다. 그래서 공간은 다양한 시대의 서로 다른 사람들에 의해 만들어진 흔적들이 쌓인 지층과도 같다. 공간은 공동체 구성원 모두의 공간, 공적 공간이다.

그런데 어느 순간부터인지 공간은 거주지로서 삶의 터전이기보다는 '부동산'으로 상징되는 사고파는 상품이 되었다. 돈과 권력이 있는 사람들은 더 많은 공간을 소유하거나 계획하고 창조하며, 공간이 주는 혜택에 쉽게 다가가 편리하게 누리지만, 그렇지 못한 사람들은 자신의 거주지를 만들어가는 데 소외되거나, 심지어 자신이 오랫동안 살았던 거주지로부터 쫓겨나기도 한다. 이런 현상은 산업화의 산물인 도시에서 두드러지게 나타나고 있다.

한때 서울의 대표적인 도시 재개발사업이었던 뉴타운사업 이후 저소득층이 필요로 하는 전세금 4,000만 원 이하 주택 비율은 사업 전 83퍼센트에서 사업 후 0퍼센트로, 전용면적(실제 주거면적) 60제곱미터(18평) 이하 주택 비율은 사업 전 63퍼센트에서 사업 후 30퍼센트로 줄어들었다. 그 결과, 그곳에 살던 저소득층 거주민들은 집을 마련할 돈이 없어 서울 외곽으로 쫓겨나게 되었다. 이들은 자신의 거주지인 데다 최소한 인간답게 살아가기 위한 권리를 침해받았음에도 불구하고, 공간을 변화시키는 도시 재개발 과정에 이렇다 할 참여를 하지 못했다.

뉴타운사업은 모든 도시 거주자를 위한 도시 만들기 과정이 아니었다. 한 연구 결과에 의하면, 1963년부터 2007년까지 소비자 물가는 43배 상승했지만 서울시의 땅값은 1,176배, 우리나라 대도시 땅값은 923배 상승했다고 한다. 그래서 서울의 강남, 서초, 송파구의 공동 주택을 팔면 우리나라 유수의 대기업을 통째로 살 수 있으며, 우리나라 땅을 모두 팔면 우리나라보다 100배나 면적이 넓은 캐나다를 두 번 사고도 남는다는 말이 나온다. 그리고 서울과 경기도의 땅값만으로 오스트레일리아를 거의 살 수 있을 정도라고 한다. 하지만 같은 시기 도시 노동자 월평균 실질임금은 15배 증가하는 데 머물렀다. 결국 수많은 도시민들이 거주지를 찾아 도시 외곽으로 점차 밀려났다는 것을 어렵지 않게 추론할 수 있다.

프랑스의 공간 철학자 르페브르는 오늘날 거주지의 대명사가 되어 버린 도시가 거주지로서의 사용가치보다는 상품으로서의 교환가치가 우선이 되었다고 비판하며, 본래의 도시 모습으로 돌아가기 위해 인권의 일부로서 도시권을 주장했다. 본래 도시는 동질적이며 고립적인 성격이 강한 촌락과 달리, 다양한 사람들이 만나 거주하며 지속적으로 만들어온 하나의 작품과도 같은 공간이었다. 그런데 자본주의가 발달하면서 도시는 다양성과 차이가 만나는 공적 공간이기보다는 돈이나 권력을 가진 소수 사람들이 소유하거나 부동산 투기를 통해 더 많은 돈을 벌기 위한 사적 공간화가 되어버렸다. 그리하여 도시는 기능적이고 획일적인 소비의 장소가 되었고 평범한 서민들, 빈곤한 노동자, 노숙자, 외국인 이주자와 같은 도시민들은 도시가 주는 혜택으로부터 멀어지거나 심지어 도시에서 쫓겨나는 일까지 벌어졌다.

르페브르는 자본과 권력이 아닌 본래의 도시 모습, 즉 도시민들을 위한 생활 거주지로서의 도시로 되돌리기 위해, 모든 도시 거주민이 도시의 행정과 정치에 적극적으로 참여하여 도시를 만들고 도시가 주는 다양한 혜택에 차별 없이 접근하여 누릴 수 있는 권리를 보장받아야 한다고 주장한다. 도시는 소수의 특권을 가진 사람들의 공간이 아니라 스스로 도시를 만들어왔고 앞으로 만들어나갈 사람들의 것이다. 이를 위해 도시의 공공성은 지켜져야만 하며, 이는 도시민들이 집합적으로 도시에 대한 권리를 보장받을 때 가능하다.

이러한 이론에 영향을 받아 최근 세계 여러 도시들은 도시권 보장을 위한 헌장을 제정하고 있고, 세계적 차원에서도 UN을 중심으로 도시권 헌장을 준비하고 있다. 대표적으로 2005년 발표된 캐나다 몬트리올의 도시 헌장 제1조에는 "도시는 삶의 공간이며, 도시에서 인간의 존엄성, 관용, 평화, 포용, 평등의 가치가 모든 시민 사이에 증진되어야 한다"고 규정하고 있다. 공간은 사고파는 상품이 아닌, 그곳에 사는 모든 거주민들의 삶의 공간이다. 그리고 삶의 공간은 모든 거주민들의 것이다.

땅에 대한 북아메리카 선주민들의 생각

모든 이들의 거주지로서 공간에 대한 의미는 200여 년 전 시애틀이라는 이름을 가진 북아메리카 선주민들의 한 추장이 백인들에게 보낸 편지에서도 읽을 수 있다. "워싱턴에 있는 백인 지도자가 우리 땅을 사고 싶다는 요청을 해왔습니다. 우리는 당신의 제의를 고려해보겠습니다. 그 까닭은 만일 우리가 그렇게 하지 않는다면, 백인들이 총을 가지고 와서 우리의 땅을 빼앗아갈 것이라는 걸 알기 때문입니다. 그런데 어떻게 당신은 하늘의 공기와 땅의 체온을 사고팔 수가 있습니까? 그러한 생각은 우리에게는 매우 생소합니다. 더욱이 우리는 신선한 공기가 반짝이는 물을 소유하고 있지도 않습니다. 그런데 어떻게 당신이 그것을 우리한테서 살 수 있겠습니까? 이 땅의 구석구석은 우리 백성들에게 신성합니다. (……) 만일 우리가 우리의 땅을 당신에게 팔게 된다면 당신은 우리가 그 땅을 사랑하듯 사랑하고, 우리가 보살피듯 보살피며, 그 땅에 대한 기억을 지금의 모습대로 간직하십시오. 그리고 당신의 모든 힘과 모든 능력과 모든 정성을 기울여 당신의 자녀들을 위해서 그 땅을 보존하고 또 신이 우리를 사랑하듯 그 땅을 사랑하십시오."

공간에 대한 관심을 통해 인권의 확장과 재개념화가 필요하다

왕의 부당한 권력에 시민들이 혁명으로 저항했던 프랑스 대혁명에서 보듯이, 인권은 국가의 권력으로부터 개인의 정치적 자유를 지키는

서울에서 투표율이 가장 낮은 10개 동네의 특징										
(2004년 총선과 2006년 지방선거, 단위 : %)										
	계	강남구 논현1동	강남구 역삼1동	구로구 가리봉2동	관악구 신림5동	광진구 화양동	중랑구 중화2동	영등포구 영등포2동	중랑구 면목1동	강북구 미아2동	용산구 한남2동
평균 투표율	44	39	41	45	46	46	46	46	47	47	47
주택소유 · 주택소유	26	25	20	23	21	23	26	26	35	45	34
주택소유 · 다주택	3	3	3	2	2	3	2	3	4	3	4
주택소유 · 무주택	74	75	80	77	79	77	74	74	65	55	66
거치 · 아파트	5	10	6	0	5	3	0	9	3	0	5
거치 · 단독주택	76	76	74	95	56	83	88	62	85	70	78
거치 · 기타	19	14	20	5	39	14	12	29	12	30	17
1인 가구	43	48	55	39	53	44	31	52	21	21	35
(반)지하 등	17	13	10	10	16	24	29	8	28	13	11

서울에서 투표율이 가장 높은 10개 동네의 특징										
(2004년 총선과 2006년 지방선거, 단위 : %)										
	계	송파구 잠실7동	송파구 잠실5동	송파구 오륜동	양천구 목6동	양천구 신정6동	강남구 대치1동	서초구 반포본동	강동구 둔촌1동	강남구 대치2동	송파구 문정2동
평균 투표율	67	69	69	68	68	67	67	66	66	66	66
주택소유 · 주택소유	84	90	85	89	81	82	88	78	73	87	90
주택소유 · 다주택	14	17	17	17	13	14	16	13	11	15	13
주택소유 · 무주택	16	10	15	11	19	18	12	22	27	13	10
거치 · 아파트	98	100	100	100	98	94	97	100	100	100	91
거치 · 단독주택	0	0	0	0	0	0	1	0	0	0	1
거치 · 기타	2	0	0	0	2	6	2	0	0	0	8
1인 가구	5	7	5	4	7	6	3	7	7	3	7
(반)지하 등	1	0	0	0	0	0	0	0	0	0	8

서울에서 투표율이 가장 낮은 동네와 높은 동네의 특징

과정에서 본격화되었다. 왜냐하면 개인의 자유를 침해하는 가장 큰 권력은 국가였기 때문이다. 혁명의 결과, 시민은 선거를 통해 국가 정치에 참여하여 국가 권력을 제한하고 자신의 자유를 지킬 수 있었다. 그러나 개인의 참정권만으로 인간은 자신의 존엄성을 유지할 수 있을까? 만약 국가로부터 개인의 정치적 자유는 보장되었지만 편안하게 쉴 집이 없어 노숙을 하게 된다면? 돈이 없다는 이유만으로 슬럼과 같은 불량한 거주 공간으로 쫓겨나야 한다면 어떻게 될까? 국가가 보장한 개인의 정치적 자유는 의미가 약해질 것이다.

　실제로 자신의 집을 가진 사람들이 많은 동네일수록 투표율이 높고, 1인 가구, (반)지하와 같은 셋방에 사는 거주자가 많은 동네일수록 투표율이 낮다. 그도 그럴 것이, 저소득 계층인 세입자들은 선거일에도 일을 하는 경우가 많아 투표장에 가기도 힘들다. 또 세입자들

청년 세대를 위한 노동조합 청년유니온의 '서울리츠' 사업에 대한 기자회견

출처 : 민달팽이유니온 공식 블로그

중 상당수는 계약 기간이 만료되는 최소 2년에 한 번씩은 이사를 다녀야 하는 경우가 많기 때문에 그들에게 현재의 거주지는 우리 동네가 아니라 곧 떠나야 할 남의 동네일 뿐이다. 그래서 국회의원이나 지방자치단체장을 뽑아도 그들은 자신의 의견을 대변하지 못한다.

따라서 자유권적인 인권의 보장 가능성을 높이고 생존의 위협으로부터 보호받고, 궁극적으로 최소한의 인간다운 생활을 통해 존엄성을 유지할 수 있도록 정치적 자유 중심의 인권이 확장될 필요가 있다. 따지고 보면 인권은 역사 속에서 지속적으로 확장되어왔다. 프랑스 대혁명을 통해 참정권을 보장받은 사람들은 부르주아(상공업자)들뿐이었지만, 현재는 누구나 참정권을 보장받게 되었다. 물론 여기까지 오는 데는 가열찬 투쟁과 저항 그리고 타협의 과정이 있었기에 가능했다. 우리나라 또한 4·19혁명, 1980년 광주민주화운동, 1987년 6월 민주항쟁에서 보듯이 수많은 시민들의 희생으로 점차 국가 권력을 제한하고 자유로운 삶을 쟁취할 수 있었다.

주거와 도시에 대한 인간의 권리 보장도 마찬가지다. 우선은 권리를 이야기할 용기가 필요하다. 지금 이 순간에도 한국의 청년 주거 문제를 해결하기 위해 노력하는 청년시민운동가들이 있고, 도시권 보장을 위해 뛰고 있는 도시인권운동가들이 있다. 그리고 타인이 정당한 권리를 이야기할 때 조금은 불편하더라도 참고 함께해야 한다. 인권이 보장된 지역이나 국가에서 자신의 인권도 보장될 가능성이 높기 때문이다. 그래서 우리들은 조금 비싸더라도 공정무역 커피를 마시는 것이고, 갈 길이 멀더라도 잠시 걸음을 멈춰 길거리 서명에 참여하는 것이다.

10

님비(NIMBY)는 지역이기주의일까?
정의와 부정의는 우리가 살아가는 다양한 공간에 새겨져 있다

강남특별구? 강남의 빛과 그림자

서울시 강남구 삼성동에 위치한 옛 한국전력 부지가 지난 2015년, 현대자동차그룹에 매각되었다. 이 과정에서 현대자동차는 1조 7,000억원가량을 서울시에 공공기여금˙으로 납부했는데, 바로 이 공공기여금의 사용을 둘러싸고 논란이 벌어졌다. 서울시는 이 돈을 다른 자치구와 나눠 서울시민 전체에게 이익이 되도록 사용해야 한다는 입장인 반면, 강남구는 개발 과정에서 각종 불편을 겪을 강남구민에게 이 돈이 우선적으로 투자돼야 한다고 주장하고 나선 것이다.

서울시와 강남구 사이에 반복되는 이런 갈등의 이면에는 강남구와 서울시의 나머지 24개 자치구 간 격차가 존재한다. 강남구는 서울시에서 가장 양호한 재정 여건을 자랑한다. 사실 강남 지역은 '강남특별구'

● 공공기여금은 개발 과정에서 규제를 완화해주는 대신, 사업자가 개발에 따른 이익의 일부분을 지역사회 발전을 위해 지방자치단체에 기부하는 돈이다.

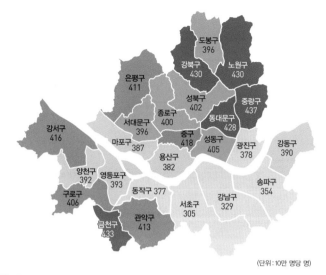

(단위 : 10만 명당 명)

서울시의 연령표준화 사망자 수 분포(2009년) **출처 : 서울시**

라는 별칭이 전혀 어색하지 않을 만큼 경제·교육·문화·보건 등 거의 모든 분야에서 뚜렷하게 앞서 있는데, 인구 10만 명당 사망자 수[*] 또한 서초, 강남, 송파 등 강남 3구가 가장 적다. 심지어 아르바이트 평균 시급조차 강남 지역이 가장 높다는 연구 결과가 나오기도 했다.

그러나 강남의 모든 지역이 화려하게 빛나고 있는 것은 아니다. 같은 강남구 안에서도 지역 격차는 뚜렷하게 존재한다. 부의 상징인 타워팰리스에서 불과 2킬로미터 남짓 떨어진 곳, 강남의 마지막 무허가 판자촌 구룡마을[**]이 대표적인 사례이다. 구룡마을은 정부의 도시개발사업에 떠밀려 생활터전을 잃은 사람들이 1980년대에 구

- [*] 65세 이상의 노년층 인구 비율이 높은 지역일수록 사망률이 높게 나타난다. 따라서 연령 변수를 제외해야 정확한 사망률 비교가 가능해지는데, 이를 '연령표준화'라고 한다.
- [**] 구룡마을은 2016년 말에 재개발이 시작되어 2020년까지 대단위 아파트단지로 변신할 예정이다. 서울시는 구룡마을 주민들에게 임대주택을 저렴하게 제공할 계획이지만, 주민의 대부분이 고령인 탓에 임대주택 보증금과 임대료조차 감당하기 버거울 것이라는 우려가 크다.

룡산 자락으로 하나둘씩 모여들며 형성되었다. 2016년 말 기준으로 약 2,000명의 주민들이 거주하고 있는데 대부분의 집들이 합판과 비닐, 스티로폼 등 화재에 취약한 물질로 이루어져 있어 크고 작은 화재가 끊이지 않을 만큼 주거 환경이 열악하다. 한눈에 바라볼 수도 있는 타워팰리스와 구룡마을은 '강남의 빛과 그림자'라고 부를 수 있을 만큼 격차가 확연하다. 그런데 과연 이를 두고 정의롭다고 말할 수 있을까?

사회 · 경제적 지위에 따라 사는 곳이 달라진다

정의는 그동안 주로 윤리적·법적 문제로 여겨졌다. 그러나 미국의 지리학자 에드워드 소자(Edward Soja)는 2010년에 출간한 책에서 "정의는 또한 '공간적'이며 정의와 부정의는 우리가 살아가고 있는 크고 작은 다양한 공간에 새겨져 있다"고 강조했다.

그렇다면 정의의 관점에서 공간을 바라봤을 때 정의롭지 못한 공간이란 어떤 곳일까? 정의롭지 못한 공간의 전형적인 사례로는 우선 거주지 분리(residential segregation) 문제를 들 수 있다. 크리스트교의 힘이 강력했던 유럽에서는 1500년대, 교황의 명령으로 유대인 거주 지역을 설정하고 유대인들을 강제로 격리했다. 게토(ghetto, 이탈리아어로 쓰레기라는 뜻)라 불린 유대인 거주 지역은 높은 담장으로 둘러싸여 있었으며, 유대인은 게토 밖으로 나갈 때마다 부끄러움과 낙인의 상징인 노란색 모자를 쓰고 노란색 마크를 달아야 했다. 1930년대에 로마의 게토가 마지막으로 해체될 때까지, 게토에 거주하는 유대인은 모든 분야에서 심각한 차별을 받으며 빈민층을 형성하였다. 이후 게토의 의미는 점차 확장되어 오늘날에는 사회적 약자에 대한 격리와 차별을 폭넓게 지칭하는 용어로 사용되고 있다. 또한 게토는 불량 주택 지구인 슬럼과 같은 의미로 사용되기도 하는데, 미국 내 흑인 밀집 거주 지역을 블랙 게토(black ghetto)라 부르기도 한다.

2014년 8월, 미국 미주리 주 퍼거슨에서 흑인 소년이 경찰의 총격으로 숨진 이후 흑인들의 시위가 미국 전역으로 확산되었다. 경찰의 흑인 총격에 대한 불만이 직접적인 원인이었지만, 시위가 확산된 배경에는 뿌리 깊은 인종차별과 양극화, 빈곤 문제가 복잡하게 얽혀 있었다. 사태는 볼티모어에서 도시 비상사태와 야간 통행금지가 선포되며 절정에 달했다. 미국 전체 인구에서 흑인이 차지하는 비율은 13퍼센트 남짓인데 비해, 볼티모어에서는 흑인이 절대 다수를 차지해 60퍼센트를 넘는다. 그리고 볼티모어 주민의 4분의 1 이상, 아동의 약 40퍼센트가 빈곤선 이하의 생활을 하고 있다. 이는 미국 전체 평균의 약 두 배에 해당하는 수치이다. 특히 흑인 밀집 지역인 볼티모어 샌드타운의 경우에는 노동 가능 인구(15~64세)의 실업률이 50 퍼센트를 웃도는 실정이다.

흑인 밀집 지역의 경제적 낙후는 우연이 아니다. 개인이 거주지를 선택하는 데 있어 엄연히 높은 장벽이 존재하기 때문이다. 높은 주택 가격을 지불할 수 있는 계층만 거주 환경이 좋은 곳으로 이동할 수 있는 것이다. 그 결과, 미국 북동부의 전통적인 대도시를 방문하면 중·상류층 백인과 빈곤층 흑인의 거주지가 눈에 띄게 구분되어 있는 경우를 흔히 볼 수 있다. 화려한 저택과 상점들이 있는 백인 거주 지역에는 흑인이 거의 살지 않고, 반대로 낡은 창고나 금방이라도 무너질 것 같은 작은 집들이 모여 있는 흑인 거주 지역에는 백인이 거의 살지 않는다. 인종 간 사회·경제적 격차가 도시 내 거주지 분리라는 공간적 결과를 가져온 것이다.

사회과학 연구소로 잘 알려진 브루킹스 연구소는 미국 내 인종 간 거주지 분리 현상을 실증적으로 분석한 바 있다. 연구는 2010년에서

미국 대도시의 인종 간 거주지 분리 정도(2010~2014년) **출처 : 미국 주거조사**

2014년까지 미국의 인구통계 자료를 바탕으로, 흑인이 2만 명 이상 거주하는 미국 52개 대도시의 인종별 거주지를 파악했다. 그리고 각 도시의 인종별 거주지 분리 정도를 0(균형)부터 100(완전 분리)까지의 수치로 환산했다. 그 결과, 인종 간 거주지 분리가 가장 심한 도시는 81을 기록한 밀워키였다. 과거에 비해 호전되고 있다지만 여전히 뉴욕, 시카고, 디트로이트 등의 도시 또한 값이 70을 넘어 흑인과 백인 간 거주지 분리 문제가 심각한 것으로 나타났다.

높은 주택 가격을 지불할 수 있는 계층만 모여라

인종 문제가 복합적으로 얽혀 있는 미국과 똑같지는 않지만, 우리나라에서도 소득(학력)*에 따른 거주지 분리 현상이 심화되고 있다. 지난 2000년 인구통계를 분석한 연구를 보면, 서울에서 고학력 집단(4년제 대학 졸업 이상)이 많이 거주하는 강남 3구에는 저학력 집단이 거의 거주하지 않고, 저학력 집단(중학교 졸업 이하)이 많이 거주하는 구도심과 외곽 지역에는 고학력 집단이 거의 거주하지 않고 있음을 알 수 있다. 이에 대해 연구자는 강남 지역의 아파트 가격 상승이 이러한 학력 간 거주지 분리 과정을 적극적으로 뒷받침하고 있다고 분석했다. 지난 수십 년간 서울에서는 강남구와 서초구 일대의 지가(땅값)가 가장 큰 폭으로 상승했는데, 그 결과 높은 아파트 가격을 지불할

● 개인의 사회·경제적 지위를 가장 정확하게 드러내는 변수는 소득이지만, 신뢰할 만한 소득 자료를 얻기란 쉽지 않다. 이를 대신하여 최은영은 우리나라에서 집단을 뚜렷하게 구분해줄 수 있는 변수로 학력을 꼽았다. 우리나라에서 학력이 가지는 의미와 영향력은 상상 그 이상이다.

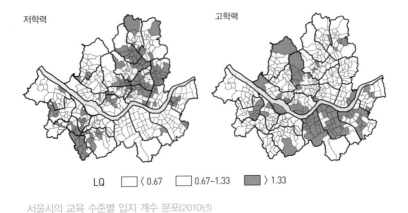

저학력   고학력

LQ   ⟨ 0.67   0.67~1.33   ⟩ 1.33

서울시의 교육 수준별 입지 계수 분포(2010년)

수 있는 계층만 강남 지역에 진입할 수 있었기 때문이다.

이러한 추세는 2010년 인구통계를 분석한 연구에서도 확인된다. 위에 제시된 서울시의 교육 수준별 입지 계수 분포도를 보면 쉽게 알수 있다. 입지 계수* 값이 클수록 해당 학력 집단이 집중되어 있다는 것을 의미한다. 이에 대해 연구자는 강북의 일부 지역을 제외하면 고학력층 집중 지역이 강남 3구에서 두드러진다는 점에 주목하였다. 또한 2000년대 이전에 형성된 고학력층과 저학력층 간 거주지 분리 현상이 시간이 흐를수록 더욱 뚜렷해지고 있음을 지적하였다.

불평등 심화와 거주지 분리의 악순환은 계속된다

악순환은 계속된다. 사회·경제적 격차로 인해 사는 곳이 달라지고,

● 입지 계수(LQ:Locational Quotient)란 특정 학력의 인구가 서울시 전체에서 차지하는 비중에 비추어 개별 동에 집중되어 있는 정도를 의미한다.

이러한 거주지 분리는 계층 간 양극화와 불평등을 더욱 심화시키기 때문이다. 그리고 불평등이 심화될수록 거주지 분리 현상은 더욱 견고해진다.

2005년 8월, 초대형 허리케인 카트리나가 미국 루이지애나 주 뉴올리언스를 강타했다. 제방이 무너지며 뉴올리언스의 80퍼센트가 침수되었고, 확인된 사망·실종자만 2,500명을 넘어 미국 역사상 최악의 자연재해로 기록되었다. 전체 인구의 68퍼센트가 흑인인 뉴올리언스는 "흑인과 백인은 말 그대로 다른 세계에 살고 있으며 흑인 거주 지역과 빈곤 지역은 대체로 일치한다"는 브루킹스 보고서의 분석처럼 인종과 계층에 따른 거주지 분리가 뚜렷했다. 비싼 임대료를 감당할 수 없는 흑인과 빈곤층은 대부분 침수 위험이 높은 저지대에 거주하고 있었는데, 카트리나로 인한 피해는 특히 이 지역에 집중되었다. 그 결과, 흑인과 빈곤층의 생활 기반은 모두 무너졌고, 이 지역에서는 현재까지도 복구되지 못하고 방치되어 있는 집들을 찾아볼 수 있다. 개인이 사는 지역에 따라서 불이익을 받아서는 안 됨에도 불구하고, 우리는 이 사례를 통해 재난과 위험조차 모두에게 공평하지 않음을 알 수 있다.

거주지의 분리로 인한 불평등 심화는 우리나라에서도 나타난다. 사회·경제적 지위가 높은 고학력 집단이 거주하는 지역은 아파트 가격의 상승으로 인한 경제적 이익뿐만 아니라, 교육 기회의 편중(특히 사교육 기관의 집중)으로 인한 이익까지 독점하고 있다. 그 결과, 고학력 부모가 많은 강남구의 경우, 자녀 또한 높은 학력을 달성한다. 학생 100명당 서울대 합격자 수와 평균 아파트 매매가의 관련성을 보여주는 연구 결과는 이러한 분석을 뒷받침하고 있다. 학생 100명당

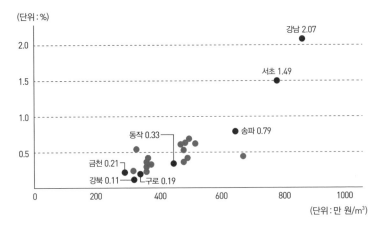

(단위 : %)

강남 2.07

서초 1.49

송파 0.79

동작 0.33

금천 0.21

강북 0.11 ┐ ┌ 구로 0.19

0   200   400   600   800   1000

(단위 : 만 원/m³)

서울시 자치구별 아파트 매매가와 서울대 합격 확률(2014년) **출처 : 김세직의 연구 참조**

서울대 합격자 수는 강남구가 2.1명으로 가장 높았고 서초구, 송파
구가 그 뒤를 이었다. 이 순위가 구별 아파트 매매가 순위와 정확하
게 일치하는 것은 결코 우연이 아니다. 높고 견고한 장벽을 넘어 강
남에 진입한 계층의 자녀들은 우월한 교육 환경의 혜택을 입어 좋은
대학에 입학하고 높은 사회적 지위를 획득할 확률이 높은 것이다.
부와 학벌이 대물림되고 있다는 말은 더 이상 과장이 아니다.

주거 환경을 개선하면 빈곤을 줄일 수 있을까?

그렇다면 불평등과 거주지 분리, 다시 불평등의 심화로 이어지는 악
순환을 해소하기 위해서는 어떤 노력이 필요할까?
  하버드대학교의 경제학자들은 거주 지역이 개인의 삶에 미치는 영
향을 연구하기 위해 공공 임대주택에 살고 있는 빈곤층 4,600가구에

거주 지역이 개인의 삶에 미치는 영향

Raj Chetty, Nathaniel Hendren and Lawrence Katz의 연구 참조

게 추첨 기회를 제공하였다. 이중 당첨된 가구는 더 좋은 주거 환경을 갖춘 곳으로 이주할 수 있는 기회를 얻거나, 'section 8 housing voucher'를 얻어 주택 임대료의 일부를 정부에게서 보조받을 수 있었다. 반면, 추첨에서 탈락한 가구에게는 아무런 혜택이 없었다. 연구팀은 이처럼 세 그룹으로 나뉜 4,600가구에 나타난 변화를 장기간 추적 조사하였다. 그 결과는 위의 자료와 같은데, 더 좋은 주거 환경으로 이주할 기회를 얻었던 가정에서 성장한 첫 번째 그룹 학생들의 경우, 나머지 두 그룹에 비해 대학 진학률이 높게 나타났다. 반면 부모의 이혼율과 지역의 빈곤율은 낮게 나타났다.

이 연구는 계층 간 양극화가 심화되고 있는 우리 사회에도 중요한 시사점을 제공한다. 그러나 그렇다고 해서 사회·경제적 지위가 낮은 집단 모두를 주거 환경이 좋은 강남 지역으로 이주시킬 수는 없는 노릇이다. 해결책은 바로 '분리된' 지역 간 격차를 줄이고 장벽을 낮추기 위해 노력하는 데에 있다.

국가 정책도 공간 불평등을 만든다

국가 정책과 관련된 공간 불평등의 문제도 존재한다. 사실 그동안 우리나라에서 지역 격차는 수도권과 비수도권, 경부 축과 비경부 축, 영남과 호남 등, 주로 광역적 스케일에 초점이 맞춰졌다. 그리고 이러한 지역 격차의 가장 큰 원인으로는 부족한 자원의 한계를 극복하고 효율성을 높인다는 명분하에 추진되었던 정부 주도의 거점 개발이 지목되었다. 1970년대에 시행된 제1차 국토종합개발계획에서는 성장 잠재력이 높은 수도권과 부산 중심의 동남권을 집중적으로 개발하였다. 이 과정에서 서울·부산 축을 따라 고속국도를 비롯한 각종 사회 기반시설이 건설되었으며, 남동임해공업지역의 개발이 추진되었다.

예상대로 거점 개발은 수도권 및 남동임해지역과 다른 지역 간 격차를 심화시키는 결과를 낳았다. 산업화가 대도시 중심으로 진행되며 도시와 촌락 간 격차도 벌어졌다. 이후의 정권들이 모두 균형 개발을 목표로 하는 정책들을 추진했음에도 불구하고 지역 격차는 좀

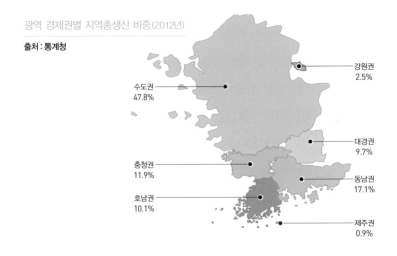

광역 경제권별 지역총생산 비중(2012년)
출처 : 통계청

강원권 2.5%

수도권 47.8%

대경권 9.7%

충청권 11.9%

동남권 17.1%

호남권 10.1%

제주권 0.9%

처럼 해소될 기미가 보이지 않는다. 1인당 지역총생산(GRDP, Gross Regional Domestic Product)의 지역 간 격차가 2000년대 이후에도 계속 확대되고 있다는 사실은 이를 뒷받침한다.

미세먼지 평균농도 1위, 충청남도

2015년, 충청남도의 미세먼지 평균농도는 32μg/m³로 전국에서 가장 높은 수치를 기록했다. 특히 겨울철에는 서울보다 13μg/m³ 높은 41μg/m³를 기록했다. 그런데 충남의 인구는 서울의 약 5분의 1, 자동차 등록 대수는 서울의 약 3분의 1에 불과하다. 대기오염 물질을 많이 배출한다고 알려진 제철소와 대기업 공장이 유독 충남에만 집중된 것도 아니다. 그럼에도 불구하고 이처럼 충남 지역의 미세먼지 농도가 높고 대기오염 물질 배출량이 많은 이유는 무엇일까?

해답은 바로 석탄을 발전 연료로 사용하는 화력발전소에 있다. 석탄을 연소시키는 과정에서 발생하는 황산화물과 질소산화물, 분진 등이 미세먼지의 발생에 영향을 미치기 때문이다. 석탄 화력발전소는 국내 총발전량의 약 40퍼센트를 담당하고 있다. 그런데 2015년을 기준으로 전체 석탄 화력발전소의 절반에 가까운 26기의 석탄 화력발전소가 충남 보령·당진·태안·서천 등 네 지역에 집중되어 있는 실정이다. 더욱이 앞으로도 충남에는 석탄 화력발전소 건설이 계속될 예정이다.

그렇다면 충남의 해안 지역에 이토록 많은 화력발전소가 건설된 이유는 무엇일까? 물론 연료의 대부분을 해외에서 수입하는 우리나

충남		12만 2473
경남	5만 8917	전북	6997
강원	5만 2155	대구	3141
전남	4만 9284	제주	2638
충북	2만 8458	부산	1436
울산	2만 3372	대전	1049
경기	1만 7967	서울	637
경북	1만7386	세종	601
인천	1만 6895	광주	122

(단위 : t)

시도별 대기오염 물질 배출량(2015년) **출처 : 환경부**

라의 경우, 연료의 원활한 수급을 위해 해안가에 발전소를 건설하는 것이 경제적인 측면에서 유리하다. 그러나 이것만으로 충남에 화력 발전소가 집중된 이유를 설명하기엔 부족하다. 보다 근본적인 원인을 파악하기 위해서는 지역별 발전량과 소비량, 그리고 전력 자급률에 주목해야 한다. 충남의 전력 생산량은 압도적으로 전국 1위다. 자급률 또한 260퍼센트로 전국 2위에 이른다. 그렇다면 충남에서 사용하고 남은 전기는 도대체 어디로 보내지고 있는 것일까? 전력 소비량이 가장 많은 경기의 경우 자급률이 28퍼센트에 불과하며 서울은 1.8퍼센트에 그치고 있다는 사실을 감안한다면 '충남의 화력발전소는 결국 수도권의 전력 수요 충당을 위한 것'이라는 결론에 도달할수 있다.

화력발전소의 지역별 발전 연료 차이를 살펴보면 공간 불평등은 더욱 두드러진다. 충남의 화력발전소는 대부분 석탄을 발전 연료로 사용한다. 반면 석탄(고체 연료)의 사용이 제한˙되어 있는 수도권에서

● 대기환경보전법 시행령 제42조 고체 연료(석탄류)의 사용 금지 규정에 따라 수도권에서는 인천 영흥 화력발전소를 제외하고는 석탄 화력발전이 불가능하다.

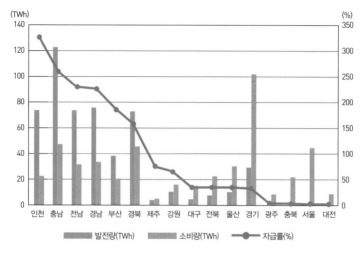

(TWh)   (%)

발전량(TWh)   소비량(TWh)   자급률(%)

시도별 전력 자급률(2014년)

당진화력
(석탄)

평택화력
(천연가스)

수도권의 고체 연료 사용 제한

는 대부분의 발전소가 친환경 연료인 액화천연가스(LNG)를 사용한
다. 일례로 충남 당진의 화력발전소는 석탄을 사용하지만, 인접한 경
기 평택의 화력발전소는 천연가스를 사용하고 있다. 천연가스는 온

실가스 배출량이 석탄의 절반에 불과하지만, 석탄에 비해 세 배가량 더 비싸다. 그 결과, 가동을 임시 중지하고 있는 천연가스발전소가 많은 실정이다.

여기에는 국민들에게 저렴한 값에 전기를 안정적으로 공급하기 위해서는 (물론 피할 수만 있다면 피하고 싶은 공해 유발 시설이지만) 석탄 화력발전소를 많이 건설할 수밖에 없으며, 국가 전체의 이익과 경제성장을 위해서는 '누군가'의 희생이 필요하다는 논리가 깔려 있다. 이때 '누군가'는 대개 인구가 적고 힘이 약한 지역들이다. 물론 주민 동의 절차를 거쳤으며, 어차피 오염물질은 특정 지역에 국한되지 않고 널리 확산되기 때문에 문제되지 않는다는 반론 또한 존재한다. 그렇다 하더라도 수도권과 충남, 그리고 천연가스와 석탄으로 대변되는 이러한 불평등을 두고 과연 정의롭다고 말할 수 있을까?

님비(NIMBY)는 지역이기주의일까?

특정 지역에의 발전소 집중, 그리고 전력 생산지와 소비지의 불일치는 고압 송전선로와 송전탑 건설이라는 또 다른 공간 불평등 문제를 낳고 있다. 수도권까지 전기를 보내는 과정에서 발생하는 손실을 최소화하기 위해서는 고압 송전선로와 이를 지탱할 초대형 철탑 구조물이 필요하다.

2010년대 초반, 경남 밀양에서 있었던 송전탑 반대 운동이 사회적으로 큰 주목을 받았다. 비단 밀양뿐만 아니라 사실 고압 송전탑 건설을 둘러싼 갈등은 1990년대 후반 이래 전국으로 확산되어왔다. 특

당진 화력발전소와 송전탑

히 충남에서 가장 많은 526개의 송전탑이 설치되어 있고 120여 개의 추가 건설이 예정되어 있는 당진은 지금 이 순간에도 송전탑과의 '전쟁'을 벌이고 있다.

이를 단순히 님비현상, 즉 해당 지역의 집단 민원이나 이기주의라고 비난할 수 있을까? 이는 오히려 건전한 사회적 논의를 차단하고 갈등을 심화시킬 뿐이다. 관점을 전환하여 바라보면 화력발전소와 송전탑 건설 반대 운동은 공간 불평등과 지역 차별에 대한 주민들의 저항으로 해석될 수 있다.

불평등 그 자체도 문제지만 더 나아가 '권력이 공간 불평등을 강제하고, 또한 그러한 불평등과 부정의가 주목받지 못하고 은폐되는 것'은 더욱 큰 문제가 아닐 수 없다. 그동안 정부는 줄곧 국가의 정책이라는 명분으로 지역 차별을 정당화하며 특정 지역의 희생을 당연하게 여겨왔다. 그리고 이 과정에서 지역 격차는 계속 심화되었다. 그렇다면 이러한 논리에서 벗어나기 위해서는 어떤 노력이 필요할까? 무엇보다 정의롭지 못한 공간에 대한 감수성과 관심이 그 출발점이 되어야 한다. 공간이 변해야 사회도 변화시킬 수 있으니까 말이다.

공업단지는 왜 구로에 있을까?

지역을 보면 경제가 보인다

경제활동에서 공간이 하는 역할은 뭘까?

우리는 장소와 관련된 많은 결정을 한다. 어디에 있는 학교를 다닐지, 어디로 여행을 가고, 어디서 쇼핑을 할지 등 장소와 관련된 크고 작은 결정들을 내리며 살아간다. 이 같은 결정들 중에는 특히 경제활동과 관련이 깊은 것이 많다. 어디에 공장을 지을지, 새로운 마트는 어디에 세울지와 같은 기업의 결정부터, 주택을 어디에 구하고 생필품은 어디서 구매할지 등의 사람들이 살아가면서 때때로 내려야 할 결정까지 모두 경제 공간과 관련된 문제들이다.

예를 들어보자. 흔히 경제활동은 최소 비용으로 최대 효용을 얻는 것이 목적이라고 한다. 이 원리에 따라 기업들은 비용을 줄이고 이윤을 최대로 많이 남길 수 있는 곳에 공장을 짓는다. 그래서 원료를 싸게 구할 수 있는 곳, 필요한 노동력을 쉽게 구할 수 있는 곳, 원료의 수입과 제품의 수출이 용이한 곳, 관련 기업들이 모여 있어 쉽게 자재나 노동력을 구할 수 있고 정보도 교환할 수 있는 곳 등 자신에게 가장 최적인 곳을 찾아 입지하려 한다. 그 결과, 비슷한 업종의 기업들이 한 지역에 집중하게 된다. 예를 들어 시멘트 공장은 원료인 석회석이 많은 제천, 단양 등에 있고, 정유 산업은 원유를 수입하기 쉬운 항구 도시인 인천, 여수, 울산 등에 밀집해 있다. 또 자동차 및 운송장비 생산업체들처럼 여러 부품을 조립해 생산품을 만드는 기업들은 연관 기업들이 집적해 있어야 유리하므로 울산이나 아산에 공업단지를 만들어 밀집해 있다.

그런데 기업이 공장입지를 결정할 때 자신이 지불하는 원료비와 노동비, 운송비만 고려할까? 생산을 하려면 필요한 시설들이 있기 마

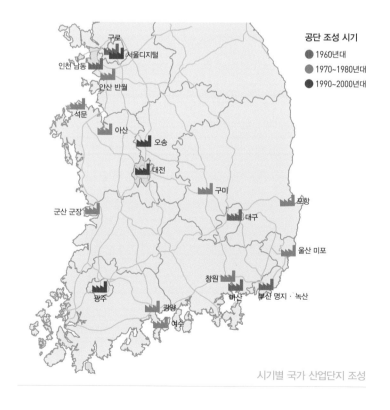

시기별 국가 산업단지 조성

련이다. 전기를 만드는 발전소, 공장에 쓸 용수를 공급할 댐과 물 관리 시설, 수출입에 필요한 항만 시설, 교통과 통신 시설 등 다양한 사회 간접 시설들이 필요한데 이것은 기업 차원에서 만들 수 없다. 따라서 기업들은 지역마다 다른 생산 환경을 고려해 생산하기 좋은 곳에, 생산비를 절감하고 소비자의 요구를 잘 반영할 수 있는 곳에 입지하려고 노력한다.

또한 기업이 입지한 곳에는 노동자들이 모이고 이들을 위한 주거 지역과 생활 편의시설이 만들어진다. 노동자들이 받는 임금 정도와 일의 성격에 따라 노동자 주거 지역의 모습도 다르게 형성된다. 뿐만 아니라 노동자들이 만드는 문화와 종교, 행정 및 정치 등을 포괄해 그 지역의 독특한 경관이 만들어진다.

이처럼 경제주체들의 경제활동의 결과로 경제 공간이 만들어지고, 동시에 지역은 경제주체들의 경제행위가 펼쳐지는 무대이다. 그런데 이 무대는 텅 비어 있는 공간이 아니다. 각 지역마다 자연환경이 다르고, 이전에 만들어진 경제구조가 다르고, 노동 문화와 기업 문화, 정치 문화도 다르다. 따라서 동일한 생산 시설이 들어와도 지역이 가진 특성에 따라 지역적 반응이 다르고, 따라서 결과물도 달라진다. 그러므로 지역은 이런 모든 것들의 상호작용이 펼쳐지는 공간이자, 경제 행위자들이 들어오고 정착하고 떠나는 데 직접 영향을 끼치는 터전이다.

공단은 어떻게 만들어지나?

지역 경제가 발전하기 위해서는 기업이 만들어지고 성장하는 것이 중요하다. 그래서 많은 지역들이 기업을 유치하기 위해 노력한다. 그렇다면 어떤 지역에 기업이 들어올까? 기업이 입지하는 데 영향을 미치는 요인들은 무엇이 있을까? 이를 알아보기 위해 우리나라 최초의 수출 공단인 구로공단을 사례로 경제활동과 지역이 어떻게 상호작용하는지를 살펴보고자 한다.

구로수출산업공업단지(이하 구로공단)는 1962년 경제개발계획을 시작하면서 우리나라 최초로 조성된 국가 계획 공업단지이다. 이후 전국 각지에 지방 공단들이 조성되었고 1970년대에는 남동임해지역의 중화학공업단지 건설로 이어져 구로공단은 한국 산업화의 시작점이 되었다. 우리나라 최초의 수출 공단이 서울 구로에 만들어진 이유는 무엇일까? 우선 어떤 기업들이 입주했고 무슨 물건들을 생산했는지를 살펴보자.

1967년 1공단, 1971년 2공단이 완성된 구로공단에는 총 74개 회사가 입주하였는데, 당시 입주 기업 중 가장 많은 업종은 섬유 및 봉제, 전기전자, 가발, 완구류 등이었다. 아래는 당시 공장의 내부 모습을 보여주는 사진들이다.

1960년대 구로공단 가발공장 생산라인 출처 : 산업통상자원부   봉제공장 내부 출처 : 구로구청

사진에서 보듯 이들 공업은 첨단기술이나 많은 자본이 필요한 것이 아니라 노동비의 비중이 크다. 구로공단에 이런 노동 집약적인 공장들이 입지한 이유는 임금이 낮아도 기꺼이 일하려는 노동자를 쉽게 구할 수 있었기 때문이다. 당시 우리나라는 전쟁을 거치면서 변변한 산업시설이 남아 있지 않았고, 따라서 일자리가 턱없이 부족하였다. 더구나 시골에 있던 많은 사람들이 일자리를 찾아 대도시인 서울로 이주해왔다. 일자리가 부족한 상황이니 사람들은 낮은 임금에도 기꺼이 일하려고 했다. 구로 지역은 당시 공장이 가장 많이 밀집해 있던 영등포의 외곽 농촌 지역이어서 노동력을 구하기도 쉽고 지가도 비교적 낮았다.

그런데 좀 더 생각해보자. 노동자만 많다고 공장이 세워지지는 않는다. 당시에 일하려는 사람들은 많았지만, 공장을 지을 수 있는 자본과 기술을 가진 기업가들은 많지 않았다. 그럼 누가 공장을 세웠을까? 한국전쟁 중에도 돈을 벌고 사업을 시작한 기업들이 있긴 했으나 아직 한국 자본의 규모는 미미하였다.

국내 자본만으로는 공장 설립이 어려운 상황에서 제일 먼저 한국에 기업을 세우려고 한 사람들은 바로 재일교포 기업인들이었다. 1945년 일본 패망 당시, 일본에 거주한 재일교포는 약 200만 명에 달했고, 이들 중 일부는 제조업 분야로 진출해 있었다. 그중 극소수는 일본에서 손꼽힐 정도의 경제력을 갖춘 기업인으로 성장했다. 이들 재일교포 기업가들은 일제강점기에 일본으로 건너가 기업을 세우거나 2차 세계대전 종전 후 망한 일본 기업을 싼값으로 인수한 사람들이 대부분이었다. 특히 한국나일론(이후 코오롱)의 창업주 이원만은 한국에 섬유, 봉제공장들을 세우는 일에 적극적이었다.

이들은 왜 한국에 공장을 세우려고 했을까? 바로 일본 내에서 '축적의 병목' 현상에 처했기 때문이다. 1960년대 일본 경제는 호황이었다. 1950년대 한국전쟁에 필요한 많은 물자들을 공급하면서 일본은 2차 세계대전의 패전으로 황폐해진 경제를 복구할 수 있었다. 이를 바탕으로 1960년대 높은 경제성장을 이루었고, 이 과정에서 노동력 부족과 그에 따른 임금 상승을 겪었다. 따라서 저임금 노동력에 기반을 둔 경공업 기업들은 생산에 어려움을 겪었고, 싼 임금을 쉽게 구할 수 있는 해외 이전을 모색하던 중이었다. 특히 노동 집약적인 경공업을 소유한 재일교포 중소 기업가들은 값싼 노동력을 찾아 모국 진출에 적극적이었다. 재일교포 기업인에게 자신이 잘 알고 있는 한국으로 공장을 이전하는 것은 매력적인 선택지였을 것이다. 한국은 성실하고 말이 잘 통하는 저임금의 노동력이 풍부하고, 일본의 식민지였으므로 일본 방식에 익숙한 문화를 가진 곳이자 식민지 시기 형성된 인적 네트워크도 존재하는 곳이었기 때문이다.

공단은 국내외 행위자들의 만남의 장소?

재일교포 기업인들의 투자만으로 구로공단이 건설되기는 어려웠다. 정부도 공단을 만드는 데 중요한 역할을 했다. 당시 한국 정부는 경제성장을 위해서는 공업 발전이 중요하다고 생각해 '한국수출산업공단'이라는 기구를 만들고 '수출산업공업단지개발조성법'을 만들어 국공유지와 사유지를 수용해 아주 싼 가격으로 입주 기업에 제공해주었다. 그리고 각종 세금 납부도 면제해주고, 기업 설립과 수출에 관한 각종 행정 지원도 제공하였다. 그래서 구로공단은 정부의 노력으로 만들어진 측면이 크다고 볼 수 있다. 특히 1961년 군사 쿠데타로 집권한 박정희 정부는 "잘 살아보자"는 경제성장 약속을 정당성의 근거로 삼았다. 경제를 발전시키기 위해서는 자본이 필요한데 전쟁이 막 끝난 국가에 선뜻 돈을 빌려줄 해외 은행이나 기업은 거의 없었다. 이런 상황에서 재일교포 기업가들을 설득해 한국에 공장을 설립하는 것은 가장 현실적인 방안으로 보였다.

정부뿐만 아니라 한국 기업가들도 재일교포들이 한국에 투자하는 것을 환영하였다. 왜냐하면 재일교포 기업인들이 한국과 일본의 기업인들을 연결하는 역할을 할 수 있으리라 기대했기 때문이다. 한국과의 경제협력에는 일본 정부도 적극적이었다. 남한이 북한과 대치하면서 공산주의와 싸우고 있는 상황에서 한국의 경제성장을 돕는 것은 일본의 안전과 방위에 도움이 된다고 생각했던 것이다. 만약 한국이 공산화되면 일본의 안보는 크게 위협받을 게 분명했고 안보를 위한 비용부담도 커질 게 자명했다. 결국 일본 정부와 일본 기업들, 한국 정부와 한국 기업들의 이해 요구가 일치하면서 재일교포 기업인들의 한국 투자가 권장되었다. 그 출발점이 바로 구로공단 건설이었다.

하지만 구로공단이 실제로 완성되었을 때 재일교포 중심의 공업단지가 되지는 않았다. 한국에 투자를 약속한 일본 기업들이 실제로 입주하지 않아 일본 기업만으로는 공단을 채울 수 없는 상황이 되었던 것이다. 결국 정부는 한국 기업의 입주를 허용하고, 생산품을 전량 수출한다는 목표 또한 국내 내수용 생산도 가능한 것으로 수정하였다. 1982년에는 처음 입주한 기업 중 남아 있는 일본 기업이 10개 뿐이었고, 결국 구로공단은 저임금 노동력에 기대는 일반적인 경공

울산공단 기공식 장면
출처 : 국가기록원

반공 표어가
당시의 시대상을 반영한다.

업 단지로 변질되고 말았다.

구로공단뿐만 아니라 1970년대 우리나라 남동임해지역에 중화학공업단지가 만들어질 때도 마찬가지였다. 남동임해지역은 수출입에 적합한 항구가 있다는 점도 중요했지만, 더 중요하게는 일본과 가깝고, 박정희 정부의 주요 인사들이 경상도 출신이라는 점, 일제강점기부터 그 지역에 공단 건설 계획이 있었거나, 혹은 일본과의 인적 관계망이 발달되어 재일교포 기업가들이 공단 건설을 희망했다는 점 등이 크게 영향을 끼쳤다. 우리나라의 첫 대규모 공업단지로 울산이 선정된 것이나 창원에 기계공단이 만들어진 과정들은 개별 기업들의 입지 결정에서 시작했다기보다는 다양한 정치·경제 행위자들의 정치적 의사 결정 과정이 더 중요하게 영향을 미쳤다고 할 수 있다. 중앙정부와 각 지방의 기업인들과 정치인들, 심지어 재일교포 기업인이나 미국 퇴역군인을 비롯해 일본 및 미국의 기업들과 정치인들까지 공단 조성에 직접 연관되었던 것이다.

달리 말하면, 1960~1970년대 한국의 공업단지 개발과 경제성장은 당시 공산주의와 자본주의가 대립하던 냉전체제가 크게 영향을 끼쳤다고 할 수 있다. 소련-중국-북한의 공산주의 체제에 대항해 미국은 일본-한국, 타이완, 싱가포르, 홍콩으로 연결되는 반공산주의 연대를 만드는 데 적극적이었다. 만약 이러한 냉전 질서에서의 반공 연대가 없었다면 한국의 기업들이 미국 시장에 진출하거나 미국과 일본 기업의 투자와 기술 지원을 받기는 쉽지 않았을 것이다.

이처럼 한국의 공단 설립과 경제성장을 바라볼 때 우리나라 내부의 기업이나 정부의 역할만 봐서는 전체 그림을 이해하기가 쉽지 않다. 공단의 조성에는 경제적인 측면에서 지역이 가진 입지 장점에 더하여 국가의 계획과 지원이 큰 영향력을 발휘하였고, 더욱 중요하게 기업의 투자는 한 영토 안에 있는 사람들의 의사 결정을 넘어 초국가적으로 이루어졌다. 세계화가 이루어지기 훨씬 이전인 1960년대에도 일본과 미국의 정치인과 기업가들이 공단을 만드는 데 많은 영향을 끼쳤으며, 당시 자본주의와 공산주의가 대치하는 국제정치 상황과 남한의 지정학적 위치가 근본적으로 영향을 미쳤다고 할 수 있다.

지역은 계속 변화한다

구로공단은 시간이 지나면서 그 모습이 많이 변하였다. 구로공단의 모습이 변한 이유는 그 안에 입주한 기업들의 모습이 달라졌기 때문이다. 이제 구로공단의 변화를 하나씩 살펴보자.

1970년대 구로공단에서 가장 번성했던 업종은 섬유·봉제였는데, 1980년대에 구로공단이 2, 3공단으로 확장되면서 전기·전자 업종이 가장 많은 비중을 차지하게 되었다. 이는 한국 경제가 경공업에서 자

업종/년도	1967	1973	1980	1987	1990	1993	1999
섬유 의류	7개	64개	71개	91개	81개	85개	99개
비중	22.6%	42.4%	31.7%	34.5%	31.0%	29.2%	16.6%
인쇄 출판	–	5개	14개	24개	24개	41개	81개
비중	–	3.3%	6.3%	9.1%	9.2%	14.1%	13.6%
기계, 전기 전자	13개	32개	100개	99개	109개	116개	334개
비중	41.9%	21.2%	44.6%	37.5%	41.8%	39.9%	55.9%
전체 기업 수	31개	151개	224개	264개	261개	291개	597개

구로공단의 시대별 주요 업종별 업체 수 변화

출처 : 안재섭, 〈구로공단의 산업구조와 공단 주변 지역의 인구 및 주택 변화에 관한 연구〉

본 집약적인 중화학공업으로 발전하는 과정과 일치한다. 그러나 섬유·봉제에서 전기·전자로, 좀 더 자본과 기술이 필요한 업종으로 고도화되었지만 두 업종은 여전히 노동 집약적인 조립 공정이 중요하다는 공통점이 있다. 1970년대 섬유공장이 입지하는 데 노동자의 역할이 컸듯이 1980년대 전기·전자 산업이 발달하는 데에도 저임금으로 성실하게 일하는 노동자의 역할이 컸다. 그래서 당시 구로공단 노동자의 대부분을 차지했던 젊은 여성 노동자들의 공로를 기념해 '한국의 수출을 주도하는 여성 노동자상'이 세워지기도 했다.

당연하게도 구로공단 노동자들은 '수출의 역군'이기 이전에 자신의 노동 조건과 삶의 질의 향상을 바라는 평범한 서민들이었다. 이들은 성실히 일하는 것뿐만 아니라 노동조합을 설립해 자신의 노동 조건과 임금을 개선하려는 노력을 병행했다. 그러나 당시 기업과 정부는 노동조합의 활동을 억압하는 일이 많았고, 이에 맞서 1987년 노동자들의 대투쟁이 벌어졌다. 노동자들이 자신의 권리를 찾고 삶의 질을 향상시켜나가자 구로공단에서는 더 이상 이전의 저임금이 가능하지 않게 되었다. 노동조합 활동의 활성화와 임금의 상승은 결과적으로

구로공단의 산업구조 변화를 야기하였다. 저임금에 의존했던 기업들은 여러 가지 방안을 마련했다. 생산 설비를 자동화해서 고용을 감소시키거나, 생산을 외부화해 하청 생산을 늘려나갔다. 또한 임금이 싼 해외나 지방으로 공장을 이전하거나, 생산직 인력을 여전히 저임금이 가능한 주부와 외국인 노동력으로 대체하였다. 결국 1978년 최고 11만 명의 노동자들이 고용되었던 구로공단은 1980년대 후반 노동운동이 활발해지면서 입주 기업들이 빠져나가 1995년에는 노동자 수가 4만 2,000명 수준으로 줄어들었다.

구로공단은 우리나라 경제가 외환위기를 겪은 1997년에 또 한 번 커다란 변화가 일어났다. 마침 지가, 임금 등 생산요소 가격의 상승으로 의류나 조립 금속 같은 전통 산업의 경쟁력이 약화되면서, 이런 업종들이 해외나 지방으로 이전해나가던 중이었다. 1997년 정부는 구로공단을 지식산업과 정보통신기술을 중심으로 한 첨단산업단지

로 변환시키는 계획을 수립하였고, 서울시가 벤처기업을 위한 정책
자금과 각종 행정 및 세제를 지원하였다. 명칭을 구로공단에서 '서울
디지털산업단지'로 변경한 이곳에는 섬유, 전자 공장이 있던 자리에
새롭게 아파트형 공장과 벤처빌딩이 들어섰고, 2012년에는 1만 개
입주 기업에 14만 명의 노동자가 일하는 곳이 되었다.

이 지역에 기술 집약적인 중소기업들이 입주한 가장 직접적인 이
유는 저렴한 임대료 때문이었다. 1990년대 정보통신 관련 벤처기업
이 몰려 있던 강남 테헤란로의 사무실 임대 비용이면 구로공단에서
아파트형 공장을 분양받아 소유할 수 있었다. 즉 국가 정책으로 아파
트형 공장 시설과 하부구조(교통, 물류, 정보통신)를 저렴한 가격으로
지원한 것이 주효했다.

더 근본적으로 구로공단의 변화는 서울의 탈산업화와 깊게 연관되
어 있다. 1980년 서울시에는 제조업 종사자 수가 서비스업 종사자 수
보다 많았지만, 1992년이 되면서 서비스업 종사자 수가 제조업 종사
자 수보다 더 많아졌다. 아래 표는 서울시에서 탈산업화(deindustriali-
zation)가 진행되고 있었음을 잘 보여준다. 서울시가 제조업에서 3차
산업 중심의 산업구조로 바뀌고 있는 상황이 구로공단에 반영된 것
이다. 이처럼 구로공단의 변화는 강남과 서울 지역의 변화와 깊이 연
관되어 있다. 따라서 어떤 지역의 특성이나 변화를 이해하기 위해서

서울시	1980년	1992년	증가 폭
제조업 종사자 수	540,669명	623,450명	15.3%
서비스업 종사자 수	443,193명	1,034,461명	133.4%

서울시의 제조업과 서비스업 종사자 수의 변화

출처 : 정성훈, 〈서울시 산업지구 재편 과정―구로공단을 사례로〉

는 다른 지역이나 더 큰 규모의 지역과 관련지어 생각해보아야 한다.

경관과 업종이 변화해도 변하지 않은 것이 있을까? 2018년 현재 구로 디지털단지는 1980년의 구로공단의 모습과는 많이 다르다. 섬유, 전자공장 대신 IT 벤처기업들이 입주한 대규모 벤처빌딩이 즐비하다. 지하철역 이름도 구로공단역(1공단)과 가리봉역(2공단)에서 2004년 구로디지털단지역, 2005년 가산디지털단지역으로 바뀌었다.

그러나 첨단화된 외모와 달리 노동조건은 별로 나아지지 않았다. '노동환경실태조사'(2015년)에 따르면, 노동자들은 여전히 비정규직, 저임금, 장시간 노동에 시달리고 있다. 2015년 서울디지털산업단지에서 일하는 노동자의 실질임금은 179.3만 원으로 우리나라 평균임금보다 낮다. 실질임금도 지속적으로 감소하면서, 중상위권 노동자층의 비중은 감소하고 중하위권 노동자층의 비중은 64.8퍼센트로 증가해, 공단 노동자 임금의 하향평준화 현상이 뚜렷하게 나타났다. 이

서울디지털산업단지 입구 표지석

서울디지털산업단지 전경 **출처 : 한국디지털단지 기업인연합회 홈페이지**

전에 경공업 중심지였던 구로는 첨단산업단지로 변화하였지만, 여전히 노동 집약적 산업들을 중심으로 성장하고 있으며 노동자들의 상대적 지위는 별로 나아지지 않았음을 알 수 있다.

한 공간 안에는 다른 시간대가 공존한다

1980년대 구로공단 노동자들의 생활 중심지였던 가리봉오거리 주변에는 많은 임대형 주택이 있었다. 한 건물에 공동 세면장과 여러 개의 방들로 구성된 10~50가구가 함께 거주하는 공동주택으로, 일명 '벌집'이라고도 불렸다. 처음 이 동네에 온 사람들은 세 번 놀랐다고 전해지는데 처음에는 집이 커서, 다음에는 큰 집에 방이 많아서, 마지막으로 작은 방에 너무 많은 사람이 살아서 놀랐다는 것이다. 1980년대 당시 입사 3년 차 숙련공의 월급이 5만 9,000원이었는데 방세가 5만 원이었으니 노동자의 월급으로는 방 하나를 혼자 사용할 수 없어 여러 명이 하나의 방을 나누어 사용했다고 한다.

이처럼 저임금 노동력에 의존한 경공업단지 주변에는 저렴한 주택지와 소비 공간이 발달한다. 디지털단지로 변한 이후에도 구로공단 여성 노동자들이 살던 '쪽방'형의 임대형 주택들은 여전히 남아 서울의 다른 지역과 비교해 월등히 낮은 가격으로 임대되고 있다. 이 임대형 주택은 지금 조선족 노동자들이 가장 많이 사는 곳으로 변하였다. 새벽 5시가 되면 남구로역 일대는 중국 동포를 중심으로 수백 명의 구직자들로 가득 찬다. 건설노동자들이 이 지역에 모이면서 생긴 인력사무소, 작업복 가게, 복권방, 중국어가 적혀 있는 은행, 편의점

등을 찾아볼 수 있다. 조선족들이 많아지면서 중국어 간판이 대거 등장해 이 지역은 현재 '조선족 거리' 혹은 '연변 거리'라고 불린다.

조선족들이 가리봉동에 집적한 이유는 이들 대부분이 서비스업종에 종사하기 때문이다. 다른 외국인 노동자들은 주로 공장에서 일하기 때문에 산업단지 근처에 거주하는 반면, 조선족 노동자들은 한국말을 구사할 수 있어 식당, 가사도우미, 간병인, 건설업 등 서비스업에 종사해 일자리가 많은 대도시에 자리 잡은 것이다. 대도시에서도 방값이 싸면서 동시에 교통이 좋아 이동하기 편리한 지역에 모이게 되었는데, 가리봉동은 이 조건들을 만족하는 지역이었다.

공간적으로 2017년 현재 구로 디지털단지 주변 지역은 여전히 1960~70년대에서 멈춘 듯한 가리봉시장 지역과, 1980~90년대 개량된 임대형 주택(벌집) 지역, 2000년대 높은 빌딩이 모인 디지털산업단지가 공존하는 모습이다. 구로공단은 기업들의 입지 결정과 정

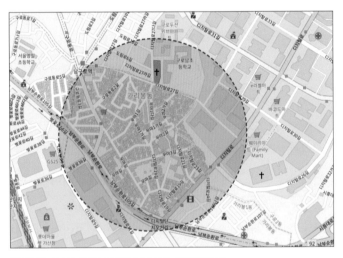

가리봉동 조선족 밀집 지역의 위치 **출처: 오픈스트리트맵**

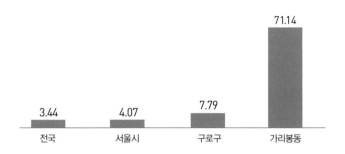

■ 비중(%)

71.14

3.44 4.07 7.79

전국　　　서울시　　　구로구　　　가리봉동

지역별 인구 대비 외국인 비중(2016년) **출처 : 국가통계포털**

부의 정책, 노동자들의 노동조건과 삶의 질을 향상시키려는 투쟁, 한국 경제의 변화 등이 맞물려 경공업공단에서 첨단디지털단지로 변화하였다. 그러나 여전히 저임금에 기반한 지역구조는 남아 있고, 싼 주택 임대료로 인해 이제 이주 노동자들의 쉼터가 되었다. 이처럼 구로 지역은 국적도, 경제적 사정도, 사회적 지위도 다양한 사람들의 삶터이자 일터로서의 역할을 하고 있다.

모든 경제활동은 구체적 공간에서 이루어진다

구로공단의 변화에서 알 수 있듯이 경제는 필요에 맞는 공간을 만들고 그 공간은 경제를 성장시킨다. 하지만 경제가 성장하면서 공간도 변하는데, 그중 일부는 시대에 뒤떨어지고 수익을 내지 못하며 정체되기도 한다. 이제 이전에 만들어진 것들이 미래 성장에 방해물이 되어 가치가 급격히 떨어지는 경우가 발생한다. 이 지역에 있었던 일부 기업들은 더 나은 수익을 올릴 수 있는 새로운 지역을 찾아 떠나 생산은 지리적으로 확장되어간다. 그러나 남아 있던 기업과 지역은 상대적으로 경제활동이 줄거나 겨우 버티면서 쇠락을 경험하게 된다. 결과적으로 자본주의 경제는 수익을 높이기 위해 항상 새로운 공간을 개발해 지리적으로 확장되어가지만 동시에 어떤 지역의 쇠락을 방치해 결과적으로 부와 권력은 지역적으로 불균등하게 분포하게 된다.

기업은 생산 비용을 줄이고 이익을 늘리기 위해, 노동자와 그 가족들은 더 나은 기회를 구하기 위해 자신에게 가장 유리한 지역을 찾아 이동하고, 그 지역에 자신의 삶터와 사업의 기반을 만든다. 그러나 만들어진 삶터와 생산 시설은 쉽게 버리고 훌쩍 떠날 수 있는 것이 아니다. 예를 들어, 영화 산업을 생각해보자. 만들어진 영화가 시장에서 흥행할지 불확실한 상황에서 영화사들은 핵심적인 부분만 남기고 많은 공정을 외주화하는 전략을 주로 채택했다. 그 결과, 하나의 영화를 만들기 위해서는 많은 독립 프로덕션과 전문 서비스업체(대본 작성, 조명, 의상, 카메라, 케이터링 등)들과 수직적으로 분해된 생산 네트워크를 형성하게 되었다. 그런데 생산과 연관된 기업의 수가 늘어날수록 이 생산 네트워크는 더욱 긴밀한 의사소통이 필요하고, 결과적으로 공간적으로 모여 있어야 유리하게 되었다. 관련된 숙련 노동자들도 이 지역에서 구하기 쉽고, 영화 산업과 관련된 많은 조직들이나 영화 산업에 적합한 제도들도 긴 시간 시행착오를 거치면서 그 지역에 형성되었다. 또한 새로운 영화 아이디어나 정보는 작업장이 아닌 클럽이나 카페에서 공유되기도 한다. 이러한 비공식적인 상호작용과 사회·문화적 기반은 지역에 뿌리내려 있는 것이라서 쉽게 다른 지역으로 이전되지 않는다. 그래서 할리우드나 충무로는 영화 산업의 집적지가 되었으며, 다른 지역이 이를 대체하기는 쉽지 않은 것이다.

　노동자들도 살던 곳을 떠나기가 쉬운 건 아니다. 노동자들과 그 가족들은 일상생활이 이루어지는 장소에 대한 귀속감이 크다. 기업이 공간 축소 기술을 적극적으로 이용하는 것에 비해, 노동자의 공간 이동 능력이 떨어지는 것도 사실이다. 우리 지역에 있던 공장이 다른 나라로 이동하는 경우, 언어적·문화적 장벽을 고려하면 노동자들이 따라 이동하기란 매우 어렵다. 또 기업이 나간 동네는 집값이 떨어져 집을 팔고 다른 지역으로 옮겨가기도 어려워진다. 그래서 기업이 다른 지역이나 국가로 이전해가면 노동자들은 실업자가 되거나 이전보다 나쁜 일자리를 구해 가난해지기도 한다. 실제로 기업들은 노동자들이 파업할 경우 이전하겠다는 협박을 하면서 협상에서 우위를 점하기도 한다. 그러나 달리 생각하면 노동자들은 기업에 비해 장소에 대한 정체성이 강하기 때문에 오히려 지역의 일자리와 안정된 생활 터전을 지키는 데 더 적극적일 수도 있다. 아무리 자본이 유동적으로 이동할 수 있다고 해도 결국 모든 경제활동은 특정한 작업장에서 이루어진다는 사실과 기업이 특정 지역을 떠날 때 초래되는 비용이 상당하기 때문에 노동자들은 지역 주민들과 연대하여 지역 경제를 파괴하는 기업의 이전을 막을 수도 있다.

　이처럼 모든 경제행위는 본질적으로 지리적이다. 현실로부터 떨어져 공중에 떠다니는 경제란 애초에 존재하지 않기 때문에 경제는 지표면과 항상 상호작용한다. 구체적 공간 속에서 행해지는 다양한 상호작용과 지역의 특성을 알아야 경제를 제대로 이해할 수 있다.

가격과 이윤이 전부일까?

자본주의는 빙산의 일각, 이제 수면 밑을 보자

왜 자본주의경제만을 경제활동의 전부라고 여길까?

흔히 경제라고 하면, 기업은 이윤만을 추구하고, 노동자는 임금을 받기 위해 일하며, 이윤을 최대로 높이지 못하는 기업은 도태되는 무한경쟁의 장을 떠올리곤 한다. 과연 경제의 모습이 실제로 이럴까? 대안적인 경제를 연구하는 학자들은 현실 경제는 이런 모습이 아니라고 말한다. 쉽게 이해하기 위해 옆쪽의 그림으로 예를 들어보자.

J. K. 깁슨-그레이엄(J. K. Gibson-Graham)에 따르면, 임금노동자와 이윤만을 추구하는 기업으로 구성된 자본주의경제는 경제라는 거대한 빙하 중 단지 수면 위로 올라온 부분일 뿐이다. 이 그림은 현실의 경제를 구성하는 다양한 경제활동들을 보여주고 있다. 노동을 예로 들어보자. 임금을 받기 위한 노동도 있지만, 가족끼리, 친구끼리 혹은 이웃끼리 돈을 받지 않고 재화나 서비스를 제공하는 활동도 있고, 학교나 거리 혹은 교회나 절에서 하는 봉사활동도 있다. 동생과 놀아

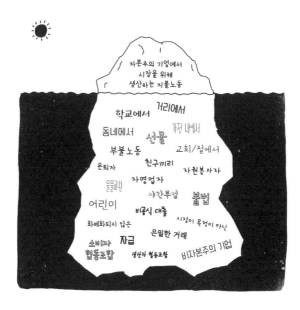

현실을 구성하는 다양한 경제활동들 출처 : J.K. 깁슨-그레이엄, 《타자를 위한 경제는 있다》, 동녘

주거나, 요양원을 방문해 봉사하거나, 친구에게 수학 문제를 가르쳐 주는 일들은 모두 우리의 삶을 풍요롭게 만들지만 대가로 임금을 받지는 않는다. 어떤 일을 하고 그 대가로 임금을 받지 않는다고 해서 그 일이 가치가 없는 것은 아니다. 오히려 우리의 삶에 필요하고 행복을 주는 재화와 서비스 중에는 시장에서 거래되지 않는 것도 많이 존재한다. 일례로, 엄마가 차려주신 아침밥은 공짜지만 엄마의 가사 노동이 가치가 없어서 공짜인 것은 아니다. 엄마의 가사 노동은 임금을 받진 않지만 자녀에게 선물로 주어지며 자녀의 삶에 큰 도움을 준다.

국내총생산(GDP)은 시장을 통한 거래만을 경제활동으로 측정하지만, 세계의 많은 곳에서는 선물 주고받기, 상호부조(相互扶助), 기부, 손수 만들기를 통해서 필요한 재화와 서비스를 주고받는다. 요즘 유행하는 텃밭 가꾸기, 홈 패션, 수제 맥주 만들기 등은 자본주의가 발달한 국가들에서도 많이 보이는 경제활동들이다. 이처럼 우리의 생활은 시장에서 거래되지 않는 수많은 행위들로 이루어져 있다.

기업도 마찬가지다. 보다 많은 이윤을 얻는 것을 유일한 목적으로 삼는 기업도 있지만, 이윤을 손해 보더라도 좀 더 윤리적인 가치를 추구하는 착한 기업(에너지 소비를 줄이고 환경에 기여하는 상품을 개발하는 기업, 기업의 이익을 사회에 환원하는 기업 등)들도 존재하고, 아예 이윤 추구가 목적이 아닌 협동조합이나 사회적 기업* 등 비영리 기업들도 존재한다.

현실을 보면 볼수록 자본주의 경제활동은 이 거대한 빙하에서 수면 위로 올라와 있는 작은 부분일 뿐임을 깨닫게 된다. 그런데 왜 우리는 자본주의경제만을 경제활동의 전부라고 여기는 것일까? 왜 우리는 빙하를 구성하는 다양한 경제활동을 보지 못하고 이들을 없는 것으로 생각할까? 그 답은 이제까지 우리가 경제를 돈, 즉 가격과 이윤 중심으로 협소하게 이해했기 때문이다. 자, 이제 돈으로만 움직인다고 여기는 노동, 기업, 시장에 대한 우리의 생각을 하나씩 점검해보자.

노동자는 생산의 주체인가, 비용인가?

경제 교과서에서는 경제활동이란 재화와 서비스를 생산·유통·소비하는 활동이고, 경제주체는 생산 활동을 담당하는 기업과 소비 활동을 담당하는 가계로 이루어진다고 말한다. 여기서 노동은 기업과 같

● 사회적 기업은 공익적 목적을 갖는 기업으로, 일반 기업과 달리 이윤 극대화를 목적으로 하지 않고 사회적 목적의 실현을 위해 이윤의 대부분을 재투자하는 기업을 말한다. 주로 일자리 창출, 사회 통합, 사회 서비스 제공, 지역 경제의 지원 등이 목적이다.

은 경제주체가 아니고 기업의 생산 활동에 들어가는 생산요소* 중 하나이다. 즉 노동력은 다른 원료나 기계 혹은 토지처럼 기업 입장에서 비용이 된다. 따라서 생산 활동 전체를 조직할 권한이 기업에 있기 때문에, 자본에 대해서는 배당을, 토지에 대해서는 지대를, 노동력에 대해서는 임금을 지불하면 된다. 또한 수익을 높이기 위해 기업이 노동력 비용을 줄이려고 노력하는 것은 합리적이라는 결론에 도달한다.

그런데 노동력을 제공하는 노동자는 사람이다. 노동자에게 주어지는 임금은 기업가에게는 비용이지만, 노동자에게는 생계를 유지하는 수단이다. 노동자가 노동하는 이유는 생계를 유지할 뿐만 아니라 좀 더 나은 삶을 살기 위해서이다. 이런 노동자를 사람이 아니라 자본이나 토지처럼 생산요소 중 하나일 뿐이라고 여기는 것이 올바른 태도일까? 노동이 기계나 토지와 같은 것이라 여겨도 문제가 없을까? 오히려 생산 활동을 다양한 자원(기계, 기술, 토지, 노동 등)을 가진 사람들이 모여 협동 작업으로 무언가를 만드는 과정으로 이해할 수는 없을까?

컴퓨터 프로그램 회사를 사례로, 노동자를 비용으로 여기는 방식과 생산의 주체로 여기는 방식을 비교해보자. 먼저 노동력이 비용으로 처리되는 생산과정을 생각해보자. 생산을 위해서는 컴퓨터와 사무실 등이 필요하고 프로그램을 만들고 파는 노동자가 필요하다. 컴퓨터 구입과 사무실 임대에 기업가는 60억 원의 비용을 지출했다. 여기에 컴퓨터 프로그래머들을 고용하는 데 5억 원(10명×1인당 임금 5,000만 원)을 지출해, 새로운 프로그램을 만들어 팔아 100억 원의 총수입을 얻었다. 생산과정에서 비용을 제외하고 새로 만들어진 부가 있는데

● 생산요소란 생산 활동에 필요한 것으로 자본, 노동, 토지를 생산의 3요소라고 한다.

총수입 100억 원									
10	20	30	40	50	60	70	80	90	100

노동 이외의 생산 투입물 60억 원 - 생산 투입물(컴퓨터 및 장비의 감가상각비) - 사무실 임대료 및 운영비(전기세, 수도세 등)	임금 5억 원	새로 창출된 부(=잉여가치) 35억 원	
비용		기타 지출 15억 원 - 세금, 광고 - 유보비용 등	기업가(주주)의 부 20억 원

노동력이 임금으로 비용 처리되는 경우

이를 '잉여가치'라고 한다. 잉여가치는 기업가가 생산을 조직했기 때문에 기업에 필요한 기타 비용의 지출을 제외하고 나머지는 가져간다. 이를 간단히 표로 나타내면 위와 같다.

여기서 프로그램을 만든 프로그래머, 즉 노동자는 생산과정에 참여하지만 생산의 주체가 아니기 때문에 잉여가치 35억 원을 어떻게 사용할지에 대한 발언권이 없다고 여겨진다.

이제 노동자가 생산의 주체라고 여기는 노동과정을 상상해보자. 여기서도 컴퓨터 구입과 사무실 임대에 필요한 비용 60억 원은 기업가가 투자했다. 마찬가지로 총수입은 100억 원이다. 다른 것은 노동자를 컴퓨터와 동일한 생산요소로 취급하지 않는다는 점이다. 컴퓨터를 가진 자본가나 프로그래밍 지식을 가진 노동자는 동일하게 생산의 주체이다. 여기서 기업 활동은 컴퓨터를 가진 기업가와 프로그래밍 지식을 가진 노동자가 협력을 통해 새로운 프로그램을 만드는 활동이다. 이렇게 생산 활동을 자본가와 노동자의 협업 과정이라고 생각한다면, 잉여가치는 이들의 협력으로 만들어진 결과물이 된다.

따라서 잉여가치는 35억이 아니라 총수입 100억에서 비용 60억 원을 뺀 40억 원이고 이 잉여가치를 어떻게 배분할지에 대해서는 기업가와 노동자가 모두 발언권을 가진다. 여기서 노동자는 주어진 임금만 받는 사람이 아니라, 그들이 생산한 잉여가치를 배분할 권리를 가진 사람들이다. 이를 표로 간단히 나타내보면 아래와 같다.

두 개의 표를 통해 생산 활동을 어떻게 이해하는지에 따라 노동자의 위치가 무척이나 달라진다는 점을 알 수 있다. 생산 활동은 자본을 소유한 자본가와 노동력을 소유한 노동자가 만나 협업하는 과정이다. 따라서 노동자는 원료나 기계와 같은 생산요소가 아니라 자본가와 동일한 생산의 주체이다.

그런데 우리는 노동자가 사람이라는 사실을 잊고 사고팔 수 있는 상품으로 취급하는 경우를 종종 보게 된다. 노동력을 사고파는 상품이라고 생각하면, 사람은 상품성 있는 사람과 상품성 없는 사람으로 나눠지고, 기계처럼 소모품으로 취급되기도 할 것이다. 또한 노동이라는 인간의 활동은 그 자체가 존엄한 목적이 되는 게 아니라, 이윤의 수단이 될 뿐일 것이다.

총수입 100억 원									
10	20	30	40	50	60	70	80	90	100

노동 이외의 생산 투입물 60억 원	새로 창출된 부(=잉여가치) 40억 원	
- 생산 투입물(컴퓨터 및 장비의 감가상각비) - 사무실 임대료 및 운영비(전기세, 수도세 등)	기타 지출 15억 원 - 세금, 광고 - 유보비용 등	노동자의 몫 + 기업가의 몫으로 배분

노동을 협업 과정의 주체라고 여기는 경우

경제학에서는 임금은 시장가격으로 결정된다고 이야기한다. 쉽게 말해, 일자리에 비해 노동자가 많으면 임금이 내려가고, 반대로 노동자가 적으면 임금이 올라가서 가격이 결정된다는 것이다. 그런데 이런 설명은 임금 결정의 한 측면만을 보는 것이다. 노동력을 소유한 노동자는 사람이기 때문에 다른 상품들과는 다르다. 컴퓨터가 시장에서 안 팔리면 가격을 내려 싸게 팔거나, 그것도 안 되면 재고로 쌓아둘 수 있지만, 노동자를 그렇게 취급할 수 있을까? 상품성이 떨어졌다고 오래된 기종의 기계를 버리고 새 기계를 사는 것과 동일하게 노동자를 해고하거나 기계로 대체해도 되는 것일까.

노동자와 기업가는 서로에게 의존하는 관계이다. 기업은 노동자들이 열심히 일을 해주어야 생산성이 올라가고 이윤이 늘어날 수 있다. 노동자도 기업이 망하면 자신의 생존이 위협받는다. 만약 노동자들이 일하는 시간이 너무 길고, 노동과정이 육체적·정신적으로 너무 힘들어 여유를 가질 수 없다면, 게다가 일을 하면서 자아실현까지는 아니더라도 어느 정도 보람을 느껴야 하는데 자존감이 계속 떨어지고 감정적으로 굴욕감까지 느낀다면, 자신의 일터에 애정을 가지고 열심히 일할 수 있을까? 더 나아가 자신이 언제든지 해고될 수 있는 상황에 놓여 있다고 느낀다면, 일터에 대한 애정을 가질 수 있을까? 반대로 노동자가 일을 열심히 하지 않으면서 자기 몫만 챙기고, 기업이 힘들 때 같이 노력해주지 않는다면 기업 입장에서 그 노동자를 신뢰할 수 있을까?

노동자는 주어진 임금만 받는 사람이 아니라, 그들이 생산한 잉여가치를 배분할 권리를 가진 사람들이다. 경제적 성장을 통해 더 많은 사람들에게 풍요의 혜택이 주어져야 한다고 생각한다면, 임금을 기업의 비용으로만 여겨서는 곤란하다. 오히려 임금은 노동자들의 삶의 질을 향상시킬 수 있는 수단이며, 노동자와 기업이 함께 성장할 수 있는 기반이다.

돈이 직업의 전부일까?

우리는 왜 일을 하는 걸까? 흔히 먹고살기 위해 일을 한다고 하는데, 종종 번 돈을 사랑하는 사람들과 함께 쓸 시간이 없을 정도로 일에 쫓기기도 한다. 그렇다면 우리는 일하기 위해 사는가? 아니면 살기 위해 일하는가? 훌륭하게 살기 위해 일한다면, 어떤 일이 훌륭한 일일까? 임금이 높을수록 훌륭한 일일까? 다음 두 사람의 하루를 비교해보자

김 변호사(김변)의 하루

김변은 35세 여성으로 서초동에 있는 법률회사의 변호사이다. 김변의 하루는 6시 기상, 한 시간 헬스클럽에서 운동, 8시 회사 도착, 오전과 오후 시간은 변호 맡은 사건의 증언 조사와 회의로 전쟁처럼 치르고 저녁 7시 30분까지 치열하게 일한 후 간단히 식사를 하고 다시 저녁 9시까지 일한다. 퇴근 후 30분 정도 TV 시청을 하고 잠자리에 들어 여섯 시간 잠잔다.

김변은 장시간 노동을 하지만 아주 높은 보수를 받는다. 청소와 관리 서비스가 딸린 호화로운 아파트에 살고 매년 3주간 해외여행을 떠나며 유명 디자이너의 정장과 수입 구두가 옷장에 가득하다. 주말 대부분은 사건과 관련된 일을 하며 보낸다. 가족을 넘어선 공동체와 관계를 맺는 시간은 거

의 없는 '사회성이 붕괴된' 세상에서 살고 있다. 주로 물질적인 조건으로 성공을 정의하고 직업상의 행복에 대해 신경을 쓰지만 사회적 행복이나 공동체 행복은 거의 없다.

성중 씨의 하루

서울 방학동에 사는 48세의 성중 씨는 가구공장에서 일하다 손가락 절단 사고로 장애등급을 받고 현재 장애연금으로 생활하고 있다. 그는 2년 전 주민센터 시설을 빌려 동네에 40~80대 독거남 여섯 명을 모아 함께 요리하는 모임 '오늘은 내가 요리사'를 시작했다. 함께 메뉴도 정하고 시장도 보고 요리하면서 여섯 명 모두 삶의 의욕을 찾았다고 한다. 이 공동체 모임은 지금 주민센터의 도움으로 자기들 반찬뿐만 아니라 이웃의 반찬도 만들어주고 그들의 안부도 챙기고 있다. 또 성중 씨는 자전거에 연장을 싣고 다니며 홀로 사는 어르신들의 집을 수리해주고 보일러를 고쳐주는데, 지난겨울 동료들과 함께 출입문과 창문에 문풍지와 뽁뽁이로 단열공사를 해주며 이웃을 도왔다. 그래서 성중 씨는 마을에서 어려운 일이 있을 때마다 찾는 사람이 되었다.

김 변호사와 성중 씨의 노동 생활은 양극단에 있다. 한쪽은 외적인 성공과 물질적 보상에, 다른 한쪽은 타인에 대한 봉사와 내적 만족에 치우쳐 있다. 두 사람 모두 사회에 기여하고 있지만 금전적인 수입은 하늘과 땅만큼 차이가 난다. 김변의 노동은 높은 임금이 대가이지만, 성중 씨의 노동은 다양한 보상으로 돌아온다. 성중 씨가 하는 다양한 노동은 금전적으로 보상되지 않는 노동이 대부분이다. 현물 지급(단열공사에 대한 사례로 제공된 찐 감자)이나 독거노인을 돌보는 노동에 대한 그들의 고마움, 집 수리에 대한 자급 노동, 회원들과의 상호 노동에 따른 반찬 등이 노동의 대가이다.

여기서 우리는 다음과 같은 질문을 해볼 수 있다. 금전적인 대가만을 기준으로 김변의 노동은 훌륭하고 성중 씨의 노동은 하찮은 것이라 말할 수 있을까? 우리는 혹시 김변의 노동 생활을 부러워하고, 돈을 많이 벌지 못한다는 이유로 성중 씨의 노동 생활을 무시하고 있지는 않은가? 더 많이 벌고 더 많이 소비하는 것이 훌륭한 삶일까? 성중 씨처럼 적게 벌지만 주변과 나누고 공동체를 생각하는 삶도 훌륭한 삶이지 않을까?

기업의 목적은 이윤 추구인가, 함께 잘 살기인가?

이제 기업에 대해 생각해보자. 모든 기업들이 이윤을 최대로 발생시키는 것을 가장 중요한 목적으로 삼고 있을까? 스페인 피레네 산맥 골짜기에 '몬드라곤'이라는 유명한 기업이 있다. 몬드라곤은 1956년 폐광으로 어려웠던 시기에 '노동자 협동조합'으로 출발해, 지금은 스페인에서 연간 매출 규모 8위, 일자리 규모 3위의 대기업으로 성장하였다.

몬드라곤이 성공할 수 있었던 가장 큰 요인은 노동자들이 출자해 기업을 만들었을 뿐 아니라, 출자액에 상관없이 노동자 1인 1표의 원리에 따라 노동자들이 직접 경영에 참여하기 때문이다. 몬드라곤 그룹은 경영인과 간부를 노동자들이 직접 선출한다. 몬드라곤은 설립 초기부터 누구나 간부를 할 수 있도록 노동사들의 억량을 키우는 교

몬드라곤의 위치와 10대 운영 원칙

육에 많은 투자를 했고 이 과정에서 성장한 간부들이 기업 발전을 주
도하고 있다. 그러나 노동자들 사이의 임금 평등 원칙이 있어 간부라
고 많은 금전적 보상을 받지는 않는다.

몬드라곤은 노동자 협동조합에서 출발했지만, 다양한 협동조합을
만들었다. 소비자 협동조합을 만들어 생필품을 공동으로 구입해 생
활비를 낮추었고, 금융·건강보험·노후 보장을 위한 협동조합도 만
들어 공동체 전체가 함께 서로의 생존과 노후를 책임지고 있다. 이런
몬드라곤 시스템은 경제위기 때 빛을 발했다. 2008년 세계 경제위기
가 닥쳤을 때 스페인의 많은 회사들이 도산했지만, 몬드라곤 그룹에
서는 1만 5,000여 명의 노동자를 신규 채용했다. 당시 그룹 안에 255
개 회사가 있었고 그중 1개가 파산하였는데, 함께 서로의 생활을 책
임지고 고통을 분담한다는 원칙에 따라 파산한 회사 노동자들을 재
교육해 그룹 내 다른 기업에서 고용했다. 노동자들은 휴직 기간 중
월급의 80퍼센트를 받으며 재교육을 받았고, 경제위기를 극복하는
과정에서 생활에 큰 어려움을 겪지 않았다.

다른 기업의 사례도 살펴보자. 1956년 창립한 대전 성심당 제과점은 나눔 경영으로 유명하다. 초기부터 수익의 3분의 1을 제과점에 재투자하고 그 나머지는 직원과 빈곤한 이웃을 위해 사용했다고 한다. 이 제과점이 직원 복지를 중요하게 여기는 이유는, 회사가 성장할 때 같이 일한 노동자들이 자신의 삶도 나아진다고 느껴야 회사가 힘들 때 함께 어려움을 극복하려고 노력할 것이기 때문이라고 한다. 마찬가지 이유로 지역에도 많은 기부를 하는데, 이것이 실제 사업에 도움을 많이 주었다고 말한다. 예를 들어, 2005년 화재로 본점이 전소돼 문을 닫아야 할 상황에 몰렸지만, 직원들과 이웃의 도움으로 일주일 만에 영업을 재개하고 주민들이 적극적으로 빵 사주기에 나서면서 매출이 화재 전보다 30퍼센트 이상 증가하기도 했다고 한다. 이제 성심당 제과점은 대전 지역 주민들이 가장 사랑하는 기업으로, 직원들의 자부심이 가장 높은 기업으로 자리 잡았다.

예로 든 기업들은 이윤 추구가 기업 활동의 최종 목표가 아니었다. 오히려 기업의 목표는 노동자와 지역 주민들과 함께 잘 살아가는 것임을 우리에게 보여준다.

시장을 통한 배분이 모두의 필요를 충족할 수 있을까?

경제학에서는 시장이 자원을 효율적으로 배분하는 기제(機制)라고 한다. 여기서 효율적 배분이란 자원을 가장 필요로 하는 사람에게 주는 것을 말한다. 예를 들어, 어떤 자원이 희소하면 그 자원을 얻기 위해 시장에서 경쟁이 일어나 자원의 가격이 오르고, 따라서 그 높은 가격을 지불하고도 이익을 남길 수 있는 사람들만 그것을 구입할 수 있다. 그리고 다른 조건이 동일하다면, 그런 사람들은 그 자원을 보다 효율적으로 사용할 수 있는 사람들일 것이다. 즉 남들보다 더 절실하게 원하는 사람은 그만큼 더 많은 돈을 지불할 용의가 있을 테고, 그래서 가장 높은 가격을 지불하겠다는 사람이 그 자원을 가장 필요로 하는 사람일 거라고 경제학에서는 가정한다.

그런데 우리는 이런 논리에 몇 가지 의문을 가질 수 있다. 희소한 자원이라도 도덕적 이유 때문에 시장에서 사고팔지 않아야 하는 것도 있을 수 있고, 소득이 충분하지 않아 그 재화가 절실히 필요한데도 가질 수 없는 경우도 있을 수 있다.

먼저 모든 것을 시장에서 사고팔 수 있는지 생각해보자. 병원에서 장기이식을 희망하는 환자가 많다고 해서 돈을 받고 장기를 사고팔지는 않는다. 왜냐하면 장기를 시장에서 사고팔면, 필요한데도 돈이 없어서 치료받지 못하는 사람이 생길 수 있기 때문이다. 우리는 생명의 존엄이 돈에 의해 가치가 매겨지는 것은 공정하지 않다고 느낀다. 이처럼 어떤 재화와 서비스는 시장에서 사고팔지 않는 것이 더 나은 방법일 수 있다.

다음으로 시장을 통하기만 하면 가장 필요한 사람에게 자원이 배분되는지 생각해보자. 시장에 참가하려면 돈이 있어야 한다. 내가 절실하게 그 재화나 서비스가 필요하더라도 돈이 없으면 참여할 수가 없다. 왜냐하면 시장이란 지불할 능력이 있는 사람에게만 자격을 부여하기 때문이다. 아이가 아파서 병원을 가야 하는데 충분한 돈이 없어 못 가거나, 배울 의사와 능력이 다 있는데도 돈이 없어 대학을 못 가는 일들이 세상에는 빈번하다. 따라서 시장을 통한 배분은 돈 없는 사람들의 필요를 충족할 수 없을 뿐 아니라, 돈이 없어 참여할 수 없는 것을 두고 자신의 능력 부족이라 여겨 자책하기 쉽게 만들기도 한다.

가격만 보고 거래해도 될까?

시장이 희소한 자원을 효율적으로 할당하는 능력이 있다고 여기는 데는 다음의 이유가 있다. 누구나 장벽이나 장애물 없이 시장에 자유롭게 참여할 수 있고, 이 상태에서는 판매자와 구매자가 동등하게 만나 양자에게 공정한 거래가 되도록 가격이 조정되기 때문이다.

하지만 상품의 가격이 우리가 구매한 티셔츠를 생산한 노동자의 노동조건에 대해 말해줄 수 있을까? 가격만으로 이들이 괜찮은 임금을 받는지, 노동환경이 안전한지 알 수 있을까? 그리고 티셔츠의 면이 유전자조작 작물이나 독성 잔여물을 토양에 남기는 살충제를 사용해 재배되었는지를 가격을 통해 알 수 있을까?

우리의 관심이 가격에만 휘둘리는 한 위와 같은 사항은 무시되기 쉽다. 우리가 더 많이 더 싸게 소비하고자 할수록 우리의 생존이 다른 사람의 노동조건 혹은 자연환경과 상호 의존적인 관계에 놓여 있음을 잊게 된다. 시장가격은 때로는 공정하지 않은 상황에 놓인 머나먼 곳의 사람들을 보이지 않게 가려버린다. 만약 우리가 시장가격에만 반응해 싼 물건만 찾았다고 치자. 그래서 그 결과로 생산자들이 더욱 공정하지 않은 생산 조건에 놓이게 되었다면 우리에게 책임이 없다고 할 수 있을까?

'아름다운 커피'라는 공정무역 단체가 있다. 여기는 무역을 통해 생산자에게는 생활이 보장될 만큼의 가격을 보장하고, 소비자들에게는 질 좋은 제품을 공급해 서로를 돌볼 수 있는 관계망을 만들려고 노력하고 있는 단체다. 2015년, 네팔에서 지진이 나 커피 생산자들이 어려움에 처했을 때, 아름다운 커피는 지진 피해 농민들에게 긴급 생활비를 지원하고 마을 학교를 복구하고 커피 씨앗을 나눠주는 등 다시 커피 생산을 할 수 있도록 지원하는 사업을 펼쳤다. 이런 공정무역 단체들로 인해 한국 소비자들은 적정 가격에 품질 좋은 커피를 소비할 수 있어서 좋고, 네팔 농민들은 친환경 농업을 하면서도 안정적으로 생활할 수 있어서 좋다. 이런 상거래는 아주 다른 환경에 놓인 생산자와 소비자가 서로를 돌보면서 살아갈 수 있도록 하는 훌륭한 거래 방식이다.

전 세계가 연결된 세상에서 살다 보니 우리가 소비하는 여러 물건들이 멀리 떨어진 곳에서 만들어진 경우가 많다. 상품의 자유로운 이동과 가격만 강조하다 보면 생산자와 소비자가 어떤 관계를 맺고 있는지가 사라진다. 자유무역에 대한 일방적인 옹호로 힘 있는 일부 국가와 기업들이 다른 집단의 희생으로 이익을 얻는다는 사실이 은폐되고, 국가들과 노동자들은 서로 적대적인 관계에 놓이게 된다. 그러나 무역은 사람들을 분열시켜 서로 대립하게 만들 수도 있지만, 아름다운 커피처럼 상호 지원의 네트워크를 만들어 연결시켜줄 수도 있다. 우리가 지불하는 가격뿐만 아니라 멀리 있는 다른 사람들이 지불하는 가격을 함께 고려한다면, 시장은 우리가 다 같이 훌륭하게 살아갈 수 있도록 도와주는 경제적 관계를 활성화시킬 수도 있다.

서로를 돌보는 경제

맨 처음 질문을 다시 해보자. 어떤 경제적 삶이 공동체를 위한 것일까? 어떻게 생산자와 소비자가 함께 행복할 수 있을까? 어떻게 가격에만 휘둘리지 않고 서로의 필요를 돌보는 경제행위를 할 수 있을까?

경제에서 윤리적 행동이란, 가격과 이윤에 따라 행동하기보다는 타인을 염두에 두고 서로를 돌보는 경제행위를 하는 것을 말한다. 타인의 결정과 행동이 우리에게 영향을 끼치듯 나의 결정이 타인에게 영향을 미친다는 사실을 깨닫고, 가격만을 고려하는 것이 아니라, 나와 내 가족만을 위해서가 아니라, 모든 사람들이 다 함께 평등하고 훌륭하게 살아가는 방식을 고민하는 것이다. 또 사회와 환경이 건강해지는 방향으로 지속 가능한 경제를 만드는 데 도움이 되게끔 생산하고 소비하는 것이, 바로 윤리적 행동이다.

한마디로, 경제를 서로의 필요에 반응하는 돌봄의 공간으로 만드는 것이 윤리적 경제이다. 다행히 우리 주변에서 희망을 주는 많은 경제적 실험들이 확산되고 있다. 환경과 생태를 돌보고, 이웃과 나눌 수 있는 사회적 기업과 협동조합을 설립하고, 지구를 생각해 절약하고 적게 소비하는 다양한 활동이 펼쳐지고 있다. 또 기존 기업들 중에서도 지역과 환경을 돌보고, 사회에 기여하려는 움직임이 많다. 물론 정직하게 생산하고 노동하는 방법, 잉여를 분배하는 방법, 소비하는 방법의 해답이 간단하지는 않다. 그러나 이미 함께 잘 살기 위한 노력들이 곳곳에서 일어나고 있는 만큼 우리가 경제를 서로 돌보는 공간으로 생각하기 시작한다면, 천천히 새로운 희망들을 만들 수 있을 것이다.

3부

세계화 시대의
공존과 평화

자세히 보아야 예쁘다! 문화도 그렇다?
문화는 역동적인 생명체, 다양할 수밖에 없다

태권도는 정말 민족 무예일까?

개인이 행하는 반복적인 행위가 습관이라면, 어떤 '지역'에서 사는 '사람들'의 반복적인 행위나 삶의 방식을 문화라고 한다. 문화는 의식주 활동부터 언어·생각·가치·사회조직·예술·위락 활동까지 모두 포함하는 넓은 개념이다. 1996년 정부는 한반도라는 '지역'에서 사는 '사람들'의 삶의 방식 중 대표할 만한 것을 추리고, 이를 중심으로 한국을 세계에 알리는 계획을 세웠다. 이른바 한글, 김치, 불고기, 탈춤, 한복, 불국사, 종묘제례악 그리고 태권도 등이 포함된 '10대 문화 상징'이었다.

올림픽 정식 종목인 태권도는 가장 세계화된 한국 문화 중 하나다. 전 세계 200여 개국에서 약 1억 명*이 수련하고 있고, 그들이 수련하

● WTF(세계태권도연맹) 회원 약 6,000만 명, ITF(국제태권도연맹) 회원 약 4,000만 명으로 추산된다.

는 도장에서는 태극기와 한글을 쉽게 볼 수 있다. 최근에는 케이팝 (K-POP)에 태권도 기술을 활용한 운동 프로그램을 만들어 소개하기도 하고, 태권도 기술을 활용하여 종합격투기를 가르치는 태권도장도 늘어났다고 하니, 한류는 태권도를 따라 흐른다고 해도 과언이 아닐 것 같다.

그런데 태권도에 대한 최근 연구에 따르면, 태권도의 역사는 중국에서 류큐(琉球, 오키나와)로 전해져 만들어진 가라테(당수도, 공수도)가 19세기 말 일본 본토로 전해졌고, 일제강점기 가라테를 수련한 몇몇 한국인 사범들이 광복 전후 국내에 도장을 열면서 시작되었다. 도복과 띠, 승급 제도, 도장 운영방식 또한 일본의 영향을 받았다. 그러다 협회가 생기며 기술, 규칙, 조직 등이 정비되고 널리 퍼졌는데, 재미있는 것은 한국전쟁 당시 생긴 첫 통합 협회의 명칭이 대한공수도협회였다는 사실이다. 이후 대한공수도협회는 대한태수도협회, 대한태권도협회로 변경되었다.

태권도라는 명칭도 1955년 이전에는 존재하지 않았다. 태권도라는 명칭은 1954년 제1군단 창설 4주년 기념식의 당수도 연무시범을 참관하던 이승만 대통령이 "저것이 택견이야. 택견이 좋아. 이것을 전군에 가르쳐야 해"라고 오해해서 말한 것에 힌트를 얻은 최홍희 장군이 만든 것이다. 태권도는 뛰고 차고 밟는다는 뜻의 태(跆) 자와 주먹을 뜻하는 권(拳) 자를 합친 말이다.

오늘날 태권도가 민족 무예라고 인식되고 있는 것은 광복 이후 일제 식민 잔재 청산과 민족주의적 사회 분위기와 관계가 깊다. 특히 택견을 연상시키는 이름 짓기, 군 장병의 태권도 의무 수련, 그리고 박정희 대통령이 1971년에 남긴 '국기태권도'라는 글귀 등을 통해 대중들은 '태권도＝전통 무예'로 인식하게 되었다.

다시 말해 가장 세계화된 한국 문화 중 하나인 태권도는 민족 무예가 아니라 중국·일본·한국 간 교류를 통해 가라테가 변형, 발전된 근대의 문화 산물인 것이다.

수많은 환경과 관계, 자극들이 개인의 습관을 만들듯, 태권도 같은 문화 또한 그렇게 끊임없이 만들어지고 변화한다. 문화는 고정된 것이 아니라, 역동적으로 융합되고 변화하며 탄생하는 생명체와 같다. 문화는 다양할 수밖에 없다.

하늘 아래 새로운 문화는 없고, 특정 장소의 고유한 문화도 없다. 그저 지금 이 순간, 그곳의 삶의 모습이 그럴 뿐이고, 습관처럼 조금 오래 지속되고 있을 따름이다. 앞으로의 태권도는 지금의 태권도와 다를 것이고, 이곳의 태권도와 저곳의 태권도도 다를 것이다.

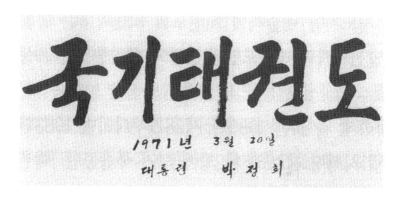

1971년 당시 김용운 대한태권도협회장의 요청으로 박정희 대통령이 직접 쓴 휘호
출처 : 국가보훈처 블로그

당시 씨름, 축구, 태권도가 서로 국기(國技)라고 주장하였는데, 이 휘호 한 장으로 국내외적으로 태권도가 국기로 알려지게 되었다. 이 휘호는 대량으로 복사되어 전국의 태권도장에 걸렸다.

유럽은 어디서부터 어디까지일까?

오늘날 우리는 유럽을 아시아, 아프리카, 아메리카, 오세아니아 등과 함께 대륙이라고 인식하고 있다. 오대양 육대주라는 말에서도, 올림픽의 오성기 속에서도 그렇다. 하지만 대륙은 다른 땅덩어리(landmass)로부터 독립된 땅덩어리, 적어도 지협으로 구분되는 자연적인 개념이다. 그래서 그저 유라시아 대륙의 서쪽 일부분일 뿐인 유럽을 대륙으로 표현하는 것은 옳지 않다. 왜 우리는 유럽을 유럽 대륙이라고 인식하고 있을까?

고대 그리스의 지리학자 헤카타이오스(Hekataios)의 세계지도를 보면, 당시 사람들은 카스피 해가 대양과 연결되는 것으로 인식했다. 흑해와 카스피 해 사이의 카프카스 지협이 유럽 대륙과 아시아 대륙을 구분한다고 믿었던 것이다. 이는 로마의 지리학자 폼포니우스 멜라(Pomponius Mela)의 세계지도에서도 확인할 수 있다. 그때의 세계관으로 보면, 유럽은 대륙이라고 부를 수 있었다.

하지만 대항해 시대 이후, 카스피 해는 바다가 아닌 호수이고 흑해 북쪽에는 지협이 존재하지 않으며, 돈 강(타나이스 강)도 그렇게 큰 강이 아니라는 걸 알게 되었다. 유럽이 대륙이 아니라는 걸 깨달았지만 대륙이라고 주장하고 싶었던 유럽 사람들은 새로운 자연적 경계를 찾기 시작했는데, 많은 사람들이 가장 적당하다고 동의한 것이 우랄산맥이다. 오늘날에도 여전히 어떤 사람들은 돈 강을, 또 어떤 사람들은 드네프르 강과 우랄 강을 유럽 대륙의 경계라고 주장하기도 한다. 아직도 "유럽 대륙은 어디서부터 어디까지일까?"라는 질문에 대한 확실한 답은 없는 것이다.

그리스 헤카타이오스의 세계지도(위)와 로마 폼포니우스 멜라의 세계지도(아래)

그러므로 유럽은 어떤 자연적 경계를 찾고, 그것에 의해서 구분되기보다는 특정 문화들을 공유하는 공동체, 문화지역, 문화권으로 이해해야 한다. 그렇다면 유럽은 어디까지일까? 경계를 만들 수 있을까? 과연 유럽을 지도 위에 표시할 수 있을까?

그것은 불가능하다. 문화가 가진 속성이 그렇듯 유럽의 문화 또한 너무 다양하고 복잡한 데다, 지금 이 순간에도 역동적으로 변화하고 이동하고 있기 때문이다. 더군다나 사람마다 유럽이 어떤 문화적 속성을 가졌고, 어느 정도 인정해야 하는지에 대한 판단 기준이 다 다르다. 하지만 다양한 문화 요소 중 대표하는 몇몇을 취하고 특정 시점에 한정한다면, 더불어 많은 사람들이 그것에 동의한다면, 대략적인 지도는 그릴 수 있을지도 모른다.

미국의 지리학자 테리 조든-비치코프(Terry G. Jordan-Bychkov)는 유럽의 문화적 특징을 열두 가지로 정리했다. 각 요소별 기준을 정했고, 유라시아 대륙 서쪽을 100여 개의 지역으로 구분한 지도 위에 기준을 충족하는 만큼 색칠을 했다.

테리 조든-비치코프가 그린 유럽 지도처럼 문화권 지도는 특정 지역의 문화와 지역성에 대해 많은 것을 설명해준다. 하지만 문화가 시간적·공간적으로 고정되어 있다는 인식을 심어줄 수도 있다. 그리고 문화지역 간의 경계는 선이 아닌 점이지대, 즉 면인데 선으로 구분된다고 말하기도 한다. 특정 문화지역 안에도 수많은 사람들의 수많은 삶의 모습이 있다는 것 또한 잊게 만들 수도 있다.

그래서 문화권 지도는 지역을 이해하는 데 도움을 줄 수 있지만, 폭력적일 수도 있는 것이다. 따라서 문화권 지도를 비판적으로 바라봐야 한다. 마치 영화의 한 장면을 캡처한 이미지에 모자이크 효과를

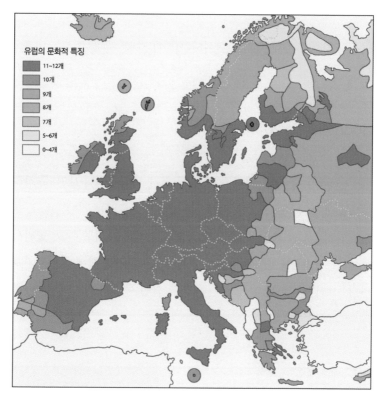

테리 조든-비치코프의 유럽 지도

테리 조든-비치코프가 12개로 구분한 유럽의 문화적 특징은 다음과 같다. ① 기독교도가 80% 이상 ② 인도유럽어민이 80% 이상 ③ 카프카스인이 90% 이상 ④ 영아 사망률이 12명 미만 ⑤ 1인당 국내 총생산이 EU 평균의 40% 이상 ⑥ 문해율이 90% 이상 ⑦ 100km²당 간선도로 연장이 300km 이상 ⑧ 농업종사자가 노동인구의 25% 미만 ⑨ 도시 인구율이 50% 이상 ⑩ 인구의 자연증가율이 연 0.5% 미만 ⑪ 유럽의 연속적 거주지역의 내측 ⑫ 현재 민주주의에 대한 큰 제약이 없음

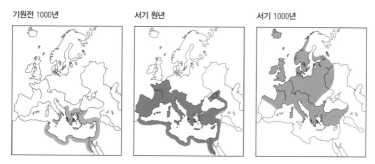

문화권으로 정의한 유럽의 범위 변천사

출처 : 테리 G. 조든-비치코프, 벨라 비치코바 조든 저, 김종규 역, 〈유럽 : 문화지역의 형성과정과 지역구조〉, 시그마프레스, 2007

적용한 것으로 문화권 지도를 이해하면 어떨까?

Because it's 2015!

'틀린 그림 찾기' 게임, 아니 '다른 그림 찾기' 게임을 하다 보면, 두 장의 그림을 번갈아 바라보다 "똑같잖아! 어디가 다르다는 거야!" 하고 투덜거리게 된다. 그래서 그림을 뚫어져라 자세히 보기도 하고, 멀리서 한눈에 두 그림을 비교해보기도 하며, 다른 친구와 함께 찾아보기도 한다. 그러면 어느덧 같은 그림인 줄 알았던 두 그림의 다른 점을 하나둘씩 발견하게 된다.

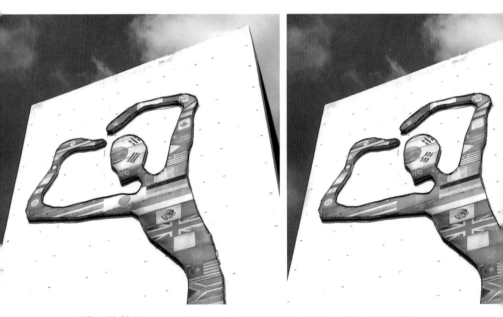

다른 그림 찾기(다른 곳 5개를 찾아보자. 사진은 안산 원곡동 국경 없는 마을의 《만국기인류》)

삶의 모습, 그리고 그런 삶의 모습이 고스란히 녹아 있는 삶터의 경관 또한 마찬가지다. 때로는 멀리서, 때로는 가까이에서 자세히, 오래 봐야 한다. 유럽이라면 다 같은 줄 알았는데 자세히 보니 수많은 유럽이 있었던 것처럼, 혹은 모두 다를 줄 알았는데 또 같은 것을 공유하는 유럽이 존재하는 것처럼 말이다. 멀리서, 때로는 가까이에서 보면 우리가 보지 못한 것들이 보이기 마련이다.

특히 교통과 정보 통신의 발달, 그리고 여러 복합적인 정치·경제적인 이유 등으로 지구촌 곳곳에 사는 사람들의 삶의 모습과 삶터의 경관은 점점 더 유사해지는 듯하다. 비슷한 음식을 먹고, 비슷한 옷을 입고, 비슷한 곳에서 산다. 비슷한 음악을 듣고, 비슷한 방식으로 공부를 하고, 여가를 즐긴다. 누군가가 지구를 멀리서 바라본다면, 지구에 사는 사람들의 삶의 모습을 같은 색으로 색칠할지도 모르겠다. 누군가는 이를 두고 세계가 유럽화되었다고 말하기도 한다.

이런 시대일수록 우리는 삶의 모습과 삶터를 더욱더 가까이 오래, 자세히 봐야 한다. 소수 문화와 그들의 문화지역이 지도 속에서 사라지고 있기 때문이다. 소수이지만 분명 그들이 사는 삶의 방식은 존중받아야 하고, 소수라는 이름으로 차별받지 않아야 한다. 독특하고 신기하다는 이유로 관광상품화되는 것 또한 지양해야 한다.

소수 문화와 문화지역은 정부 정책의 도움을 받아 적극적으로 지켜질 수 있다. 제주특별자치도에서는 사라져가는 제주어를 살리고 알리기 위해 적극적인 교육 활동을 펼치고 있다. 교과서를 제작하고 축제를 만들었다. 학생들은 제주어로 된 동요를 부르고, 제주어로 말하고 듣는다.

2015년 10월, 캐나다의 새로운 총리가 된 쥐스탱 트뤼도(Justin

제주어 교과서. 초등 《봄요름고슬저슬(봄여름가을겨울)》, 중등 《들엄시민 골암시민(듣다 보면 말하다 보면)》 **출처 : 제주특별자치도 교육청**

Trudeau)는 캐나다 역사상 처음으로 남녀 열다섯 명씩 동수의 소위 성평등 내각을 꾸렸다. 더불어 아프가니스탄 난민 출신, 이민자, 원주민, 장애인, 우주비행사, 버스운전사, 시크교 신자까지 다양한 출신과 문화적 배경을 가진 이른바 다문화 내각을 꾸렸다. 연령 또한 30대부터 60대까지 다양했고, 10개 주와 3개 준주(準州) 출신 인사를 모두 망라했다. 트뤼도 총리는 "캐나다를 닮은 내각"이라고 말했다. 한 기자가 트뤼도 총리에게 "왜 남녀 성비를 일대일로 구성하였느냐?"고 질문했을 때, 그는 이렇게 대답했다. "Because it's 2015!"("왜냐하면 2015년이니까요!")

우리는 모두 다르다. 그래서 우리가 사는 방법 또한 다르고, 우리가 만드는 경관 또한 다르다. 우리는 늘 자극을 받고, 자극을 준다. 늘 변화한다. 다르기 때문에 종종 다투지만, 다르기 때문에 공감하고 이해할 수 있다. 여성, 성소수자, 장애인, 북한 이탈 주민, 다문화 이주민, 청소년, 노인, 지방 문화, 전통문화, 독립 문화예술, 대안 문화예술 등 소수 문화는 우리가 더욱 가까이, 자세히, 오래 보아야 하고, 정부는 정책으로 도와야 한다. 우리는 함께 이곳에서 살아가기 때문이다.

다른 그림 찾기 정답

14

다문화 공간의 조선족, 그들은 누구일까?
다양한 문화가 공존할 수 있는 공간이 필요하다

다문화란 무엇일까?

《완득이》는 2008년 출간된 김려령 작가의 장편소설로, 2011년 영화화되어 많은 사람들에게 알려졌다. 소설은 '도완득'이라는 고등학생의 성장 이야기를 그리고 있는데, 주인공 완득이는 공부도 잘 못하고 가난한 집에 살지만, 싸움만큼은 자신 있는 열일곱 살 소년이다. 소설의 내용 중에는 장애를 가진 아버지를 둔 아들이 겪는 어려움과 어렸을 때 집을 나갔다 돌아온 베트남인 어머니의 존재, 그리고 외국인 노동자들의 인권문제 등 사회 속 다양한 모습이 그려져 있다. 이런 소설 속 내용은 우리 주변에서 벌어지고 있는, 그리고 미래에 나타날 '다문화 사회'의 모습으로 볼 수 있다.

1990년대 이후 우리나라에는 외국인 이주자들이 급속하게 유입되었다. 그들 중 대부분은 이주 노동자와 결혼 이주자들이었다. 한국 사회는 세계적으로도 낮은 출산율로 인해 나타나는 노동력 부족, 그

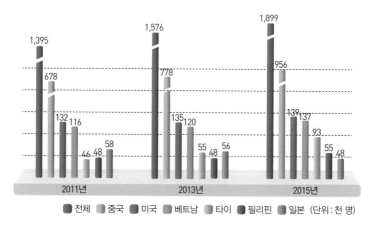

1,395
678
132 116
46 48 58
2011년

1,576
778
135 120
55 48 56
2013년

1,899
956
139 137
93
55 48
2015년

■ 전체 ■ 중국 ■ 미국 ■ 베트남 ■ 타이 ■ 필리핀 ■ 일본 (단위 : 천 명)

국적별 체류 외국인 수 변화 **출처 : 2015 출입국외국인정책 통계연보**

중에서 3D 업종의 기피현상으로 인한 노동력의 구조적 공백, 그리고 농촌 총각을 비롯해서 사회적으로 낮은 계층의 남성들이 겪는 결혼 의 어려움 등의 이유로 외국인 이주자들을 받아들일 수밖에 없는 상 황이다. 따라서 자연스럽게 다양한 민족과 언어를 사용하는 외국인 들이 우리 사회에 늘어나게 되면서 다문화주의 또는 다문화 정책에 대한 논의와 담론들이 증가하게 되었다.

외국인 이주자들을 받아들이는 우리의 자세

우리 사회의 외국인 이주자의 증가는 단지 외국인 이주자들만의 문 제가 아니다. 그들이 우리의 삶의 공간으로 들어온 이상, 한국 사회 도 지금까지와는 다른 모습으로 변화되어야 한다. 이에 우리 정부는 2006년부터 다양한 다문화주의 정책을 시행하고 있다. 그러나 한국

사회에서의 다문화주의에 대한 논의는 그동안 일반적으로 국민들이 가지고 있던 단일민족 의식과 순혈성(純血性)을 강조해온 국민들의 정서와 문화적 경향에 비추어볼 때, 문화 다양성을 확대하기보다는 외국인을 우리 문화에 동화시키려는 경향이 강했다. 즉 정부의 다문화 정책은 소수의 이주자들을 일방적으로 우리 문화로 편입시키려는 방식을 취하고 있다. 예를 들어, 이주 여성들을 대상으로 한 언어교육을 보면, 그들의 언어에 대한 존중을 바탕에 둔 다양한 언어교육을 하는 것이 아니라, 일방적으로 한국어 교육만 실시한다거나, 김치 담그기 같은 한국의 문화적 가치를 주입하려는 행사 위주로 진행되고 있는 실정이다.

또한 국가의 다문화 정책이 다문화 가정, 즉 결혼 이민자들만을 정

다누리는 여성가족부가 지원, 한국건강가정진흥원에서 운영하는 다문화 가정 지원 포털 사이트이다. 현재 우리나라의 다문화 정책 핵심 대상자는 '다문화 가족'으로, 결혼 이민자 또는 귀화 한국인이 대한민국 국적을 취득한 자와 가족관계를 맺고 있는 경우로 제한되고 있다. 따라서 이주 노동자와 유학생 및 북한 이탈 주민 등 다양한 유형의 다문화 구성원들은 다문화 정책에서 배제·소외되고 있는 상황이다. **출처 : 다누리 홈페이지**

책의 주요 대상자로 보고 있다는 점도 문제가 될 수 있다. 한국에 온 이주자들은 이주 노동자, 외국인 유학생, 결혼 이민자 등 다양하다. 그리고 이 가운데 가장 큰 비중을 차지하는 건 이주 노동자이다. 그러나 이주 노동자를 바라보는 국가의 시선은 합법적 이주 노동자와 불법 이민자를 구분하고, 불법 이민자를 색출해 제거해야 할 대상으로 설정하고 있을 뿐, 그들을 우리 사회의 구성원으로 받아들이고 이해하려는 체계적인 정책은 부족한 실정이다.

다문화 사회에서 다문화 공간으로

친구와 약속을 잡기 위해 전화를 걸었던 장면을 생각해보자. 대화 중에 우리는 흔히 이렇게 묻곤 한다. "너 어디야?" 우리는 상대방의 안부를 묻고 인사를 건네며 무의식적으로 상대방의 '위치'를 확인한다. 이 단순한 예는 인간의 삶에 있어서 장소와 공간이 얼마나 중요한지를 보여준다. 인터넷과 같은 통신 네트워크로 전 세계가 연결된 현대 사회에서도 영토성(Territoriality)은 사회적 관계를 조직하는 중요한 원리인 것이다. 아무리 통신 속도가 빨라지고 교통 기술이 발달해도 공간은 소멸되지 않는다. 단지, 다른 공간으로 바뀔 뿐이다.

  서울에 거주하는 경상도가 고향인 사람을 떠올려보자. 오랜 서울 생활을 거치며 그는 사투리가 아닌 표준어를 사용한다. 그런데 고향에 계신 부모님과 전화 통화를 할 때면, 평소와는 다르게 경상도 사투리가 튀어나오곤 한다. 부모님과 통화하는 순간, 그는 물리적으로는 그의 부모가 있는 고향에 있지 않으면서도 현실의 일상적인 물리

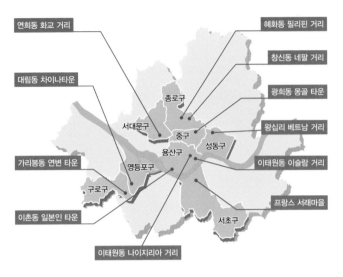

연희동 화교 거리
혜화동 필리핀 거리
대림동 차이나타운
창신동 네팔 거리
광희동 몽골 타운
종로구
서대문구
왕십리 베트남 거리
중구
성동구
가리봉동 연변 타운
용산구
이태원동 이슬람 거리
영등포구
구로구
프랑스 서래마을
이촌동 일본인 타운
서초구
이태원동 나이지리아 거리

서울의 대표적인 다문화 공간

적 공간을 초월해 새로운 공간 속에서 소통을 하게 되는 것이다. 이
와 같이 일상의 물리적 공간을 뛰어넘는 공간은 외국인 이주자가 본
국의 가족이나 친구들과 의사소통하는 과정에서도 형성될 수 있다.

　다문화주의 또는 다문화 사회라는 말에는 공간적 의미가 포함되어
있다. 오늘날 발생하고 있는 인적·문화적 교류는 과거에는 볼 수 없
었을 정도로 광범위하며 지구적 차원에서 이루어지고 있다. 이런 교
류와 만남은 전 세계에 다양한 다문화 공간을 형성한다. 다문화 공간
의 개념은 기본적으로 다문화주의 또는 다문화 사회에서 논의되어
온 현상들을 공간적 차원에서 생각해볼 수 있도록 함으로써, '다문
화'에 대한 이해를 더욱 높여줄 수 있게 도와준다.

　지리학에서 말하는 다문화 공간은 기본적으로 사회 공간의 균질화
를 목표로 하기보다는, 타자의 존재를 인정하며 문화적 차이에 대한

상호 존중을 전제로 한다. 즉 문화적 다양성에 관한 인정을 전제로 한 민주적 정치의 이상을 내포한다고 할 수 있다. 따라서 다문화 공간은 지역 간 또는 지역 내 문화적·정치적·경제적 불평등을 극복한 조화로운 지역사회를 지향한다고 할 수 있다. 문화적 측면에서 다문화 공간은 구성원들 간의 문화적 다양성을 인정하는 공간을 목표로 하며, 정치적 측면에서는 구성원들에 대한 상호 인정과 민주적 질서 확립, 경제적 불평등 해소 등을 통한 사회 발전을 지향한다. 결국 다문화 공간은 제도적으로 이미 '만들어진 공간'이 아니라, 사회 구성원 간의 합의와 조화를 통해 생성되고 유지되는 '만들어지는 공간'인 것이다.

다양한 다문화 공간, 왜 이곳에 형성되었을까?

한국의 대표적 다문화 공간으로는 서울 가리봉동·대림동의 조선족**°** 타운과 경기도 안산시 원곡동의 외국인 마을, 프랑스인이 많이 거주하는 서울 방배동의 서래마을 등을 들 수 있다. 서울 가리봉동은 2000년대 초반까지 조선족 최대 밀집 지역이었으며, 현재는 대림동 지역에 조선족 거주자가 늘어나고 있다. 특히 대림2동의 경우 2016년 2월 주민등록 인구는 1만 4,000명인데, 그중 외국인이 약 9,800명이며, 이중 조선족이 약 4,700명일 정도로 조선족의 비중이 높다. 국내 체류하는 외국인 중 절반 정도가 중국인(조선족 포함)일 정도로

● 최근엔 '조선족'이라는 단어보다는 '중국 동포' 또는 법무부에서는 '한국계 중국인'을 사용하는 등 다른 용어를 쓰고 있는 추세다. 그 이유는 '조선족'이라는 명칭에 비하하는 느낌이 얼마간 담겨 있기 때문이다. 그러나 '조선족'이 아직까지는 학계에서 일반적으로 사용되고 일반인들과 학생들에게 많이 알려진 용어이므로 비하의 의미 없이 이를 그대로 사용하기로 한다.

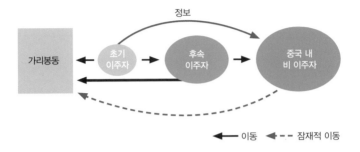

서울 가리봉동 내 조선족의 이주 과정 **출처 : 안재섭, 〈서울시 거주 중국 조선족의 사회·공간적 연결망〉**

중국인은 한국에 있는 외국인 중 절대 다수를 차지한다. 일반적으로 외국에 거주하는 중국인들은 특정 도시 공간에 모여서 그들만의 지역 조직을 구축해나가고 있는데, 국내에 거주하는 조선족들도 특정 공간에 집적하는 특성을 보이고 있는 것이다.

중국인들 중 일부는 '한국' 또는 '서울'에 간다고 말하지 않고, '가리봉동', '대림동'에 간다고 말하기도 한다. 이것은 한국에 이주해오는 중국인들에게 '가리봉동'과 '대림동'이라는 장소가 갖는 특별함을 보여주는 사례다. 가리봉동으로 조선족이 모이는 건 그 장소를 중심으로 조선족들의 사회적 네트워크가 형성되어 있어 구인과 구직 및 경제활동에 필요한 정보를 손쉽게 얻을 수 있기 때문이다. 다시 말해, 가리봉동이 조선족의 집단적 거주지로서 발전하는 데 중요한 역할을 한 요인은 조선족들 간의 네트워크, 즉 이주 연결망이 존재하기 때문이다. 이와 같은 이주 연결망은 조선족들이 대규모, 연쇄적으로 우리나라로 이주하면서 초기 이주자와 후속 이주자 그리고 중국에 있는 잠재적 이주자들 간에 한국 이주에 관한 정보들을 교환하는 네트워크가 형성됐다는 의미다.

안산시 원곡동과 서울 가리봉동·대림동에 다문화 공간이 형성된 이유는 수도권의 산업구조 변화와 관련이 있다. 원곡동은 인근의 반월공단과 시화공단에서 일하던 한국인 노동자들의 거주지였으나, 3D 업종에 대한 한국인 노동자들의 기피현상과 임금 상승에 따른 중소기업들의 외국인 노동자 이용 전략 등으로 인해 1990년대 들어 한국인 노동자들이 이곳을 떠나기 시작했다. 이에 따라 원곡동에 빈집이 늘어나면서 상대적으로 저렴한 값으로 주택을 찾는 것이 수월해졌다. 이때 인근 공단에 취업한 외국인들이 원곡동으로 유입되기 시작했고, 다양한 국적의 외국인이 증가하면서 문화적 장벽도 낮아지게 되었다. 이후 외국인을 상대로 하는 구인과 구직 서비스, 주택시장 등이 더불어 발달하면서 외국인 노동자들을 원곡동으로 흡수하는 요인이 되었다.

가리봉동의 경우 1990년대 후반부터 조선족의 이주가 본격화되었다. 가리봉동 인근에 있는 구로공단은 1960년대 만들어진 한국의 대표적인 산업단지였다. 그러나 1990년대 국내 산업구조의 변화로 공

현재의 안산시 원곡동

가리봉동의 쪽방

단에 있던 제조업체들이 타 지역으로 이전하거나 사라지게 되면서, 공단 주변에 있던 '쪽방'이라 불리던 공단 노동자들의 주택이 점차 비기 시작했다. 이 쪽방들은 열악한 주거 여건으로 임대료가 아주 저렴했기 때문에 혼자 입국해 생활하는 조선족들이 이용하기에 적절했다. 또한 가리봉동은 서울 도심 및 인천, 경기 지역으로의 접근이 용이하며, 인근에 건설 관련 일용직 인력시장까지 있어 조선족들이 모여들게 된 요인으로 작용하였다.

한 연구[*]에 의하면 다른 국가의 외국인 이주자와 비교해 조선족의 공간 분포에서 특이한 점을 찾아볼 수 있다. 방문취업제[**]를 통해 입국한 이들의 절대 다수는 조선족에 해당한다. 한편 고용허가제[***]로 입국한 이들은 베트남인, 인도네시아인, 필리핀인 등 동남아시아 출신이 대부분이다. 그런데 고용허가제를 통해 입국한 노동자들의 약 65퍼센트가 인구 10~30만 명 규모의 중소도시에 거주하는 반면, 서울에 거주하는 인구는 고작 4퍼센트 정도에 불과하다.

반면 방문취업제를 통해 입국한 노동자(대부분이 조선족)의 경우는 서울시에 절반에 가까운 45퍼센트가량이 거주한다. 조선족의 서울 집중성은 기본적으로 그들이 하는 일의 특성에 원인이 있는 것으로 보인다. 타 국적 노동자들은 한국어 구사 능력이 부족하기 때문에 내국인과 소통이 적은 단순 저임금 노동 분야에서 일하지만, 조선족들은 한국어를 사용할 수 있는 데다 한국 문화와의 친화성도 높아 타 외국인 노동자들이 쉽게 진출할 수 없는 서비스업에 많이 종사하고

● 박세훈, 이영아, 〈조선족의 공간집적과 지역정체성의 정치 : 구로구 가리봉동 사례연구〉, 다문화사회연구, 제3권 2호, 2010
●● 외국 국적 동포에 대한 국내 취업을 허용하는 제도
●●● 외국인 노동자를 고용하려는 사업자가 정부에 신청하여 고용할 수 있는 정책

있다. 예를 들어, 요식업, 가사도우미, 간병인 등 의사소통이 필요한 직종에 종사하면서 타 외국인 노동자들보다 유리한 위치에서 일하고 있는 것이다. 이러한 특징은 공간 분포에도 반영된다. 타 외국인 노동자들이 주로 중소도시의 산업단지 주변에 분포하고 있는 반면, 조선족들은 서울을 중심으로 값싸고 교통이 좋은 주거지역에 모여 그들의 공동체를 형성하고 있다.

프랑스인들이 많이 거주하는 서래마을은 행정구역상 서울 서초구 반포4동에 속해 있다. 이곳은 한남동에 있던 주한프랑스학교가 이전해오면서 교육 여건과 주변 환경이 깨끗한 서래마을을 중심으로 프랑스인들이 이주하여 만들어졌다.

이처럼 국경을 넘는 이주와 정착의 과정은 구체적인 공간을 중심으로 이루어지는 경향이 나타난다. 이를 이해하기 위해서는 지리적인 시각이 필요하다. 우리나라로 이주해온 사람들의 정착 과정에서

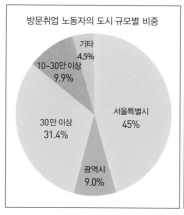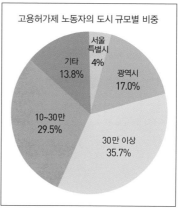

외국인 노동자의 도시 규모별 분포(2009년)

출처 : 박세훈, 이영아, 〈조선족의 공간집적과 지역정체성의 정치〉

는 먼저 이주해온 사람들이 그들의 거주 공간을 기반으로 새로 이주해 들어온 사람들과의 연결망을 만들어낸다. 이런 연결망은 이주민들을 특정 공간으로 집중시키는 결과를 낳는다.

다문화 공간을 대하는 우리의 차별적 태도

캐나다 토론토대학교 지리학과 교수인 에드워드 렐프(Edward Relph)는 저서《장소와 장소상실》에서 이렇게 말했다. "장소를 규정하는 의미와 기능의 유형들이 모든 문화 집단마다 동일할 필요는 없지만, 장소에 대한 이해는 일상 사회의 생활공간이란 맥락 속에서 의미 있는 경험이 중심이 되어야 한다." 이에 비추어 생각해보면 프랑스인이 거주하는 '서래마을'과 조선족이 집단 거주하는 '가리봉동', '대림동'은 성격이 다른 다문화 공간으로 볼 수 있으며, 내국인의 태도 또한 차별적이다.

일부 한국인들은 '가리봉동', '대림동' 지역이 일종의 차이나타운으로 변화하는 것에 대해 매우 부정적이며 불편한 태도를 보인다. 반면 집을 소유하고 있어 임대업을 하거나 부동산 중개업을 하는 이들은 조선족들로 인한 경제적 이익 때문에 그들의 필요성을 인정하는 경우가 많다. 한 연구[*]에 의하면 다수의 한국인들은 조선족이 특정 공간에 밀집하여 거주하는 것에 대해 위협을 느끼고 있다. 특히 조선족의 무질서한 생활풍습에 대해 경멸에 가까운 분위기를 풍기고 있

[*] 박재영, 강진구, 〈서울시 조선족 밀집지역과 거주공간 확대에 대한 연구 : 가리봉동·구로동·대림동을 중심으로〉, 탐라문화 53호, 2016

다. 한 주민은 "무질서에 무책임하다고 해야 할까요. 그러니까 담배를 피우다가 길거리에 막 버리고, 눈앞에서 뻔히 쓰레기를 치우고 있는데 그 앞에다 버리고 가고, 이 사람들은 그런 개념이 없어요"라며 비난한다. 또한 주민들은 이러한 조선족의 생활 태도에 대해 자신들이 소수자란 인식을 망각하기 때문이라고 주장한다. 다시 말해, 조선족들이 분산되어 살면 어떻게든 한국의 문화나 법을 준수하려고 노력하겠지만, 이들이 집단으로 모여 살기 때문에 거추장스러운 한국의 법과 문화를 지키지 않고 중국에서 생활하던 방식대로 산다는 것이다.

반면에 서래마을은 이색적 혹은 이국적 장소를 경험하고 싶은 이들에게 인기를 끌고 있다. 장소에 대한 내국인의 인식도 조선족 밀집 지역과는 반대로 아주 긍정적이다. 그러나 프랑스인 거주 지역인 서래마을에서 방문객들이 체험할 수 있는 프랑스적인 요소는 많지 않다. 그럼에도 불구하고 방문객들은 이곳을 작은 프랑스라고 부른다. 그 이유는 에드워드 렐프가 말한 '대중적 정체성(mass idendity)' 때문이다. 서래마을을 방문한 방문객의 대부분이 인터넷 블로그나 방송 등을 통해 이곳에 관한 정보를 얻는다. 장소의 실제 구성 요소보다는 텔레비전과 인터넷 등 각종 매체를 통해 얻은 정보를 바탕으로 '서래마을=프랑스적 장소'이며, 프랑스 양식의 상업시설들로 이루어진 장소라는 결론을 내리게 만드는 것이다. 그리고 선진국인 프랑스라

● 한성미 외의 〈서래마을의 장소 정체성에 대한 연구〉에 의하면, 서래마을에 거주하는 프랑스인 대부분과 마을을 방문한 프랑스인을 인터뷰한 결과 서래마을은 프랑스 마을로 알려져 있음에도 프랑스적인 느낌이 거의 없다고 응답했다. 또한 서래마을에 거주하는 프랑스인을 조사한 결과 서래마을의 프랑스적 요소로 주한프랑스학교, 빵집인 파리크라상, 프랑스어라고 응답했는데, 이중 가장 중요한 요소라고 말한 주한프랑스학교가 외부인의 출입을 철저하게 차단하는 것을 생각하면, 방문객들이 서래마을에서 프랑스적인 느낌을 체험할 수 있는 장소성은 극히 미약하다고 할 수 있다.

는 국가적 이미지가 겹쳐져 서래마을은 가보고 싶은 멋진 장소로 포장되는 것이다.

뉴욕의 차이나타운이나 리틀이탈리아 같은 경우 해당 소수민족에 의해 주거지와 상권이 형성된 곳이지만, 외국인과 현지인들이 상호 교류하며 함께 만들어가는 다문화 공간으로 성장하였다. 그러나 서울의 조선족 타운과 프랑스인이 모여 사는 서래마을은 이와는 거리가 멀다. 가리봉동과 대림동의 조선족 타운은 한국인들의 따가운 시선 그리고 한국의 저소득층과 중장년층의 일자리를 뺏어가는 침입자*들이 거주하는 곳이라는 부정적 인식이 상호 충돌하는 공간인 반면, 방배동 서래마을은 프랑스라는 상징성의 상업적 활용과 그 상징성을 소비하려는 방문객의 의도가 상호작용해 만들어진 가상 또는 상상의 (imaginary) 장소라고 할 수 있다.

순수한 한국인은 존재할까?

최근 한 동영상 사이트를 통해 덴마크의 모몬도(momondo)라는 여행사가 실시한 '렛츠 오픈 아워 월드(Let's Open Our World)'란 프로젝트의 'DNA 여행' 영상이 화제가 되고 있다.** DNA 여행은 참가자의 DNA 검사를 통해 자신의 뿌리를 찾아보는 과정을 거침으로써 순수

---

* 조선족 및 개발도상국의 저임금 노동력의 유입은 국내 노동자들의 임금 협상력을 떨어뜨리며, 임금 인상을 억제하는 효과를 드러낸다. 조선족과의 일자리 경쟁에서 밀려 실업자가 된 저소득층들은 가족 간의 유대감 상실, 정치적 소외와 무관심이 외국인 혐오와 같은 병리적 현상으로 나타나기도 한다. 조선족 범죄에 대한 국내 언론 및 대중들의 혐오의식도 이와 관련이 있을 것이다.

** https://www.youtube.com/channel/UCxpbnnGX6raZfTJcdt5_7Ag

혈통과 단일민족이라는 생각에 대해 의문을 가지며, 포용과 화합을 주장하는 실험이다. 모몬도는 예순일곱 명의 다양한 국적과 인종의 참가자를 모집해 그들의 DNA 검사를 실시하였다. 참가자들은 자신의 국적과 출신 그리고 정체성에 대해 의심을 품지 않은 상태였다. 영국 출신의 한 참가자는 자신이 싫어하는 나라는 독일이라고 밝혔다. 그런데 이 영국 참가자의 DNA를 분석한 결과, 영국 30퍼센트, 독일 5퍼센트라는 수치가 나왔다. 자신의 몸속 어딘가에 자신이 그토록 싫어하는 독일인의 흔적이 존재하는 것이다.

한 참가자의 다음과 같은 말은 자신과 인종·국적이 다르다는 이유만으로 타인을 배척하는 행동이 얼마나 무지한지를 말해준다. "제가 오버하는 것일 수도 있지만 이 실험은 모두에게 실시되어야 한다고 생각해요. (자신의 뿌리를 알게 된다면) 극단주의자들도 사라질 것이고 '순수 혈통' 따위를 믿는 바보도 존재하지 않겠죠."

그렇다면 한국인은 어떨까? 전통적으로 한국인들은 동일한 언어와 문화, 혈통을 가진 단일민족으로서의 '한민족'이라는 자부심이 강하다. 그리고 한민족이라는 정체성은 20세기 산업화의 큰 원동력으로 작용하였다. 그러나 이런 단일민족의식은 타 민족을 배척하고 배제하는 왜곡된 국민 의식을 만들기도 하였다. 사실 한국인의 정체성에는 다양한 다문화적 요소가 포함되어 있다. 이러한 다문화적 요소들(예를 들어, 다양한 귀화 성씨와 의식주 활동 모두에서 전통적인 요소와 타 문화적 요소가 혼합되어 있는 점들 등)은 현재 한국인의 정체성 형성에 큰 영향을 미쳤다고 할 수 있다. 물론 역사적 과정 속에서 다양한 문화적 요소들이 어떻게 어느 정도 혼합되었는지는 확인하기 쉽지 않다. 그러나 경험상 20세기 이후 근대 문명의 유입과 일제강점기 과정에서 '다문화'

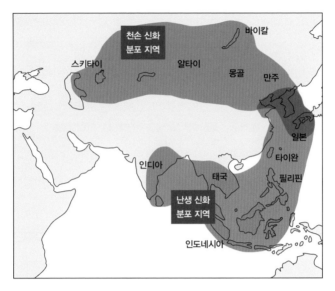

천손 신화와 난생 신화 분포 지역

적 요소가 일상의 시공간 속에 흡수되었다고 할 수 있다.

한반도에 처음으로 인류가 정착한 시기는 구석기시대이다. 이들의 유전자를 많이 이어받은 원한국인(토착 한국인)과 몽골고원을 거쳐 BC 10세기 한반도로 남하한 단군신화에서 환웅으로 상징되는 천손 족(시베리아 족), 그리고 창장 강(양쯔강) 하류 지방에서 벼농사 기술을 익히고 한반도의 남부 지방에 정착한 남방계의 사람들이 융합되어, 단군으로 상징되는 오늘날의 한민족이 형성되었다.

우리들이 잘 알고 있는 단군 건국신화와 신라 박혁거세 신화를 살펴보면 특징이 있다. 단군신화는 천손(天孫) 신화, 즉 하늘에서 시조(始祖)가 내려온다는 것이며, 박혁거세는 난생(卵生) 신화, 즉 시조가 알에서 깨어 나왔다는 것이다. 이것은 우리나라에는 북방계 유목민의 특징인 천손 신화와, 남방계 농경민의 특징인 난생 신화가 동시에

무인석상

존재한다는 걸 의미한다. 이는 한민족의 기원이 북방계 유목민과 남방계 농경민이 융합되어 형성되었다는 반증이다. 또한 이와 같은 내용을 뒷받침하는 연구 결과*도 최근 발표되었다. 두만강 하류 지역의 악마문 동굴(Devil's gate cave)에서 발견된 약 7,700년 전 신석기시대 유골을 분석한 결과, 현대 한국인은 남방계와 북방계 아시아인이 융합된 유전체를 보유하고 있으며, 특히 남방계 아시아인의 특성이 더 강하게 나타났다. 이는 고대부터 다양한 지역의 사람들이 융합되어 유전적으로 다양한 현대 한국인이 만들어졌다는 것을 의미한다.

역사적으로 과거 한반도에도 많은 외국인들이 유입되어 정착하였다. 경북 경주시 외동읍 괘릉리에 있는 통일신라시대에 만들어진 괘릉에 가면 무인석상을 볼 수 있다. 그런데 이 석상의 모습은 누가 봐도 일반적인 한국인의 생김새와는 다르다는 것을 알 수 있다. 우람한 체격에 높은 코, 파마를 한 것 같은 턱수염 등 아랍인의 모습에 가깝

● Siska V, Jones ER, Jeon S 외, 〈Genome-wide data from two early Neolithic East Asian individuals dating to 7,700 years ago〉, Science Advances, 2017

다. 이는 당시 아랍 지역 등 다양한 국가와 직접적인 인적·물적 교류가 있었을 것이라는 점을 시사해준다.

삼국시대 이후 역사에서 외국인의 귀화가 발생하기 시작하는데, 대표적인 예로 통일신라시대 때 귀화한 중국계 성씨로 안동 장씨(安東 張氏)와 함안 조씨(咸安 趙氏)가 있다. 고려시대에는 적극적으로 귀화를 장려해 인재를 얻고 군사적 목적으로 활용하는 등 인력 확보 차원에서 도움을 받았다. 1226년 베트남 첫 독립국가인 리 왕조(1009~1226)의 왕자가 망명하여 화산 이씨(花山 李氏)의 시조가 되었고, 그의 이름은 이용상(李龍祥)이었다는 것도 중요한 역사적 사실이다. 또한 조선시대에는 여진족 이지란(李之蘭)이 이성계의 조선 건국을 도운 공로로 귀화하여 청해 이씨(靑海 李氏)의 시조가 되었다. 이처럼 우리나라는 삼국시대부터 고려를 거치는 동안 많은 외국인들이 한반도에 귀화하여 정착하였다. 그러나 일제강점기 이후 해방과 분단 그리고 한국전쟁이라는 한국사의 특수성으로 인해 민족의식과 순혈주의를 내세우며 한민족이라는 단일민족 의식을 강조하는 교육이 강조되었다. 이는 우리 역사 속에 흐르고 있는 다문화적 요소를 소홀히 취급하는 결과를 낳았다. 앞으로 우리가 가져야 할 자긍심은 우리가 '단일민족'이라는 허황된 믿음보다는 우리 조상들이 역사 속에서 이룩한 자랑스러운 유산에서 찾아야 할 것이다.

우리 모두는 지구인이다

우리들이 살아갈 미래 사회는 분명 다문화 공간으로 변해갈 것이다.

따라서 이주자들을 우리 문화에 흡수돼야 할 대상이 아니라, 함께 공존하며 다문화 공간을 만들어나가는 공동의 주체로 바라봐야 한다. 또한 이주자들이 자유롭게 자신들의 문화를 표현할 수 있어야 한다. 그러기 위해서는 다문화 정책을 문화적 차원에 국한하지 말고 사회·문화, 경제, 정치 등 다양한 측면에서 종합적으로 바라봐야 한다.

세계화는 사람과 자본, 정보가 국가를 넘어 이동하는 것을 자유롭게 만들었다. 인구의 국제적 이동성의 증가는 국민국가(민족국가)에 기초한 국가 단위의 시민성과는 다른 차원의 시민성을 요구하고 있다. 한 학생이 아프리카 기아 문제에 관심이 있어 서울에 있는 자신의 집 근처에서 자원봉사를 하고 있다고 하자. 이는 지역 차원에서 행동하는 자원봉사이지만 시·공간을 달리하여 다른 나라, 다른 공간에 거주하는 시민들과 연결될 수 있는 행동이기도 하다. 근대 이후 국민국가가 출현하면서 시민성이란 한 국가의 영역 내에 있는 구성원에게 부여하는 권리와 의무로 정의되었다. 그러나 노동력과 사람의 이동이 활발한 현대사회에서 지리학을 통한 민주 시민교육은, 과거의 국가 중심적 성격에서 벗어나 지역적·세계적 차원이 상호 조화롭게 연결된 '지구인'으로서의 시민의식을 키워줄 수 있다. 세계화된 현대사회에서 우리는 한 국가의 시민이기도 하지만, 지구라는 행성의 구성원인 '지구인'이기도 하다.

이처럼 시민성을 지리적 관점으로 바라봐야 하는 이유는, 시민성이란 결국 사람들이 공간에서 정치적으로 어떻게 규정되고 받아들여지고 있는가에 대한 항시적이고 불안정한 투쟁의 결과이기 때문이다. 이것은 한국 사회에 거주하는 200만 명에 가까운 외국인 거주자에 대한 내국인들의 시선과 불합리한 정책을 통해서 드러난다. 또한

2016년 말 미국의 트럼프 대통령이 실시한 반이민 정책을 통해서도 여실히 나타나고 있다. 트럼프의 반이민 행정명령에 의해 입국금지 국가로 지정된 7개 국가의 시민은 미국이라는 공간에서의 권리를 박탈당하게 되었다. 칸트는 자신의 국가가 특별하다고 생각하는 민족주의(nationalism)는 근절되어야 한다고 말했다. 그러면서 민족주의와 비교해 세계시민주의(cosmopolitanism)를 거론하면서 세계시민적 윤리는 한 국가의 시민이 국경을 넘어 다른 국가에서 환대받을 권리라고 말했다. 세계시민으로서의 권리는 국내에 거주하는 외국인 그리고 미국에 거주하는 한국인을 포함한 외국인 모두가 하나의 인격체로서 갖는 보편적 권리인 동시에, 이주자가 터를 잡은 지역사회의 한 구성원으로서 누려야 하는 권리인 것이다. 따라서 민주적이며 바람직한 다문화 공간을 만들기 위해서는 이와 같은 세계시민적 권리가 인정되어야만 한다.

15

국경은 안보를 위한 장벽인가, 교류를 위한 통로인가?
국경과 경계는 관계의 망 속에 존재한다

국경은 어디에 있는가?

국경은 국가의 공간적 경계로서 해당 국가의 주권과 통치권이 행사되는 공간적 범위의 가장자리다. 따라서 특정 국가의 국경을 넘어서게 되면 그 국가의 법적 영향력을 벗어나 다른 나라의 법적 질서 속에 들어가게 되고, 그 국가의 국경 안으로 들어오게 되면 해당 국가의 법적·제도적 통치의 영향권 안에 들어오게 된다. 그렇다면 국경은 어디에서 만나볼 수 있을까? 국경이라고 하면 연상되는 곳은 어디일까? 대부분의 사람들은 휴전선, 판문점, DMZ 혹은 독도나 마라도 등을 떠올리곤 한다. 휴전선이나 독도를 다녀온 적이 없다면, 국경이란 곳을 가본 적조차 없다고 생각하기도 한다.

하지만 이는 사실과 다르다. 해외여행을 다녀온 경험이 있다면, 누구나 국경을 통과하는 경험을 하게 되어 있기 때문이다. 비행기를 타고 하늘 위에서 국경을 통과한다는 의미가 아니라, 실제로 발로 걸어서 국경을 통과하는 것을 말한다. 그게 어떻게 가능하냐고? 우리는 비행기를 이용해 해외여행을 할 때 공항에서 반드시 출입국 심사대를 통과하도록 되어 있다. 이 출입국 심사대가 일종의 국경의 역할을 하는 곳이다.

대한민국 입국에 필요한 적절한 비자가 없는 사람들은 이 출입국 심사대에서 입국이 저지되어 본국으로 돌아가야 한다. 아주 예외적이긴 하지만, 어떤 사람들은 공항의 출입국 심사대 안쪽의 공간에서 오랜 기간 난민처럼 지내기도 한다. 이처럼 대한민국 입국이 허용되지 않더라도 공항의 특정 공간에서 머무는 것이 가능한 것은 출입국 심사대 안쪽의 공간이 완전한 대한민국 영토가 아니라고 인정되기 때문이다. 이렇게 공항의 출입국 심사대는 대한민국 영토의 경계선을 만드는 기능을 수행하므로 국경이라고 할 수 있다. 실제로 영국 런던의 히드로 국제공항에서는 출입국 심사가 이루어지는 곳을 명시적으로 '영국 국경(UK Border)'이라고 표시하고 있다. 이처럼 국경은 우리의 일상으로부터 아주 멀리 떨어져 있는 것이 아니라, 우리의 삶 속에 의외로 가까이 존재하고 있다.

관계론적 관점에서 국경 이해하기

공항 출입국 심사대의 사례를 통해 알 수 있는 것은 국경이 의외로 우리 상식과 다른 모습을 하고 있다는 사실이다. 그렇다면 국경, 접경지대란 어떤 공간이며, 우리에게 어떤 의미와 이미지로 다가오는 곳일까? 국경에는 상반되는 의미와 이미지가 부여될 수 있다. 하나

인천 국제공항 출입국 심사대
출처 : 인천국제공항공사

영국 히드로 국제공항의
출입국 심사대

는 갈등과 긴장의 장소로서, 이동과 흐름을 막는 장벽의 이미지다.

국경에 대한 이런 이미지는 2010년 11월 23일 벌어진 연평 포격에 관한《동아일보》기사, 즉 서해안의 남북한 접경지대와 포격의 상황을 도식화하여 보여준 그림과 연평 포격에 대한 여러 텔레비전 뉴스 화면에서 잘 드러난다. 이런 뉴스에서는 국경을 군사적 긴장과 충돌이 가득한 갈등의 공간으로 묘사하고 있다.

앞서 출입국 심사대에서 본 국경의 이미지는 이와는 많이 다르다. 물론 공항의 출입국 심사대에서도 출국과 입국을 심사하는 과정에서 어느 정도의 긴장과 갈등이 발생할 수 있다. 특히 입국 비자의 자격

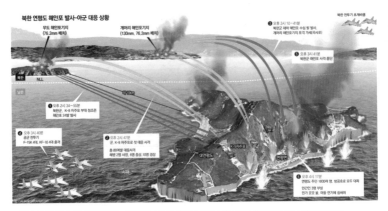

북한 연평도 해안포 발사-아군 대응 상황

갈등의 공간으로 형상화된 서해안 접경지대 이미지 **2010년 11월 24일자 동아일보 기사**

연평 포격에 대한 뉴스 보도 화면

을 둘러싸고 심사관과 입국하려는 사람 사이에 극도의 긴장 상태가 발생하기도 한다. 하지만 대부분의 사람들은 공항에서 출입국 심사대를 통과할 때 그리 큰 긴장감을 느끼지 않는다. 오히려 해외여행을 떠난다는 약간의 설렘, 혹은 긴 여행 끝에 이제 집으로 돌아왔다는 안도감 같은 긍정적 느낌과 이미지를 가질 가능성이 더 크다. 즉 이런 식의 국경에는 교류와 소통의 통로로서의 의미가 더 크게 부여되는 것이다.

이와 비슷한 사례를 두 가지만 더 들어보자.

중국 단둥(丹東)의 북−중 국경 지역에서 흔히 볼 수 있는 국경 표지판을 보면, 여기에는 여러 가지 경고 문구와 지시들이 담겨 있다. '철조망 위로 올라가거나 넘어가지 마라, 물건을 던지거나 주고받지 마라'는 내용과 함께 국경이란 점을 명확히 드러내는 표시를 해두었다. 왜 이런 표시를 해놓은 걸까? 북한과 중국 사이의 이동을 제약하는 장벽이라는 걸 드러내고 북한에 대한 경비를 강화해 중국으로 탈북하는 사람들을 막기 위해서일까? 아니면 중국이 북한의 핵실험에 대한 국제적 대북 제재에 동참하여 북한에 대한 봉쇄를 더욱 확실히 하고 있음을 보여주려는 것일까?

사실을 말하자면 그런 이유라기보다는 관광객을 끌어 모으기 위해서 설치해둔 것이다. 이곳이 국경이라는 걸 보여주는 표지판을 통해 다른 장소와는 차별적인 국경으로서의 특성을 과도하게 드러냄으로

중국 단둥 지역의 북한−중국 국경 표지판

써 구경거리를 조성, 관광객을 유인하려는 일종의 국경 관광 전략인 것이다. 국경 표지판 바로 옆에 자리한 좌판대의 모습만 봐도 알 수 있다. 국경 표지판을 만들어서 사람들을 끌어 모은 다음, 바로 옆에서 각종 상품과 기념품을 파는 것이다. 다시 말해, 국경이 이동과 흐름을 막는 장벽이라는 사실을 극적으로 드러내는 장치를 외려 하나의 관광 상품으로 만든 셈이다. 이를 통해 사람들을 끌어들이고 경제적 이득을 추구하는 전략을 중국 정부가 적극적으로 활용하고 있는 것이다.

이와 비슷한 곳은 북-중-러 접경 지역에서도 발견된다. 북한과 맞닿아 있는 러시아의 하산 지역에서 두만강 하류의 북-중-러 접경 지역을 보면 중-러 국경 너머 높이 세워진 거대한 타워가 하나 보인다. 국경을 안보와 통제의 관점에서만 보면 허가받지 않은 이동과 통행을 감시하기 위해 세워진 감시탑으로 볼 수도 있겠지만, 이 역시 실제로는 감시탑이 아니라 관광객을 끌어 모으기 위해 중국 정부가 설치한 전망대이다. 일상에서 보기 힘든 국경의 경관을 관광 상품화하기 위해 설치한 관광 수단인 것이다.

이러한 사례들을 통해 강조하고 싶은 바는, 국경이나 접경지대가 흔히 생각하는 것처럼 장벽으로 가로막힌 긴장과 갈등의 장소만이 아니라, 장벽이 만들어낸 차이와 이질성 때문에 역설적으로 사람들이 모여들고 새로운 교류와 소통이 필요해지는 공간이 되기도 한다는 점이다. 즉 국경은 갈등과 긴장의 장소로서 이동과 흐름을 막는 장벽이자, 초국경적 교류와 소통의 통로라는 두 가지의 상반된 의미를 갖는 공간이라고 할 수 있다. 근대국가의 영토적 주권 개념에 근거한 '국경이란 완벽히 통제되고 명확히 구분된다'는 이상화된 믿음과 달리, 현실의 국경은 앞에서 언급한 두 가지의 상반되는 의미와

북한-중국 국경 표지판 옆에 설치된 가판대

북-중-러 접경지대에 국경 관광의 일환으로 세워진 중국의 전망대

그와 관련된 힘들이 복합적으로 상호작용하며 구성된다.

많은 경우에 근대국가의 영토는 명확하게 구분되는 국경에 의해 둘러싸여 있고, 이 영토 내에서 국가는 고유한 주권을 인정받는다. 이렇게 구분된 국경을 기준으로 한 특정한 제도·규칙·질서·시스템·가치관을 중심으로 사회적 관계와 사람들의 삶이 형성되어왔다.

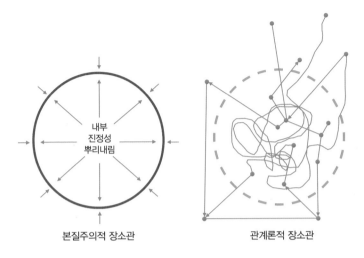

내부
진정성
뿌리내림

본질주의적 장소관   관계론적 장소관

본질주의적 영토관과 관계론적 영토관

하지만 최근 이러한 사고에 대해 다양한 도전들이 이루어지고 있는 것도 사실이다. 그런 도전 중 하나가 관계론적 영토관이다. 이 관계론적 영토관의 핵심 주장은 영토라는 것이 존재하긴 하지만 막힌 것이 아니라 구멍이 뻥뻥 뚫려 있으며, 영토 안팎에 존재하는 수많은 힘과 행위자들이 교류·소통하면서 누적되어 만들어지는 것이 영토라는 것이다.

인천공항에 누군가 몰래 들어오려다가 잡혔다거나, 항구에서 밀항을 시도하려다 적발되었다는 기사들이 언론에 등장한 적이 있다. 이런 일은 전혀 새삼스러운 이야기가 아니다. 이런 식의 국경 넘나듦은 옛날부터 있었고, 이걸 100퍼센트 막는다는 발상 자체가 비현실적인 것이다. 그런데도 국경을 몰래 넘나드는 일들이 마치 예전에는 없었다가 요즘 갑자기 생긴 엄청난 일인 것처럼, 그리고 이로 인해 우리 국가 안보가 붕괴될 위협사태에 빠져 있는 것처럼 호들갑 떠는 건

왜일까? 그건 영토를 절대시하는 전통적 사고에 얽매여 완벽한 통제가 현실에서 가능하다고 믿는 전형적 태도로부터 기인한다고 할 수 있다.

관계론적 관점에서 국경을 바라보게 되면, 국경과 접경 지역을 안보의 논리 속에서 국토를 지키는 장벽이라고 여기는 게 아니라, 국경을 뛰어넘어 이루어지는 이동·흐름·교류·소통의 힘과 논리도 동시에 작용하는 곳으로 이해할 수 있다. 즉 접경 지역은 국경을 뛰어넘으려는 힘을 저지하여 영토를 지키려는 힘과 영토를 가로질러 교류하려는 힘이 복합적으로 교차하는 공간으로 이해해야 하는 것이다. 국경에는 이동과 흐름을 막고 저해하려는 힘도 있지만, 동시에 경계를 뛰어넘어 이동과 흐름을 촉발하려는 힘도 존재한다. 그 둘 사이의 긴장 관계가 발생하는 곳이 국경 지역이고, 그 길항(拮抗) 관계 속에서 국경과 접경 지역이 긴장과 갈등의 장소가 될 수도, 초국경적 교류와 소통의 장소가 될 수도 있는 것이다.

긴장과 갈등의 장벽을 넘어 이동과 교류의 통로로

관계론적 영토관으로 접경 지역을 바라보는 좋은 사례가 바로 타이완(대만)의 금문도(金門島, 진먼 섬)이다. 150평방킬로미터의 면적과 7만여 명의 인구를 가진 금문은 타이완의 영토에 속한 섬이지만, 타이완의 본섬으로부터는 남서쪽으로 350킬로미터나 떨어져 있는 외딴 변방의 섬이다. 하지만 이 섬은 중국 복건성(푸젠성)의 샤먼(하문)으로부터는 불과 8킬로미터밖에 떨어져 있지 않다. 원래 중국의 샤면과 동일한 경제적 생활권에 속해 있던 금문이 타이완의 영토에 속하게 된 이유는 1949년 국공내전에서 국민당이 인민해방군에 패퇴하여 중국 본토에서 타이완으로 물러나는 와중에, 금문이 중국과 타이완 간 군사적 대치의 최전선에 놓이게 되었기 때문이다. 이로 인해 금문과 샤먼 사이에는 굉장히 굳건하고 폭력적인 냉전의 장벽이 놓이게 되었고, 금문은 고립된 변방의 섬이 되고 말았다.

하지만 이러한 고립을 경험하기 전의 금문은 남중국과 동남아에 걸쳐 형성된 해상무역과 교역의 네트워크에 깊이 편입되어 있었다. 특히 19세기 중반 이후에는 금문인들의 해외 이주가 본격화되면서 초국가적 노동력 이주의 흐름 가운데서 중심 역할을 담당하였다. 19세기 중반 이후, 상당수의 금문인들이 경제적 기회를 찾아 싱가포르, 인도네시아, 브루나이, 말레이시아, 태국, 필리핀 등 동남아 곳곳으로 진출했다. 금문인들이 형성한 국제적 이동과 이주의 네트워크는 금문 지역이 흐름의 경제를 바탕으로 형성되는 데 중요한 기반이 되었다. 특히 해외로 이주한 금문인들이 고향에 있는 그들의 가족과 친지에게 보내는 송금액은 금문의 경제를 지탱하는 중요한 바탕이었다. 이처럼 1949년 이전 금문 지역은 동남아를 비롯한 넓은 지리적 범위에서 형성된 교역과 이주의 네트워크에 깊이 연결되어 있었고, 그러한 네트워크에 기반하여 형성된 흐름의 경제가 금문의 경제적 삶을 뒷받침하고 있었다.

그런데 해상무역과 해외 이주자들이 보내온 송금 등에 기대어 경제적 삶을 영위하던 금문은 냉전의 영향으로 샤먼과의 연결이 단절되었고, 그러자 외로운 고도로 변해갔다. 특히 중국과 타이완 사이에 군사적 긴장이 지속되면서 금문 전역이 요새화되고, 주민의 일상생활은 엄격히 관리받고 통제받게 되었다. 이런 군사적 영토화로 인한 금문의 고립은 심각한 경제적 어려움을 낳았다. 특히 해외의 금문 출신 이주자들이 보내주던 송금에 의존해온 경제가 붕괴되면서 많은 금문인들이 경제적 궁핍에 시달려야 했다.

원래 중국의 일부였던 금문은 동북아 냉전이라는 지정학적 영향으로 졸지에 타이완의 영토가 되었지만, 1950년대 말까지 타이완과도 완전히 연결되지 않은 고립의 섬으로 남아 있었다. 금문이 이러한 고립을 벗어나 타이완 본섬과 완전히 경제적으로 통합되는 계기를 만들어준 것은 금문고량주의 전국적인 확산이었다. 1950년대 금문을 통치하던 군사정부는 흐름의 경제로부터 단절되면서 금문인들이 겪게 된 경제적 어려움을 해소하기 위해 여러 시도를 했는데, 그중 하나가 금문 주둔 군인들의 술 수요에 대응하고자 시작한 고량주(高粱酒)의 자체 생산이었다.

금문, 샤먼, 타이완 본섬의 위치

금문고량주가 지금은 타이완을 대표하는 술이지만, 1950년대 중반까지는 금문도에 주둔하던 군인들만을 위한 술이었다. 하지만 1950년대 말부터 타이완 본섬 출신 장병들이 대규모로 금문에 배치되기 시작하면서 타이완 본섬과 금문도 사이에 대규모의 인구 이동이 이루어졌다. 그리고 이들의 이동을 따라 금문고량주도 타이완 본섬에 본격적으로 알려지게 되었다. 군인들의 무용담과 독한 술이 결합되자 금문고량주가 남자의 술이라는 인식이 생겨났고, 타이완에서 날개 돋친 듯 팔려나가기 시작했다. 그러자 금문도의 경제적 수입도 급격히 늘어났다. 이를 계기로 금문은 타이완 본섬과 본격적으로 연결되었고, 타이완의 국민경제에 완전히 통합되면서 진정한 의미의 국가적 영토화를 경험하게 되었다. 이 국가적 영토화는 1950년대부터 1980년대까지 계속되었다.

하지만 1980년대 중후반 이후 탈냉전이라는 새로운 지정학적 환경

금문고량주 공장

금문의 국가적 영토화

과 민주화라는 타이완 내부의 정치적 격변 속에서 금문은 새로운 변화를 겪게 된다. 1979년 미국과 중국의 국교정상화를 계기로 타이완과 중국 사이의 군사적 긴장이 극적으로 완화되었다. 이러한 탈냉전의 상황은 타이완 정부의 권위주의적 통치방식에 대한 국민적 저항을 불러왔고, 그동안의 경제적 번영을 통해 성장한 중산층을 중심으로 민주화운동이 촉발되었다. 1987년 마침내 비상사태와 계엄령이 해제되고, 타이완은 전면적인 민주화의 길로 들어서게 되었다. 민주화의 진전과 함께 중국 본토와의 연결과 접촉을 금지하던 여러 규제들도 완화되면서, 금문을 중국의 샤먼과 단절시키던 영토적 장벽도 약화되기 시작했다. 중국 본토인과의 직접적이고 공식적인 접촉은 금지되었지만, 비공식적이고 개별적인 경제적 거래는 허용되었고, 타이완 사업가들이 중국 본토에 투자하기 시작했다. 이와 더불어 약간의 시차는 있었지만 금문에서도 영토적 폐쇄를 완화하는 갖가지

조치들이 취해졌다. 1989년 타이완 본섬으로의 민간 전화가 허용되었고, 1990년 출입허가 시스템이 폐지되어 금문도 주민들이 타이완으로 자유롭게 오갈 수 있게 되었으며, 1992년 7월 금문도의 계엄령이 마침내 해제되었다. 이와 함께 금문에 주둔하던 군대도 철수하여 본격적인 탈군사화가 이루어졌다.

금문을 고립시키던 영토적 장벽이 급격히 약화된 또 하나의 계기가 있다. 2001년 1월 1일, 중국과 타이완 사이에 실시된 '소삼통(小三通)' 정책이 바로 그것이다. '소삼통'이란 중국과 타이완 정부가 양안 관계를 좀 더 발전시키기 위해 타이완의 금문(진먼 섬)과 마조(마쭈 섬), 중국의 샤먼(하문)과 마미 사이에 무역·우편·화물의 직접적 교류를 허용하는 정책을 말한다. 이 소삼통 정책을 계기로 타이완의 금문과 마조는 접경 지역에서 예외적인 조치가 허용되는 특구로 기능하게 되었다. 소삼통은 1949년 이래 금문과 하문 사이에 놓였던 장벽의 높이를 급격히 낮추었고, 이를 계기로 중국 관광객의 금문 방문이 허용되었다. 소삼통을 통한 이러한 변화는 금문이 냉전시기의 고립과 영토적 단절의 상황에서 서서히 벗어나, 영토의 경계를 뛰어넘는 이동과 흐름에 기반을 둔 경제로 재접속하고 있음을 의미하는 것이다.

이제까지 간단히 살펴본 것처럼 중국 쪽으로는 단절된 채 타이완 쪽 방향으로만 연결과 이동이 고정되어 있던 금문이, 영토적 장벽의 완화를 통해 흐름의 경제에 재접속하게 되었다. 특히 탈군사화로 인한 지역 경제의 침체를 극복하기 위해 추진된 관광업 육성 정책으로 타이완 본섬과 중국으로부터 관광객 방문이 늘어나게 되었다. 따라서 금문은 초지역적인 이동과 흐름에 보다 열려 있고, 그로 인해 만들어진 경제적 부에 좀 더 의존적인 장소로 변모하고 있다.

평화와 공존을 지향하는 국경 만들기

한국의 서해 5도 지역은 접경 지역으로서 타이완의 금문과 비슷한 지정학적 상황에 놓여 있다. 특히 두 지역 모두 어느 날 갑자기 만들어진 국경과 분단선으로 인해 애초에 연결되던 지역과 분리된 채 군사적 긴장감으로 가득 찬 고립된 섬으로 전락한 경험을 공유하고 있다. 하지만 현재 두 접경 지역의 상황은 매우 상이하다. 타이완의 금문은 군사적 긴장의 완화와 영토적 장벽을 약화하는 갖가지 조치로, 더 이상 이동과 흐름을 막는 장벽으로서 기능하지 않는다. 대신 중국과 타이완 사이의 이동과 교류를 위한 통로이자 실험대로서의 역할을 하고 있다. 반면 한국의 서해 5도는 한반도에서 강고하게 작동하고 있는 냉전 분위기와 남북 간의 군사적 긴장의 영향으로 여전히 긴장과 갈등의 장소이자 장벽으로 기능하고 있다. 물론 서해 5도 지역을

서해 5도(백령도·대청도·소청도·연평도·우도)

교류와 소통의 통로로 만들기 위한 다양한 노력들이 존재했다. 남북 공동어로, 서해평화협력지대 등과 같은 사업들이 그 사례이다. 하지만 연평해전과 같은 우발적 사건, 북한의 핵실험으로 인한 남북 간 긴장의 심화 등 적대관계가 지속되면서, 한국의 서해안에서 영토적 장벽을 낮추고 이동과 교류를 촉진하려는 시도들은 NLL 문제를 둘러싸고 강화된 영토화의 힘에 의해 좌절되었다. 그 결과, 한국의 서해 5도 지역은 타이완의 금문도와 달리 여전히 긴장과 갈등의 장벽으로 기능하는 국경이자 접경 지역으로 남아 있다.

다시 정리하면, 국경은 안보의 논리를 기반으로 긴장과 갈등의 장벽이 될 수도 있고, 초국가적 이동과 교류의 통로로 기능할 수도 있다. 따라서 국경을 국가의 영토를 둘러싸고 안과 밖을 구분하면서 외부로부터 내부를 지키는 방어선이라는 개념으로만 바라보면 우리는 국경의 다른 중요한 의미를 놓치게 된다. 그러한 시각은 국경뿐 아니라, 국가의 영토, 국가 간의 관계마저 경쟁과 갈등, 긴장과 충돌이라는 시각으로만 보게 만든다. 관계론적 관점에 입각해 영토는 수많은 관계망 속에서 존재하는 것이고, 그 관계망 속에서 생기는 다양한 이동과 흐름이 빈번하게 발생하는 통로로 국경을 바라보게 되면, 우리는 세상을 훨씬 더 평화와 공존이라는 관점에서 이해할 수 있을 것이다. 그리고 이런 관점은 국경과 접경 지역에서 영토적 장벽을 약화하려는 다양한 실천과 노력이 보다 위력을 갖도록 만들어 국경을 이동과 교류의 통로로 변화시키는 데 궁극적으로 기여할 것이다.

니제르의 기근 사태는 자연적 재앙인가?
제3세계의 저발전 문제는 자연적·사회적으로 초래된다

니제르라는 나라를 아시나요?

니제르라는 나라가 있다. 하지만 우리나라의 대부분 사람들은 잘 모르는 나라이기도 하다. "혹시 니제르라는 나라 알아?"라는 질문을 받으면 "음, 글쎄. 아프리카에 있는 나라 아니야?"라고 대답하는 것이 할 수 있는 최선의 대답일지도 모른다. 사실 아프리카에 있는 국가라는 걸 안 것만으로도 대단하게 여겨질 법도 하다. 축구라도 잘하면 월드컵 같은 무대에서 들어봤을 텐데, 축구도 그렇게 잘하지 못해서 좀체 일상적으로 정보를 접하기 어려운 나라이기 때문이다.

니제르는 아프리카 대륙의 중서부에 위치한 내륙 국가이다. 북으로는 알제리와 리비아, 동쪽으로는 차드, 남쪽으로는 나이지리아와 베냉, 서쪽으로는 부르키나파소, 말리와 국경을 접하고 있다. 면적은 남한의 열두 배, 인구는 남한의 절반에도 미치지 못한다. 프랑스어를 공용어로 사용하고 있고 대부분 이슬람교를 믿고 있다. 1인당 국민

소득은 2015년 359달러로 우리나라에 비해 75분의 1 수준이다. 세계적으로도 최빈국으로 분류되는 나라 중 하나이다.

다소 생소한 나라지만, 우리나라 뉴스에 나온 적이 몇 차례 있었다. 크게 두 가지 뉴스가 언급되었는데, 하나는 나이지리아와 헷갈려서 발생한 해프닝 기사였다. 최근의 예를 들면, 2014년 브라질 월드컵 개막식에서 나이지리아(Nigeria)가 소개될 때 월드컵에 참가하지 못한 니제르(Niger)의 국기가 나왔다. 종종 나이지리아의 국가 대신 니제르의 국가가 연주되기도 한단다. 두 나라 모두 나이저 강(Niger River)에서 국가 이름이 유래되었고, 표기가 닮아 있어 이런 오인(誤認)이 발생하곤 한다.

또 하나는 기근과 기아에 대한 뉴스다. '2005년 니제르 기근 사태'는 너무나도 심각했다. 결정적 요인은 2004년에 발생한 대가뭄과 메뚜기 떼로 인한 흉작 때문이었다. 니제르는 당시 인구의 3분의 1에

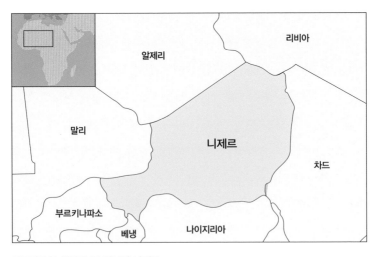

아프리카의 최빈국 중 하나인 니제르

세계보도사진전에 전시된 핀바 오라일리 기자의 〈니제르 타우아 비상급식소의 어머니와 아이〉 **출처 : 연합뉴스**

해당하는 300만 명이 기아를 겪었다. UN 식량농업기구(FAO)는 기아에 시달리고 있는 어린이가 30만 명에 달하며, 그중 절반은 심각한 영양실조로 아사 직전이라고 소개했다. 그러면서 아이들이 눈가에 붙은 파리조차 쫓아낼 힘이 없을 만큼 뼈만 앙상하고 마을 입구마다 아이들 무덤이 늘어나고 있다며 전 세계에 도움을 호소했다. 우리나라를 포함해 세계의 많은 언론들이 니제르 사람들의 처절한 모습이 담긴 사진과 함께 그들을 도울 수 있는 후원 방법을 알려주었다.

기근 사태의 좀 더 근본적인 원인은 무엇일까?

국제통화기금(IMF)은 니제르 기근의 근본 원인으로, 잦은 가뭄을 야기하는 척박한 자연환경(니제르가 속한 곳은 흔히 빠르게 사막화가 진행된다는 '사헬지역'이다), 급속한 인구 성장, 열악한 사회 기반시설, 경작지 부족, 전근대적인 시장, 비효율적인 정부 시스템 등을 꼽았다. 그동안 인도주의적 시각에서 작성된 보도기사들은 환경적 요인을 강조하면서, 기근 사태는 인간의 힘으로는 어찌할 수 없는 재해로 다뤄왔다. 그래서 인간이 기근 사태를 야기한 측면은 상당 부분 가려져 있었는데, 국제통화기금의 분석을 통해 단순히 환경 요인뿐만 아니라 다양한 지리적·사회적·경제적 측면들로부터 니제르의 기근 사태를 바라볼 수 있게 되었다.

2007년 기준 전국 도로망의 20퍼센트만 포장되어 있고, 내륙국이어서 가장 가까운 항만도 760킬로미터 거리에 있으며, 저렴한 운송수단인 철도조차 없는 열악한 상황은 생필품의 운송비를 높이고, 의료와 교육 등의 사회 서비스에 대한 접근성을 현저히 떨어뜨렸다. 기근에 허덕이는 마을에서 도보로 10분 거리에 있는 시장에 양파와 고구마가 가득 쌓여 있었다는 한 국제 언론의 보도는 기근이 자연재난일 뿐만 아니라 유통과 분배와 관련된 사회적 문제임을 환기시켜준다.

그런데 조금만 더 깊이 생각해보면, 국제 언론 기사와 국제기구의 보고서는 기근 사태의 원인을 니제르의 '내부'에 있는 것으로 간주하려는 점에서 공통점이 있다는 걸 알 수 있다. 이들은 기근을 야기한 외부적 요인들을 간과했다.

니제르와 다른 국가 간의 지리적·역사적 관계에 주목할 것

먼저, 코트디부아르로부터의 송금 경제를 눈여겨볼 필요가 있다. 니제르의 남성들은 일자리를 찾으려고 서아프리카에 위치한 코트디부아르의 노동시장에 들어갔다. 상대적으로 안정적인 고용조건 속에서 이들이 벌어들인 돈이 니제르로 송금되었고, 이 송금액은 니제르 국민들의 생계유지에 상당한 비중을 차지하였다. 하지만 코트디부아르에서 내전이 발생하면서 니제르로의 송금이 힘들어지자 니제르에서는 생필품을 구입하기 어렵게 되었다.

나이지리아와의 관계도 중요하다. 나이지리아는 니제르에서 생산되는 농축산물들을 안정적으로 구입할 수 있는 수요가 존재하는 이웃 국가이다. 따라서 나이지리아와의 안정적인 관계 유지는 니제르에게는 매우 중요한 일이다. 이처럼 주변 국가들의 상황과 이들 국가와 니제르와의 관계에 따라서도 기근 사태는 더 완화될 수도, 악화될 수도 있는 것이다.

보다 역사적이고, 구조적인 요인도 있다. 바로 프랑스와의 관계이다. 여러 식민지 모국과 피식민 경험 국가들의 관계처럼, 니제르도 50년 넘게 프랑스로부터 식민통치를 겪은 후 정치적으로는 독립되었지만, 경제적·사회적·문화적으로는 여전히 프랑스의 영향으로부터 자유롭지 못한 상태이다. 게다가 프랑스의 식민 지배를 받으면서, 자급자족할 수 있는 주식이 아닌 수출 작물을 재배하도록 강요받으면서 빈곤이 심해졌다. 니제르의 경우는 땅콩이 그런 작물이었는데, 단일경작은 기후 재해와 병충해에 취약할 수밖에 없다.

국제통화기금 보고서에서는 니제르가 성장할 수 있는 방안으로 니제르의 대표적인 광물자원인 우라늄 수출을 명시하고 있다. 선진국들에 전기를 공급하는 핵발전소를 가동하는 원료이자 핵무기 제조에 사용된다는 안보적 이유 때문에 우라늄은 값비싼 광물 중 하나다. 특히 전 세계적으로 우라늄이 매장된 국가는 약 10개국으로 한정되어 있다. 이처럼 중요한 광물을 보유한 소수의 나라들 중에 니제르가 속하는데도 불구하고, 최빈국을 벗어나지 못하는 이유는 무엇일까?

자원의 저주* 때문일까? 부패한 국가 관료와 정치인들이 사익을 위하여 우라늄을 남용한 것일까? 니제르는 30년간의 군부독재 정권을 종식하고, 1990년대 들어서 민주화되었다. 90년대 후반에 군사쿠데타가 있었지만, 현재까지 비교적 안정적인 민주주의 국가체제가 유지되고 있는 것으로 평가된다. 그런 점에서 자원의 저주만으로 이 현상을 설명하는 것은 한계가 있다.

현재 니제르의 우라늄 광산 운영을 좌지우지하는 주체는 프랑스의 국영기업인 아레바(Areva)이다. 1957년 니제르에서 우라늄이 처음 발견된 이후, 1968년 아레바는 니제르의 우라늄 광산 개발권을 획득하였다. 이 기업은 2009년 한 해 매출액만 21조 원에 달할 정도로 막대한 경제적 이득을 챙기고 있다. 물론 프랑스에 협력하는 니제르의 소수 권력층도 있겠지만, 니제르 저발전의 보다 근본적인 원인은 정치적 독립 이후에도 지속되는 경제 분야에서의 프랑스와의 식민주의 관계를 간과할 수 없다.

옥스팜(빈민구호단체)은 "니제르에서는 인구의 약 90퍼센트가 전기를 쓸 수 없는데, 프랑스에서는 니제르의 우라늄 덕분에 전구 3대 중 1대가 점등된다"고 말했다. 또한 독일의 시사 주간지 《슈피겔》은 "유럽의 환경정책에 앞장서는 국가로 인식되어 온 프랑스는 니제르의 우라늄 광산에서 저임금을 받으며 일하는 현지 노동자들에게 제대로 된

---

* 자원은 풍부하지만, 그 자원을 합리적으로 이용해야 할 정부 관료, 정치인, 전문가와 같은 사회 지도층이 사익을 도모하는 데 자원을 남용하고, 국가 경제와 국민 복지 같은 공익을 등한시하면서 부정부패가 만연하고 민주주의가 발전하지 못하는 상황을 일컫는 용어이다.

아레바의 우라늄 광산 운영을 반대하는 니제르의 수도 니아메(Niamey)의 시위 광경

보호장비를 지급하지 않고, 방사능에 노출된 상태로 채굴하도록 해, 폐암을 비롯한 각종 질병으로 사망에 이르게 하였다. 또한 채굴 과정에서 수십 년간 사용한 지하수가 고갈되면서 지역의 사막화를 야기하고, 채굴 후 광산 폐기물을 관리하지 않고 방치하여 토양 및 물을 오염시키는 등 지역 생태계도 파괴시켰다"고 보도하기도 했다.

저발전 문제는 '그들'만의 문제가 아닌 '우리'의 문제다

지금까지 니제르의 기근 사태를 다양한 공간적 차원(국가의 내부적·외부적 관계)에서 살펴보았다. 아프리카의 기근을 분석하는 기존의 지배적인 시각은 아프리카의 독특한 기후 및 자연환경과 아프리카 국가 '내부'의 정치적·경제적·사회적 요인들이 결합된 것이었다. 그러나 기근 사태는 니제르 안팎의 다양한 사회적·자연적 요인들이 상호 연

● 니제르의 우라늄 채굴(Uranium mining in Niger), 2010년 3월 9일자, 슈피겔

관되어 발생한 것으로 보는 게 타당하다. 특히 프랑스와의 식민주의 관계가 오늘날 니제르의 저발전 상태를 야기한 중요한 원인이라는 사실도 잊지 말아야 한다. 이는 아프리카의 기근과 저발전이 그곳의 자연 및 기후환경 때문에 어쩔 수 없고 피할 수 없는 현상이므로 인도주의적으로 해결해야 한다는 기존의 인식을 비판하는 것이기도 하다.

풍부한 자원을 갖고 있음에도 아프리카 내부의 고질적인 문제로 인해 가난에 허덕인다고 보는 '자원의 저주'라는 말은, 어쩌면 아프리카의 가난을 지속시킴으로써 부유한 삶을 유지하려는 선진국의 민낯을 가리고, 현재의 저발전 상태를 정당화하기 위해 만들어낸 용어일지도 모른다. 따라서 '그들'만의 문제가 아니라 '우리'의 문제로서 제3세계의 저발전 문제에 다가가려는 반성적 접근이 필요하다.

우리나라는 2009년부터 앞서 언급한 프랑스 아레바를 통해 니제르의 광산사업권을 획득했고, 국내에 니제르의 우라늄을 수입하고 있다. 니제르의 가난을 지속시키면서 저렴하게 구입한 우라늄으로 우리 역시 문명화된 생활을 누리고 있는 것이다. 니제르의 저발전을 더 이상 '그들'만의 문제로 한정 짓기에는 '우리'에게도 책임이 있다.

자본주의는 어떻게 전쟁을 만들어냈나?
우리나라를 둘러싼 전쟁의 지정학

자본주의의 확장과 전쟁의 관계

"20세기의 자본주의의 영속성은 2차에 걸친 세계전쟁에서 가해진 죽음과 황폐, 파괴의 대가로 얻어진 것이다."●

2017년 9월, 북한이 핵실험을 강행함으로써 전 세계를 불안감에 빠뜨렸다. 더욱이 이번 핵실험은 수소폭탄으로 알려져 세계가 더 큰 충격을 받았다. 북한의 핵무기 기술이 더욱 고도화되어가고 있어 이제 손을 쓸 수 없는 단계에 이른 것이 아니냐는 우려가 고조되었다. 특히 우리나라와 미국, 중국, 일본은 더욱 민감하게 반응했다. 위기가 고조될수록 우리나라 내부에서는 군비 증강 대 평화적 관계 회복이라는 정반대의 해법을 두고 정치적 공방이 계속되었다. 급기야 우리도 핵을 보유해야 하는 것이 아닌가 하는 급진적 입장까지 제기되

● David Harvey, "Geopolitics of Capitalism," p.128~163. In Social Relations and Spatial Structures, edited by Derek Gregory and John Urry (Oxford: Blackwell, 1985)

기에 이르렀다. 현재의 안보위기는 한반도의 분단에 뿌리를 두고 있고, 분단은 2차 세계대전 승전국인 미국과 소련의 한반도 분할 점령과 관련이 깊다. 과거뿐만 아니라 현재까지도 여전히 미국, 일본, 중국, 러시아 등 주변국들의 이해 충돌이 우리의 안보에 심각한 영향을 끼치고 있다. 따라서 우리의 안보 문제는 주변국들의 정치적·경제적·군사적 이해관계 속에서 살펴봐야 한다. 나아가 전쟁은 군사적 충돌이지만 그 배후에 경제적·정치적 이해관계의 대립이 존재하고 있음을 이해할 필요도 있다.

예를 들어보자. A섬에 하나의 공장이 운영되고 있다. 이 섬에는 열 명의 직원과 한 명의 사장이 살고 있다. 초기에는 공장에서 생산되고 있는 물건을 열 명의 직원이 자신의 월급으로 구입하게 될 것이다. 모든 물건이 팔리고 나면 이 공장의 사장은 그에 해당하는 이윤을 얻게 된다. 그런데 공장에는 설립 초기에 건물이나 생산기계 등 여러 시설이 들어갔었다. 시간이 갈수록 이 설비에는 감가(減價)˙가 발생하게 된다. 그래서 계속 같은 양의 물건을 생산하게 될 경우, 사장이 얻게 될 이윤은 점차 감소하게 된다. 그래서 기존에 생산하던 양보다 조금 더 많은 양의 물건을 더 빠른 시간 안에 만들어내기로 한다. 그런데 과도하게 많은 양의 물건이 빠른 시간 안에 생산되자, 이 섬에 사는 열 명의 직원이 모두 소비하기엔 너무 많은 양이 되었다. A섬의 자본주의에 위기가 발생한 것이다.

사장은 새로이 물건을 구매할 사람들이 필요했다. 그래서 아직 물건을 생산하지 못하는 B섬을 대상으로 물건을 판매하기 시작했다.

● 고정자산 또는 유동자산의 가치가 감소하는 현상

이 섬에서 많은 물건이 팔리자 아예 생산 설비를 B섬에 확충하고 더 많은 양을 만들어서 판매하게 되었다. 데이비드 하비(David Harvey)는 이러한 자본의 순환 과정을 '공간적 조정(spatial fix)'이라고 했다. 자본주의의 확산 과정이 끊임없이 새로운 공간의 확장을 필요로 하는 이유이다.

그런데 어느 날 C섬에서 같은 물건을 생산하는 업체가 A섬의 공장과 같은 과정을 거쳐 B섬으로 진출하게 된다. B섬은 A섬과 C섬의 물건을 모두 소비할 만큼의 규모는 되지 않는다. 그러면 A섬의 공장과 C섬의 공장 간에 다툼이 발생한다. 서로 더 많은 생산 수단과 소비지 확충을 위해서 때로는 싸움도 불사한다.

이 간단한 예는 현재까지 발생한 서구 열강들 간의 분쟁 배경을 이해하는 데 도움이 된다. 1, 2차 세계대전과 이후 동서 간 냉전관계, 그 사이 수많은 식민지 경쟁으로 인한 전쟁들, 결정적으로 우리나라를 배경으로 한 한국전쟁 등은, 결국 이익 관계의 첨예한 대립이 공간적으로 충돌한 사례인 것이다. 여기에 분쟁이 발생하는 지역을 둘러싼 지정학적 관계는 국제적 갈등을 공간적으로 이해하는 것의 중요성을 알게 해준다. 따라서 자본주의의 발전과 지정학 그리고 전쟁 간에는 긴밀한 관계가 형성되어 있다는 것을 알아둘 필요가 있다.

한반도의 지정학적 위치와 국내의 정치 지형

우리나라는 왜 강대국 세력들 간의 각축장이 되었을까. 우리나라는 어떤 지리적 위치의 특징으로 인해 자본주의 확장의 교두보로 몸살을

앓고 있는 것일까. 1, 2차 세계대전을 거치면서 사회주의 진영과 자본주의 진영 간의 대립은 미국과 구소련을 중심으로 확산되었다. 중국도 1949년 마오쩌둥(모택동)을 중심으로 사회주의 국가가 수립되었다. 이로써 2차 세계대전 당시만 해도 우방인 연합군에 속했던 중국과 미국의 대립 관계가 만들어졌다. 그리고 공교롭게도 아시아 대륙의 주요국인 중국과 구소련이 공산주의 진영을 형성하게 되었다. 이런 지정학적 관계 속에서 미국이 대륙으로 진출할 수 있는 유일한 역할을 기대할 수 있는 곳이 우리나라밖에 없었다. 일본도 미국에게 매우 중요한 지역이었지만, 결정적으로 섬나라라는 지리적인 한계가 있었다. 미국 입장에서는 우리나라에서 주도권을 잡는 것이 아시아 대륙 전체에 대한 진출로 확보 차원에서 무척 중요했다. 이런 이유로 미국은 우리나라와의 긴밀한 관계가 요구되었고, 반면 구소련이나 중국의 입장에서는 미국의 우리나라 진출이 무척 불편한 현실일 수밖에 없었다. 이런 대립 관계는 한국전쟁을 통해 극대화되었다.

우리나라 안에서도 친미(親美) 성향을 지닌 세력과 사회주의 세력들 간의 대립이 있었다. 해방 이후 주도권을 둘러싼 이 두 세력들 간의 대립이 심화되더니 급기야 분열과 분단을 막으려던 김구와 여운형이 우파 세력에 의해 암살당한 후 비극은 걷잡을 수 없이 확대되었다. 외부의 대립에서 비롯된 분열의 씨앗은 내부에서도 자라고 있었던 것이다. 일제강점기 이후 우리나라에는 구 냉전체제의 산물인 38선이 그어졌다. 이 선은 당시 동아시아의 상황에 대한 인식이 부족한 백악관의 하급 관리에 의해 임의적으로 그어진 것이라고 한다. 이것이 한국전쟁 이후 휴전선으로 이어졌고 현재까지 남북관계의 틀을 형성하고 있다. 한국전쟁 이후 급속히 악화되었던 양 진영 간 경쟁은 끊임없는 군사력 증강으로 이어졌다. 자유경제 체제를 택한 남한과 달리 북한은 고립된 권력 독점 체제를 유지하게 되었다. 북한은 구소련, 중국과 친밀한 관계를 이어왔지만, 세습 권력을 유지하고 있다는 점이 우방국인 구소련과 중국에게 어려움을 안겼다. 이들 사이의 빈약한 신뢰 관계로 인해 북한은 독자적으로 생존할 수 있어야만 했고, 그 일환으로 무기를 강화하는 전략을 끊임없이 취해왔다. 이것이 현재 북한이 핵을 보유하게 된 배경이다. 북한에게 핵은 거의 유일한 군사적 압박 수단이자 외교 수단이며, 3대 독재로 이어지는 체제를 유지하기 위한 힘이다. 이제 이 문제를 우리 스스로가 해결할 수 있을까?

군사력 1, 2위의 미국과 중국 사이

우리나라는 세계 최강국인 미국과 중국 세력권 사이에 끼어 있다. 미국과 중국 중 어느 나라가 세계 GDP 1위일까? 2016년 국가별 GDP 순위를 명목별 기준과 구매력(PPP) 기준으로 비교해보자. 명목별 기준으로 보면 세계 1위인 미국이 18.6조 달러, 세계 2위인 중국이 11.4조 달러이다. 참고로 세계 11위인 한국은 1.3조 달러이다. 구매력 기준으로 보면 순위가 역전되어 1위는 중국으로 20.9조 달러, 2위는 미국으로 18.5조 달러이다. 세계 13위인 한국은 1.9조 달러이다. 국방비는 미국과 중국이 1, 2위를 차지한다. 세계 군사력 1위는 당연히 미국인데, 국방비 예산이 중국의 세 배나 된다.

그러나 현재 중국도 국방비를 많이 투입하고 있다. 중국이 첨단 군함들을 만두 빚듯이 만들어내고 있다고 언론이 보도한 적도 있다. 항공모함과 스텔스 전투기도 만들고 있다. 미국의 항공모함을 단 한 발로 격침할 수 있는 장거리 핵미사일도 개발했다. 중국의 새로운 대륙간탄도미사일(ICBM)은 미국 전체 영토를 핵무기로 공격할 수 있다.

이처럼 미국과 중국은 태평양 및 인도양을 사이에 두고 날카롭게 대치하고 있다. 미국은 세계 최대의 군사 강대국이고, 중국도 그보다 못하지만 계속 군사비를 늘려가고 있다. 그 사이에 있는 지역이 한국, 일본, 타이완, 동남아시아, 인도 등이다. 이곳의 해양은 세계 해상무역 물동량의 절반을 차지하는 중요 지역이다. 세계 10대 컨테이너항만 중 중국이 일곱 곳을 차지하고 있고, 참고로 한국 최대인 부산항만은 세계 6위에 해당한다.

영토로서 육지 못지않게 해양 또한 중요하다. 지도를 보면 중국은 바다 쪽으로 방어의 경계선을 정하고 있다. 중국에 가까운 경계로 제1도련선(First Island Chain, 도련은 '섬을 연결한 쇠사슬'이라는 뜻)이 있고, 그 바깥에 제2도련선이 있다. 중국 항공모함 전단이 이 선을 돌파한 것은 수세에서 공세로 전환하겠다는 의미로 사실상 미국의 태평양 제해권(制海權)에 대한 도전인 것이다. 이에 미국도 항모 전단을 동아

중국 군함

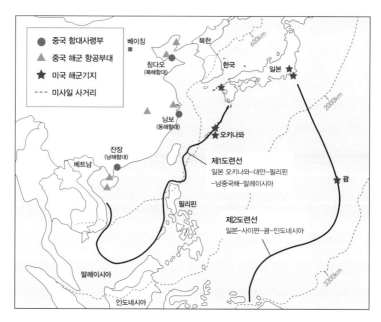

중국과 미국의 방어 경계 지대

시아 지역으로 파견해 맞불 대응에 나선 상황이다. 중국의 항공모함에 이어 전투기들도 제1도련선을 돌파하고 있는데, 이것은 미국에 대한 맞대응의 성격이 강하다. 이로써 미국과 중국의 해양 충돌이 남중국해에서 한반도 일대로까지 확대되는 양상을 보이고 있다.

사드 배치 때문에 포기해야 했던 경제적 이익들

이런 상황에서 2016년과 2017년에 걸쳐 한반도의 사드 배치 결정이 심각한 문제로 떠올랐다. 중국은 사드 배치가 중국의 안보에 위협이 된다고 판단하고 있다. 자기네 나라 영토 중 한국과 가까운 곳에 인구도 많을뿐더러 중요한 지역 대부분에서 뜨고 내리는 비행기를 사드 안테나가 포착할 수 있다고 생각하기 때문이다. 개인으로 치면 외부 사람들이 안방과 거실 등 집 안의 대부분을 들여다보는 것과 같다는 인식을 하는 것이다.

우리나라 국민들 사이에서도 사드 배치에 대해 찬반 의견이 나뉘고 있다. 한국의 보수 언론 및 국민은 찬성하는 의견이 많다. 찬성하는 쪽은 사드가 북한 미사일 공격에 대한 방어용으로 꼭 필요하다고 말한다. 반대하는 쪽은 그 이유 중 하나로 중국의 경제 보복 정책을 든다. 현재 우리나라의 최대 무역국은 중국이다. 우리나라의 총수출액 중 중국이 차지하는 비율은 32퍼센트(2015년 기준)로, 압도적으로 높은 비중을 갖는다. 한국을 방문하는 외국 관광객 중 중국인은 600만 명으로 45퍼센트를 차지한다. 이들은 외국인 관광객 1인당 평균 지출(400달러)의 다섯 배를 쓰는 큰 손들이다. 뿐만 아니라 중국이 보유한 한국의 국채 등 상장 채권은 17조 원(18퍼센트)이 넘어 세계에서 1위

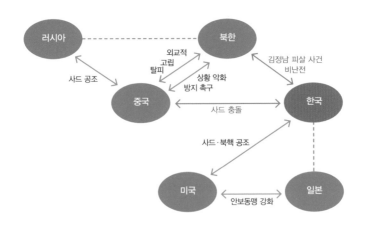

사드 배치를 둘러싼 한반도 주변국의 행보

에 해당한다. 그리고 중국에 진출한 한국 기업도 매우 많은 실정이다.

결국 사드 문제로 중국에서 한류가 어려운 상황에 부딪혔다. 제주도에 중국인 관광객들의 방문이 끊겼다. 배우 송중기가 모델로 있던 중국산 스마트폰의 모델도 중국인으로 바뀌었고, 배우 송혜교가 하던 중국 화장품 광고 모델도 교체되었다. 한국 가수의 중국 공연도 장기간 전혀 허가받지 못하고 있고, 비관세 장벽도 강화되었다. 비관세 장벽은 관세 외의 무역장벽으로 수입 금지, 수입품 수량 규제 등이 포함되어 있다. 중국의 시진핑 주석이 2014년에 서울대에서 강연한 적이 있었다. 그때 그는 한국 드라마 〈별에서 온 그대〉가 중국에서 큰 유행이라고 말했다. 그의 아내 펑리위안도 이전에 그렇게 말한 바 있다. 시진핑의 바로 앞 주석인 후진타오와 국무원 총리였던 원자바오는 한국 드라마의 팬이었다. 하지만 한국과 중국의 관계는 지정학적 문제가 원인이 되어 파국으로 치닫게 될지 모른다. 이처럼 북핵과 사드 배치 문제, 중국과 한국의 무역 문제를 해결하는 데는 남북한 정부를 비롯해 남북한 내의 집단 간 관계, 미국과 중국 그리고 일본, 러시아와도 관련되어 있다.

따뜻한 햇볕과 센 바람 중 무기를 이길 수 있는 힘은?

2017년 상반기에 영화 〈공조〉가 상영되었다. 이 영화는 남한으로 숨어든 탈북 범죄조직을 쫓기 위해 북한 형사와 남한 형사가 극비리에 공조 수사를 한다는 내용을 담고 있다. 반대로 북한으로 도망간 남한 범죄자를 잡기 위해 남한 형사가 북한으로 파견되어 북한 형사와 함께 수사에 나서는 이야기가 영화 끝 부분에 나오기도 한다.

영화에 대한 여러 반응이 있었지만, 이 영화를 보고 해방감과 자유로움을 느꼈다고 말하는 사람들이 꽤 여럿 있었다. 그들은 영화 속에서라도 남북이 서로 협력하여 공동 작업하는 모습에서 오랫동안 답보 상태로 우리를 괴롭혀온, 남북문제로 인한 긴장과 스트레스가 해소되는 기분을 맛보았기 때문이다. 2017년 5월, 대통령 선거를 통해 정권이 바뀌었다. 그러면서 남북 간의 관계가 달라질 징조가 조금씩 보이기도 한다. 2017년 6월 무주에서 '2017 무주 WTF 세계태권도 선수권대회'가 열렸고, 북한 선수단이 참여해서 시범경기를 보여주었다. 또 2018 평창겨울올림픽 때는 남북한 선수들이 한반도기를 들고 공동 입장하기도 했고, 여자 아이스하키 종목에는 남북 선수들이 단일팀을 구성해 경기를 치르기도 했다. 남북 간 교류가 많아지면 둘 사이의 긴장이 완화될 수 있다. 자, 그럼 이런 상황에서 생각해보자. 남북 분단은 언제까지 지속될까? 영화 〈공조〉처럼 서로 공조할 수 있는 날이 올 수 있을까? 그게 가능하다면 그 방법과 절차는 무엇일까?

2018 평창겨울올림픽 남북선수단 공동 입장 **출처: 연합뉴스**

유명한 이솝 이야기 하나. 해와 바람이 지나가는 나그네의 옷을 벗기는 내기를 한다. 누가 이길까? 바람이 먼저 나섰다. 바람이 세게 불자 나그네는 옷을 더 단단히 여몄다. 다음에는 해가 나섰다. 따뜻한 볕을 내리쬐자 나그네는 덥다면서 옷을 벗었다. 언뜻 보면 센 바람이 이길 것 같지만, 실제로는 부드러운 햇볕을 비춘 해가 이기게 된다. 이 이야기를 다른 사례에 적용해보자. 이웃집으로부터 안전을 보장받기 위해서는 담을 높이 쌓고 무관심하거나 적대시하는 게 좋을까, 아니면 담 높이를 낮추거나 없애고 호의를 베풀면서 서로 교류하는 게 좋을까?

수많은 종류의 담이 있고, 무관심과 적대 행위와 차별이 있다. 과거에 미국에서 백인은 흑인을 매우 차별했고, 그 문화는 지금도 남아 있다. 또 전 세계적으로 남성이 여성을 많이 차별했고, 지금도 그 문화가 남아 있는 곳이 적지 않다. 기독교 원리주의자나 이슬람교 근본주의자들은 다른 종교를 차별한다. 차별주의자들은 대체로 보수적이다. 차별하기 위해서는 상대방을 자기 집단과 분리해야 한다. 흑인은 선천적으로 지능이 낮고 비열하다거나, 여성은 선천적으로 약하고 순결을 지켜야 하며 남성에 종속되어야 한다는 등의 다양한 이야기, 즉 담론을 만들어낸다. 가난한 사람들은 게으르고 흥청망청 돈을 써서 그렇게 된 것이라고 주장하거나, 특정 종교의 경우 신에 의해 그렇게 결정되었다고 말하기도 한다.

일본은 한국을 식민지로 지배하기 위해서 '조센진'이라고 부르며 비하했다. 조센진은 열등하고 부족하다고 주장하면서 민족차별, 인종차별을 조장했다. 독일도 히틀러와 나치가 권력을 잡고, 제2차 세계대전을 일으킬 때 게르만 민족의 우수성을 강조했다.

마찬가지로 사회주의는 자본주의를, 자본주의는 또 사회주의를 여러 가지 이유를 들어 비난하고 이에 딱지를 붙인다. 과거에 미국에서는 소련과의 대립을 배경으로 한 스파이 영화를 많이 만들었는데, 그 속에서 소련은 조롱의 대상이고 악(惡)으로만 그려졌다. 이와 같이 어떤 특정 대상을 자기 집단으로부터 분리하는 것을 '타자화'라고 한다. 타자화가 되는 순간 차별의 대상이 되고, 나아가 저주와 멸망의 대상이 된다. 이들에게는 인간의 기본권을 보장할 필요가 없다고 믿는 것이다.

북한과 남한에서는 사상이 다르다는 이유로 반대편을 타자화하고, 고문하고, 감옥에 보내거나 심지어 사형시키는 사례가 적지 않았다. 국가 공무원인 고문기술자는 생각이 다른 사람을 온갖 악독한 방법으로 고문하면서도 자기 자식에게는 아버지로서의 살가운 애정을 드러내며 살았다. 남한에서 가장 무서운 타자화 중의 하나는 종북, 친북, 빨갱이라고 호명하는 것이다. 이런 딱지가 붙으면 그들은 이루 말할 수 없는 고통을 겪으며 살게 된다. 감옥에 갈 수도 있고 과거에는 사형을 당하기도 했다. 많은 경우 나중에 조작된 간첩단 사건으로 밝혀져 피해자들은 국가로부터 손해배상을 받게 되지만, 대부분 수십 년이 흘러 이미 가족은 흩어졌고, 자신은 젊음과 건강을 잃은 후이다.

남한과 북한에서 일어나는 이런 유형의 타자화는 남북관계를 단절시키고 서로를 적대시하면서, 물적 자원과 인적 자원을 소모하게 만든다. 이런 상황에서 예의 이솝 이야기가 우리에게 긍정적으로 제시하는 바는 무엇일까?

평화와 공존의 경제적 가치

다시 맨 처음 이야기로 돌아가보자. A섬과 C섬의 공장을 운영하던 사장들은 B섬 이외에 또 다른 섬들이 존재한다는 사실과 또 다른 공장들이 있다는 사실을 알게 되었다. 여러 섬으로부터 온 생산 공장들 간의 갈등으로 인한 전쟁은 꽤 심각한 수준으로 번져갔다. 이에 위기감을 느낀 공장의 사장들은 공존의 방식을 모색하기 시작했다. 그러나 앞서 제시한, 자본주의의 한계는 해결되지 않았다. 어쩌면 영원히 해결되지 않을 문제일지도 모른다. 생산 공장들 간의 관계에는 언제나 새로운 위기가 도사리고 있었다. 자본주의의 이러한 위기는 다시 대규모의 전쟁을 불러오지는 않을까?

2018년 현재에도 끊임없이 미국에 도발하는 북한의 위협은 '평화'를 화두로 꺼내기 어려운 상황을 만들고 있다. 평창겨울올림픽에서 남북 단일팀 구성, 북한 응원단의 행보에 세계의 이목이 집중된 것은 엄혹한 한반도의 상황 속에서 이런 평화적 행보가 드라마틱했기 때문일 것이다. 북한의 핵개발과 미사일 발사, 그리고 이에 대응하는 미국의 반응을 보며 항간에서는 1, 2차 세계대전에 필적하는 갈등 상황을 우려하기도 한다. 하지만 많은 사람들이 세계대전이 다시 발발하게 된다면 지구의 생존 자체가 위협받게 되리라는 걸 잘 알고 있다. 현재의 무기 기술이 세계대전 당시와는 비교가 되지 않는 수준이기 때문이다. 이 같은 지금의 상황에서 평화는 인류의 생존과 직결된 문제이기도 하다.

지금과 같은 긴장 상황은 경제적인 어려움을 가중시킨다. 물론 경제적인 문제로 평화를 이야기하는 것은 무척 불편한 일일 것이다. 앞선 논의에서 보았듯 평화라는 가치가 이런저런 이유로 설득되어야 할 문제인가에 대해서 많은 이의 제기가 있을 수도 있다. 그러나 우리가 당면하고 있는 불안감에 따른 경제적 효과를 무시할 수는 없다. 이른바 리스크 비용이 그것인데, 그동안 남북관계에서 긴장이 고조될 때마다 주식의 가격이 하락하고 투자 위축을 불러왔다. 수출입 과정에서도 문제가 발생하며, 국가 신용도 하락에 따른 손실도 크다. 게다가 중국의 무역 보복으로 인한 경제적 손실 비용까지 합치면 어마어마한 경제적 손실이 발생하는 것으로 추정된다.

경제적 효과를 고려해야 하는 이유는 국내의 어려운 경제 사정에서도 찾을 수 있다. 2017년 9월 현재 가계부채는 GDP 대비 85퍼센트에 달하는 1,400조 원에 이른다. 대부분 부동산 거품으로 언제 터질지 모르는 시한폭탄과 같은 상황이다. 청년들은 일자리를 찾기 어렵고, 살 집을 구하기도 힘들다. 학생과 학부모들은 교육비 때문에 고통스러운 삶을 살고 있다. 결혼은 물론이고 연애까지 포기한 청년들이 많다. 그 밖의 여러 이유로 인해 우리는 경제를 살려야 한다. 그러기 위해선 남북 간 긴장을 줄이고 더 평화로운 관계를 만들 필요가 있다. 우리에게는 미국도 중요하지만 무역액 1위인 중국과의 관계도 무척 중요하다.

요즘 우리나라의 젊은이들은 상대적으로 통일의 필요성을 덜 느끼고 있는지도 모르겠다. 가장 큰 이유는 통일을 하면 남한이, 가난하고 도로나 전력 등 하부구조가 부실한 북한에 경제 지원을 많이 해줘야 한다고 생각하기 때문이다. 그러나 평화 관계를 유지함으로 인해 얻을 수 있는 경제적 이익이 더 크다는 점을 간과해서는 안 된다.

평화는 그 어느 때, 그 어느 곳보다 지금의 한반도에 절실하게 필요하다. 지정학적 문제로 인해 3차 세계대전의 위협마저 언급되는 상황이라는 건 앞서 언급하였다. 현재 세계의 무기 수준과 발전 가능성을 고려해볼 때, 이제 지구상의 어떤 곳에서 전쟁이 벌어지느냐는 중요하지 않다. 핵무기의 위력하에서는 지구의 그 어떤 곳도 안전지대는 아니기 때문이다. 그럼에도 당장 해결해야 하는 문제의 한가운데에서 우리는 살고 있다. 매우 특수한 정치적 관계 속에 놓여 있는 남북 간의 문제는 풀어야 하는 중요성만큼이나 풀기 어려운 난제이다. 따라서 우리는 더 치밀하게 갈등의 문제를 볼 수 있어야 한다. 그야말로 정치적 관계의 이면을 보는 지리적인 인식이 필요한 시점이다.

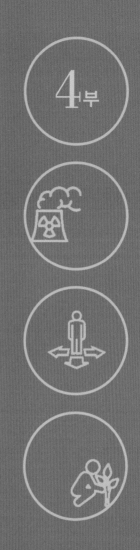

4부

미래와
지속 가능성

18

인구가 증가해야만 성장할 수 있을까?
성장에 대한 환상에서 벗어나야 한다

한국이 처한 예외적 상황이란 무엇일까?

영국의 경제학자 토머스 맬서스(Thomas R. Malthus)는 1766년 웨스트우드의 부유한 가정에서 태어났다. 그의 아버지는 철학자였던 데이비드 흄의 친구였으며, 장 자크 루소의 제자이기도 했다. 이런 아버지에게 영향을 받은 맬서스는 1798년 그 유명한 《인구론》의 초판을 출간한다. 이 책에서 맬서스는 인구 증가는 식량 생산을 뛰어넘기 때문에 인구를 억제하지 않으면 인류의 문명이 위험에 처할 것이라고 주장했다. 그러나 맬서스의 주장이 나온 지 200년이 넘었지만, 그의 우려는 현실화되지 않았고 이후 세계는 많은 인구 현상의 변화를 겪게 되었다. 높은 출산율을 보이던 유럽의 많은 국가들에서 20세기 이후 출산율이 점차 감소했으며, 우리나라는 1960년 6명이던 합계출산율이 2015년 1.2명으로 급격히 감소하였다. 합계출산율은 출산이 가능한 여성의 나이(일반적으로 15~49세)를 기준으로 한 여성이 낳을 것으로 예상되는 아이의 수를 말한다. 우리나라의 이런 급격한 출산율 변화는 경제가 발달한 유럽 국가들이나 아시아 국가들 중 저출산 현상을 가장 먼저 경험한 일본에서조차 볼 수 없는 변화이다.

우리나라의 합계출산율은 1997년까지만 해도 1.5명 이상이었다. 그러나 1998년 처음으로 초저출산의 마지노선인 1.5명 미만으로 낮아졌다. 그 이후 합계출산율은 꾸준히 낮아져 2005년에는 1.08명으로 사상 최저치를 기록했다. 그래프를 통해 알 수 있듯이 우리나라의

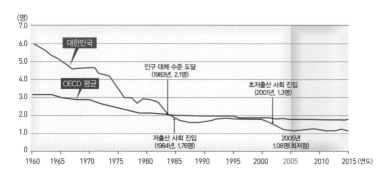

우리나라와 OECD의 합계출산율 변화 **출처 : 통계청**

국가	합계출산율이 1.3 미만으로 낮아진 OECD 국가들		
	시작 연도	종료 연도	지속기간
한국	2001년(1.29)	2015년(1.23)	15년+α
그리스	1996년(1.28)	2004년(1.31)	8년
이탈리아	1993년(1.26)	2004년(1.33)	11년
독일	1992년(1.29)	1996년(1.32)	4년
일본	2003년(1.29)	2006년(1.32)	3년

합계출산율이 1.3 미만으로 낮아진 OECD 국가들 **출처 : 통계청**

합계출산율은 2001년 이후 최근까지 1.2명 수준을 보이고 있다. 그렇다면 우리와 경제 발달 수준이 유사한 다른 나라들도 비슷한 경험을 하고 있는 것일까? OECD 국가 중 합계출산율이 1.3명 미만으로 낮아졌던 국가는 10개 국가 정도뿐이며, 2015년 기준 OECD 국가 중 합계출산율이 1.3명 미만인 국가는 한국과 폴란드뿐이다. 또한 한국처럼 장기간 초저출산 현상이 지속적으로 나타나는 국가는 아주 예외적인 경우라고 볼 수 있다. 통계청의 전망에 따르면, 우리나라 인구는 2031년을 정점으로 감소하며 노년층의 인구 비중은 꾸준히 늘어날 것으로 예상된다. 따라서 20세기 산업화를 이끌었던 성장과 개발의 패러다임에서 벗어나지 않으면, 앞으로 다가올 인구 변화에 대처하기 어려울 것이다.

국가 전체 인구는 감소하는데, 지방 중소도시 인구는 증가할까?

앞에서도 언급했듯이 우리나라의 인구는 2031년을 정점으로 감소할 것으로 예상된다. 그러나 국토연구원의 연구에 따르면, 지방 중소도시는 1990년대부터 이미 인구 감소 현상이 나타나고 있는 것으로 나타났다. 1990년부터 2010년 사이 전국 84개 도시를 조사한 결과, 31개 도시에서 인구 감소 현상이 나타났다. 그리고 31개 도시 중 29개는 비수도권 지역에 있는 도시로 수도권과 비수도권 간 차이도 크게 나타났다.

　이와 같은 지역 간 인구 현상의 격차는 노년층 인구의 비율에서도 나타난다. 우리나라의 고령인구 비율은 1980년 3.9퍼센트에서 2015

년 13.2퍼센트로 증가하였다. 그러나 국가 단위가 아닌 지역 단위로 좁혀서 살펴보면, 우리나라는 2000년대에 이미 '초고령 사회'에 진입한 것으로 볼 수 있다. 예를 들어 경상남도에 위치한 남해군의 경우, 고령인구의 비율이 1980년 8퍼센트, 2000년 24퍼센트, 2015년

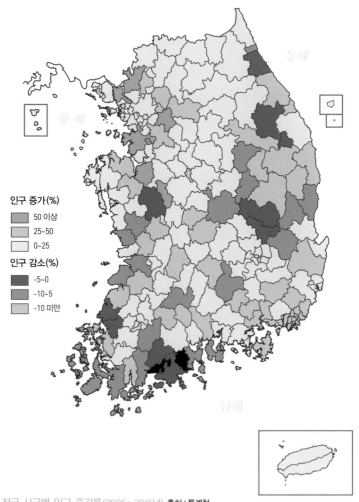

인구 증가(%)
- 50 이상
- 25~50
- 0~25

인구 감소(%)
- -5~0
- -10~5
- -10 미만

전국 시군별 인구 증감률(2005~2015년) 출처 : 통계청

에는 34.9퍼센트를 기록하였다. 따라서 고령인구 13퍼센트 수준에 적합한 국가 단위의 정책은, 이미 고령인구가 35퍼센트에 달한 남해군의 실정과는 크게 다를 수밖에 없다. 즉 국가 단위의 인구 정책도 있어야 하지만, 지역 단위별로 각 지역의 고령화 실정에 맞는 인구 정책이 절실히 필요할 것으로 보인다.

현재 인구가 감소하는 도시를 살펴보면, 주로 대도시로부터 멀리 떨어져 있으며 산업 기반이 취약한 지방 중소도시들로, 역사가 오래된 지역 거점 도시들이 대부분이다. 경주, 안동, 상주, 문경, 강릉, 정읍, 남원, 밀양 등이 대표적이다. 그런데 문제는 인구가 감소했거나 감소할 것으로 예상되는 도시들이 멀지 않은 미래에는 인구가 성장할 것이라는 예측을 바탕으로 '도시기본계획'을 세우고 있다는 점이다. 삼척의 경우 1990~2010년 사이 인구 감소율이 39퍼센트였다. 그러

구분	실제 인구(인)			도시기본계획 인구(인)				
	1990년	2010년	증감	기준연도	목표연도	자연적 증감	사회적 증감	증감
삼척시 (강원도)	110,557	67,454	39.0%▽	74,577 (2004)	100,000 (2020)	77▽	25.500△	34.1%△
공주시 (충청남도)	158,067	122,153	22.7%▽	133,012 (2002)	210,000 (2020)	16,612▽	93,600△	57.9%△
남원시 (전라북도)	124,524	78,770	36.7%▽	101,950 (2004)	130,000 (2025)	1,950▽	30,000△	27.5%△
나주시 (전라남도)	158,634	78,679	50.4%▽	99,308 (2004)	150,000 (2020)	10,410▽	61,236△	51.0%△
밀양시 (경상남도)	133,043	99,128	25.5%▽	112,451 (2007)	190,000 (2020)	9,131▽	69,000△	69.0%△

주요 중소도시의 인구 변동과 도시기본계획 목표 인구의 차이 **출처 : 국토연구원**

한 지역의 인구 증가와 감소는 일반적으로 일정 기간에 발생하는 자연적 증감과 사회적 증감에 따라 나타난다. 자연적 증감은 출생자 수와 사망자 수의 차이이고, 사회적 증감은 전입자 수와 전출자 수의 차이를 의미한다.

나 2004년 도시계획 시 인구가 약 7만 4,000명이었는데, 2020년 인구를 10만 명으로 예상해 34퍼센트 정도 인구가 증가할 것으로 내다보았다. 그러나 2015년 인구조사에 따르면 삼척시의 인구는 약 6만 9,000명으로 오히려 2004년 도시계획 수립 당시 인구보다 5,000명 정도 감소한 실정이다. 다른 지방 중소도시들의 상황도 삼척시와 비슷하다. 지난 30년간 약 30퍼센트의 인구 감소를 경험한 도시들마저 미래에는 30~50퍼센트 이상의 인구 증가를 예측하고 있는 것이다. 국가 전체적으로 인구 감소 현상은 발생하겠지만, 지역의 대규모 개발 사업을 통해 타 지역에서 인구가 유입될 것으로 추정한 결과이다.

이런 식의 계획은 큰 문제를 야기할 수 있다. 우선 도시에 유휴(遊休) 시설이 확대될 수 있다는 점이다. 도시에 존재하는 자산에는 화폐적 가치를 갖는 금융이나 부동산 등은 물론 도로, 철도, 학교, 병원 등의 사회 기반시설, 문화재 및 자연환경 그리고 인적 자원 등 다양한 요소가 포함되어 있다. 이와 같은 도시의 자산은 다양한 형태의 자본 축적을 통해 주민의 삶의 질을 유지할 수 있게 하는 구성 요소이다. 따라서 지역 주민의 삶의 질을 유지시키며 도시의 지속 가능한 발전을 위해서는 도시에 존재하는 다양한 자산들을 유지·발전시켜야만 하는 것이다.

그런데 우리나라의 많은 도시들이 도시계획에 있어 중요한 미래 인구 규모를 지나치게 높게 잡고 있다는 것이 문제이다. 이럴 경우, 미래의 우리 도시 곳곳에 빈집과 가동을 멈춘 공장 등 쓰지 않고 놀리는 시설들이 증가할 것은 자명한 일이다. 따라서 인구 감소가 예견되는 미래 사회의 도시는 좀 더 밀도 있게 경제적인 효율성과 자연환경 보전을 실현할 수 있는 개발이 필요하다. 또한 이런 사회적 인구 유입을 가정한 도시계획은 국가 전체적인 인구 감소 현상에 비추어 생각해보면, 지방정부 간 인구 뺏어오기를 통해 자기 지역만큼은 인구를 증가시키겠다는 주장으로 볼 수도 있다. 이는 지역 간 제로섬(zero-sum) 게임으로 발전할 수 있다(제로섬 게임을 통한 피해자는 결국 우리 모두이다). 인구가 증가하는 지역이 있다면, 반대로 다른 지역은 인구가 감소할 수밖에 없는 것이 현실이다.

2014년 일본에서는 '지방 소멸'이란 말이 사회적으로 큰 파문을 일으켰다. 마스다 히로야 전 총무장관은 지금과 같은 인구 감소 추세라면 2040년 일본 지자체의 절반인 896개가 소멸할 것이라는 내용을 담은 《지방 소멸》을 출판했다. 그는 농촌에서 대도시로의 인구 순유출은 일본의 인구 감소를 가속화시킨다고 주장했다. 보육과 육아 환경이 열악하고 출산율이 상대적으로 낮은 대도시로의 청장년층 인구의 집중은 일본 전체의 출산율을 떨어뜨리고 결과적으로 국가 전체 인구를 더욱 감소시킬 것이라고 예상했다. 2012년 일본의 출산율은 1.41명이지만, 도쿄는 1.09명으로 일본 전체 수준보다 낮게 나타나고 있다.

이런 사정은 우리나라도 유사하다. 우리나라의 2014년 출산율은 1.2명, 서울의 출산율은 0.98명으로 일본보다 더 심각한 상황이다. 또한 마스다는 저출산과 고령화 현상은 동아시아뿐만 아니라 미국과 유럽 등 경제가 발달한 지역에서 공통적으로 나타나는 현상이지만, 일본의 경우 인구가 도쿄 한 곳에 집중해 있는 것이 인구 문제를 더욱 악화시킨다고 주장했다. 2016년 도쿄 도(東京都)의 인구는 약 1,300만 명이며, 도쿄를 중심으로 하는 광역권의 인구는 4,300만 명으로 일본 전체 인구의 35퍼센트 정도가 집중해 있다(2015년 일본 인구 약 1억 2,600만 명). 우리나라의 경우는 이보다 더 심각해 2017년 서울의 인구는 약 992만 명이며, 수도권의 인구는 약 2,500만 명으로 전체 인구의 절반 정도가 수도권에 집중해 있는 실정이다.

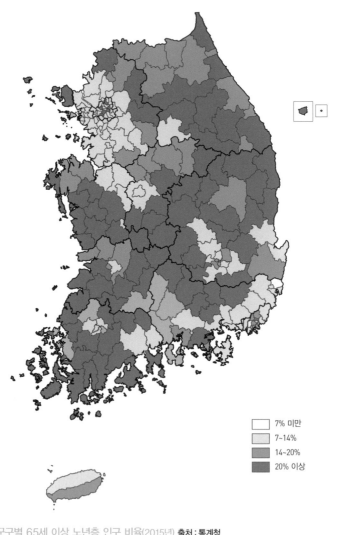

☐	7% 미만
☐	7~14%
☐	14~20%
☐	20% 이상

시군구별 65세 이상 노년층 인구 비율(2015년) **출처 : 통계청**

그렇다면 지역 단위의 인구 분포 및 감소 현상, 고령화 정도의 차이가 발생하는 이유는 뭘까? 가장 큰 이유는 뭐니 뭐니 해도 지역 간 불균등 발전 때문이다. 즉 인구 감소 지역의 문제를 해결하기 위해서는 젊은 청장년층 인구를 유인할 수 있는 지역 단위 차원의 노력도 중요하지만, 국가 전체의 균형 발전 차원에서 문제를 해결하려고 노력해야 하는 것이다. 지방정부뿐만 아니라 국가 전체의 생존을 위해서라도 지역의 인구 구조 차이, 인구 유출 문제 등을 국가 발전의 중요한 정책 과제로 다룰 필요가 있다.

우리에게 다가올 인구 감소 시대라는 미래의 모습은 외면한 채 정책의 방향을 인구 성장에 맞추다 보면 인구 감소에 대응해 주민 삶의 질을 높이기 위한 실질적인 노력이 감소할 수 있다. 과거 급격한 산업화 시기의 도시는 늘어나는 인구를 수용하기 위한 공급 중심의 논리에 기초했다면, 다가올 인구 감소 시대의 도시는 기존의 도시 기반 시설을 유지·관리하고 재활용하기 위한 노력이 보다 더 요구될 것이다. 또한 인구가 감소하는 지방 중소도시를 살리기 위해서는 젊은이들에게는 매력적이며, 노년층에게는 노후를 편하게 보낼 수 있는 도시에 대한 발전 구상이 필요하다.

인구 감소 시대, 지속 가능한 성장을 위해 필요한 것은?

산업혁명 이후 발달한 현대 경제학과 사회제도는 지속적인 성장을 당연시했고, 경제는 늘 성장하는 것이었다. 또한 세계화의 거친 물결 속에 기업의 활동 영역은 국가를 뛰어넘어 확장되었다. 그런데 이 같은 성장을 위한 필수조건이 있는데, 바로 인구 증가이다. 그러나 미래 사회는 인구가 감소하고 수요가 줄어들며 소비가 감소하게 될 것이다. 문제는 이것이 일시적인 현상이 아니라는 점이다. 또한 우리나라의 경우엔 그 충격의 정도가 다른 나라들보다 더 클 것이라는 사실이다.

인구구조가 고령화되면 노인 부양 부담이 증가하고 경제성장이 둔화되는 등 부정적 영향이 나타난다는 것이 일반적인 생각이다. 그렇다면 고령화에 따른 문제를 해결할 수 있는 궁극적 해법은 무엇일까? 바로 출산율 상승이다. 한편 21세기 지구의 지속 가능한 성장을 위한 큰 이슈 중 하나는 지구온난화와 같은 환경문제와 석유 같은 자원들의 고갈 문제이다. 그런데 현재 고령화에 따른 문제를 해결하기 위해 출산율을 상승시킨다면, 인구는 현재보다 더 증가하게 될 것인데 이는 자원 소비 증가로 이어져 또 다른 환경문제가 발생할 것이다. 결국 고령화로 인해 생기는 문제를 해결하기 위한 출산율 증가 노력이 환경과 자원 문제 측면에서는 오히려 지구의 지속 불가능성을 유발시킬 수도 있는 것이다. 따라서 고령화와 환경문제를 관련시켜 지속 가능한 성장을 고민할 경우, 출산을 장려할 수도, 장려하지 않을 수도 없는 딜레마에 빠지게 된다.

사실 고령화 문제는 인구구조, 즉 연령별 인구 분포와 관련이 있다. 그리고 환경문제는 주로 절대적인 인구 규모와 관련이 있다. 고령화 현상에 따른 문제를 해결하기 위해서는 출산율 증가가 필요하지만, 출산율 증가로 인해 높아질 인구 규모는 환경문제 측면에서는 부정적 요소로 작용하는 셈이다. 높은 출산율은 인구 규모가 '생태계의 생산 역량과 일치하는 수준에서 안정'되어야 한다는 조건과 동시에 충족하기가 쉽지 않다. 고령화 문제를 해결하기 위해 출산율을 높인다면 젊은 연령층의 증가에 따른 세수 확대로 연금 체계와 성장과 복지의 지속 가능성은 확보될지 몰라도, 환경적 측면에서의 지속 가능성은 감소하게 되는 것이다. 반대로 환경문제를 해결하고자 인구와 환경의 조화를 지나치게 강조해 인구 성장을 억제할 경우, 환경의 지속 가능성은 확보될지 몰라도, 경제성장과 연금 체계의 지속 불가능성은 증가할 수밖에 없다.

따라서 이와 같은 사회문제의 근본적 해결을 위해서는 문제의 원인에 대한 정확한 진단과 반성에서 출발해야만 한다. 그러므로 인구의 지속 가능성에 대한 고민의 시작을 기존의 성장 방식과 사회구조에 대한 반성으로부터 출발해야 한다. 통계청 같은 국가기관뿐 아니라 많은 민간 연구소의 연구에 따르면, 앞으로의 사회는 인구구조의 고령화, 인구 정체 및 감소에 따라 저성장 시대로 접어들 것이다. 이러한 상황에서 과거 고성장 산업화 시대에 적합한 양적 성장 중심의 경제구조를 유지하는 것은 미래 지향적이지 않다.

현실적으로 1.2명인 현재의 출산율을 대체 출산 수준인 2명 이상으로 높이는 것은 쉽지 않은 일이다. 어쩌면 우리에게 다가올 저출산, 고령화 현상, 인구 감소 등의 위기는 과거와 같은 국가 중심의 산술적 성장에서 벗어나 안정적 고용과 정의로운 분배를 통해 국민 개개인의 행복과 보람을 실현시키며, 인구 증가에 따른 환경문제의 발생 가능성을 감소시킬 수 있는 기회일지도 모른다. 따라서 '저출산·고령화 현상'이라는 단편적인 인구 현상(문제)에만 집중하기보다는, 현재 우리 사회 구조의 문제와 기존의 성장 방식에 대한 근본적인 반성이 선행되어야 한다. 성장에 대한 과도한 집착에서 벗어나 복지와 환경에 대해 관심을 가지고 국민 개개인의 삶의 질 향상과 행복한 삶에 관해 고민하는 것이 우리 사회의 지속 가능성을 높일 수 있는 해결책이 아닐까?

마지막으로 우리가 생각해봐야 할 문제는?

저출산과 고령화 현상을 이야기할 때 가장 많이 언급되는 부분이 '연금 고갈', '세금 폭탄'과 같은 경제적 문제와 관련된 내용들이다. 특히 최근 연금 문제와 관련하여 '보험료 폭탄', '세대 간 도적질', '미래 세대 부담론'과 같은 프레임을 통해 세대 간 갈등 문제로 본질을 왜곡시키는 경우가 있다. 연금을 개혁하자고 주장하는 이들은 저출산과 고령화로 인해 세금을 내는 젊은 세대는 줄어드는 반면, 연금을 받는 노년층은 증가해 미래의 젊은 세대들이 갖게 될 부담이 늘어난다고 말한다. 또 연금을 개혁하지 않을 경우 연금 기금이 고갈될 수 있다고도 주장한다.

그러나 이 지점에서 우리가 중요하게 생각해야 할 것이 있다. 연금의 소득대체율*은 '세대 간 연대'의 관점에서 이해해야 한다는 점이다. 또한 20세기 중반에 태어난 현재의 부모 세대는 조부모 세대를 부양하는 동시에 자신의 노후도 준비해야 하며 자식의 부양 의무까지 지고 있는 이중·삼중의 부담을 가진 세대라는 점을 고려해야 한다. 그리고 연금 개혁을 둘러싼 '미래 세대 부담론'은 현재의 부모 세

● 직장인의 재직 기간 평균소득 대비 퇴직 후 받게 되는 연금액의 비율

대가 미래에 국민연금의 혜택을 더 받는다면, 그들의 자식들은 부모 부양에 대한 부담을 그만큼 덜게 되는 것이기 때문에 앞뒤가 맞지 않는 주장이다.

사실 우리 사회의 심각한 문제는 '세대 간 갈등'이기보다는 '세대 내 갈등'이라고 할 수 있다. 같은 세대 내에서의 일자리 양극화, 정규직과 비정규직의 갈등, 빈부 격차 등이 더욱 심해지고 있는 것이 현실이기 때문이다. 이런 상황에서 일각에서는 노동시장 개혁을 '세대 간 상생을 위한 시대적 과제'라고 주장하며, 청년 실업은 곧 기성세대의 책임이라는 논리를 내세우고 있다. 이는 의도적으로 '세대 간 갈등'을 조장하는 주장으로 볼 수 있다. 우리나라의 베이비붐 세대는 1955년부터 1963년까지 출생한 세대로, 한국전쟁이 끝난 후 출산을 연기하고 있던 많은 사람들이 단기간에 자녀를 낳음으로써 나타나게 되었다. 베이비붐 세대는 2010년 약 712만 명으로 총인구의 14퍼센트를 차지할 정도로 거대한 인구 집단이다. 사회는 이들이 은퇴하는 2020년 전후 연금 지급과 사회복지 비용 증대로 국가 재정에 큰 문제가 발생할 것이라고 말하고 있다. 하지만 우리나라의 베이비붐 세대는 민주화와 산업화를 완성한 세대이기도 하다. 그들이 받아야 할 복지와 연금 혜택은 국가의 부담이 아닌, 국가가 온전히 제공해야 할 그들의 '청춘의 대가'이며, 그 대가는 현재의 젊은 세대가 은퇴하는 미래에도 온전히 존재해야 한다. 그러한 신뢰는 젊은 세대에게 부과되는 세금 증가를 '폭탄'이 아닌, 당연한 그들의 '역할'로 받아들이게 할 것이다

19 ———————————————

지구촌 이민자들이 국경을 넘는 까닭은?
세계화 시대, 공간 불평등이 이주자를 만든다

'이민의 나라' 미국에서 '반이민 정책'이 펼쳐지다

2016년 미국 대통령 선거에서 도널드 트럼프(Donald Trump)의 당선을 예측한 사람은 많지 않았다. '이민의 나라' 미국에서 '반(反)이민'을 주장한 트럼프를 선택하다니, 이변이라고들 했다. 공화당의 대선 주자 트럼프는 미래가 불안한 유권자들에게 '미국의 이익을 우선'해 공장 이전을 반대하고 '일자리'를 지키겠다고 목소리를 높였다. 또한 일자리를 빼앗는 이민자를 막기 위해 멕시코와의 국경에 거대한 장벽을 쌓겠다고 선언했다. 보호무역과 함께 반이민 정책을 전면에 내걸었으니, 일자리를 찾아 남미에서 미국으로 넘어온 히스패닉들에게는 최악의 정책인 셈이다. 흑인● 들 또한 평소 인종차별적 발언을 했던 트럼프에게 곱지 않은 시선을 던졌다. 이처럼 대다수 히스패닉과

● '흑인'은 인종차별적 용어라는 논란이 있어 '아프리카계'로 표현하고자 했지만, 독자들의 이해를 돕기 위해 흑인이란 용어를 일부 사용하기로 한다.

흑인들의 반대에도 불구하고 다른 어떤 가치보다 미국의 이익을 앞
세운 트럼프가 당선되었고, 이후 미국과 지구촌의 앞날에 어떤 변화
를 가져올지 관심이 집중되었다.

변화는 곧 감지되었다. 트럼프 대통령은 "이슬람 테러리스트의 미
국 잠입을 차단하겠다"며 잠재적 테러 위험이 있는 7개 무슬림 국가
를 지목해 그 나라 국민의 미국 비자 발급을 중단하는 '반이민' 행정
명령에 서명했다. 곳곳에서 입국이 거부되고 난민이 억류되는 사태
가 발생했고, 갈등과 소송이 이어졌다. 끝내 법원이 행정명령의 효력
을 중단하면서 진정되었지만, 트럼프는 멈추지 않았다. 무슬림 7개
국을 6개국으로 바꾸고 영주권자의 입국을 허용하는 등 몇 가지를
수정한 후 다시 행정명령을 냈고, 이 또한 연방법원의 잠정 중지 명

령을 받으며 줄다리기는 계속되었다. 실제로 트럼프 취임 후 불법 이민자 단속 및 체포가 급증하면서 건축과 농업 분야 등 3D 업종에서는 인력 부족 현상이 나타나고 있다. 자국민 고용은 늘었지만 유학생 등 인재 유입은 줄어들었다. 미국의 반이민 정책에 대한 국제사회의 비판도 거세지고 있다. 트럼프 정부의 '미국 우선주의' 정책은 장기적으로 미국에 이익이 될까, 손해가 될까?

미국은 '이민의 나라'다. 1620년 메이플라워호(號)를 타고 종교의 자유를 찾아 대서양을 건너온 102명의 영국인들로부터 시작해 유럽인들의 이민이 이어졌고, 그들은 원주민들을 서부 건조지대로 몰아내고 터를 잡았다. 이어 부족한 노동력을 메우기 위해 아프리카에서 흑인들을 노예로 끌고 왔고, 아메리칸 드림을 꿈꾸며 건너온 아시아계와 히스패닉 이주자들이 더해지며 미국 사회는 '이민의 나라'답게 인종 구성이 다양한 다문화 사회가 되었다. 2016년 현재 총인구 3억

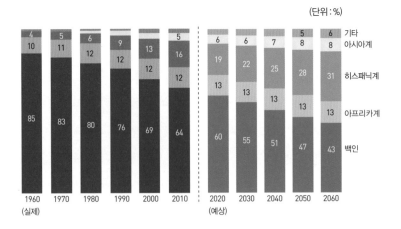

미국의 인구구조 변화 양상(1960~2060년)

출처 : Pew Research Center historic population estimates for 1960-1990. Census Bureau population estimates for 2000-2010 and projections for 2015-2060 참조

2,000만 명으로 세계에서 세 번째로 인구가 많은 미국에서 백인(비히스패닉계)이 차지하는 비중은 지속적으로 감소해왔다. 2016년 현재 총인구 중 백인은 64퍼센트 정도이고, 상대적으로 출산율이 높은 히스패닉 인구는 지속적으로 늘어 18퍼센트 정도를 차지하고 있다. 이 흐름은 지속되어 2040~2050년경 비히스패닉계 백인의 비중이 50퍼센트 이하로 낮아질 전망이다. 예상은 늘 그렇듯 변할 수 있지만, 속도의 차이일 뿐 그 방향에는 큰 이변이 없을 듯하다.

더 이상의 이민자는 안 돼! 영국인들의 '브렉시트' 충격

2016년 트럼프 당선에 앞서 세계를 강타한 사건이 대서양 건너편에서 일어났다. 바로 영국이 유럽연합(EU) 탈퇴를 선언한 것이다. 2016년 6월 24일, 국민투표에서 51.89퍼센트의 찬성으로 브렉시트(Britain＋Exit)가 최종 결정되었다.

　독일, 프랑스와 함께 유럽을 대표하는 경제대국 영국이 EU 탈퇴를 결정한 데에는 여러 이유가 있겠지만, 견고해 보이던 EU에 균열을 가져온 건 다름 아닌 '이민' 문제였다. EU 가입국 안에서 인구 이동과 거주가 자유롭다 보니 경제적 형편이 어려운 나라들에서 선진국으로 이민자들이 몰려들게 된 것이다. 영국인들은 동유럽 이민자들이 들어와 일자리를 빼앗고, 저임금 노동으로 인해 일자리의 질도 하락시킨다고 우려했다.

　영국인들은 앞으로가 더 문제라고 생각했다. 시리아 내전으로 인해 목숨 걸고 유럽으로 쏟아져 들어온 난민들은 경제적으로 더 나은

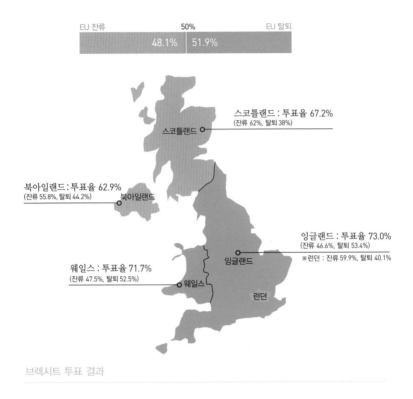

EU 잔류	50%	EU 탈퇴
48.1%	51.9%	

스코틀랜드 : 투표율 67.2%
(잔류 62%, 탈퇴 38%)

북아일랜드 : 투표율 62.9%
(잔류 55.8%, 탈퇴 44.2%)

잉글랜드 : 투표율 73.0%
(잔류 46.6%, 탈퇴 53.4%)
※런던 : 잔류 59.9%, 탈퇴 40.1%

웨일스 : 투표율 71.7%
(잔류 47.5%, 탈퇴 52.5%)

스코틀랜드

북아일랜드

잉글랜드

웨일스

런던

브렉시트 투표 결과

삶터를 찾아 선진국행을 희망하며 이주를 감행한다. 이 문제에 직면한 EU는 서남아시아에 위치한 터키에 송환된 불법 난민들을 받아줄 것을 요청하게 되었고, 이에 터키는 비자 면제 요구를 들고 나왔다. 터키의 EU 가입이 허가되면 터키인 1,000만 명이 영국으로 이주할 거라는 소문이 퍼지기도 했다. 영국은 향후 무슬림인 터키인들이 대거 몰려오는 것은 아닐까 우려했다.

게다가 EU에서는 늘어나는 난민 문제 해결을 위해 난민 할당제 도입을 추진 중인데, 이에 대해서도 영국은 가장 강하게 반대해왔다. 영국은 EU가 인구 이동의 자유를 제한하거나 영국을 예외로 인정해

달라고 요구했지만, EU 지도부는 이를 거절했다. 영국은 격론 끝에 국민투표에 부쳤고, 영국인들은 EU를 떠나는 안을 선택했다. 프랑스 파리와 독일 프랑크푸르트는 '넥스트 런던'을 주장하며 발 빠르게 움직이는 모양새다. 브렉시트에 화가 난 스코틀랜드는 영국으로부터 독립하는 투표를 다시 하겠다고 하고, 다른 나라들에서도 영국처럼 EU를 탈퇴하자는 측과 더 강한 통합으로 가야 한다는 측으로 여론이 갈리고 있다.

영국의 브렉시트 결정이나 미국의 트럼프 당선은 모두 이민자와 난민을 반대하고 자국민 보호를 앞세운 '자국 이익 우선'을 선택했다는 점에서 맥락이 같다. 세계화의 흐름 속에 양극화가 심해지며 선진국 중하위층 노동자들의 소득이 정체됐는데, 이런 경제적 어려움을 이민자들의 유입 때문으로 본 것이다. 세계화를 통한 경제적 이득을 가장 많이 누려온 선진국에서 터져나온 반세계화 움직임을 어떻게 봐야 할까?

이민이 꼭 개도국엔 유리하고 선진국엔 불리할까?

인류 이동의 역사는 인류의 역사만큼이나 길다. 인간은 더 나은 삶을 위해 늘 이동해왔다. 물론 자발적 인구 이동만 있었던 것은 아니다. 아프리카 노예나 전쟁에 의한 이주처럼 비자발적·강제적 이동도 있었다. 하지만 오늘날의 인구 이동은 자발적 인구 이동이 많으며, 대체로 더 잘사는 나라로 이주하는 경제적 이주가 많다. 사람들은 일자리를 찾아 다른 나라, 다른 대륙으로 이동하는데, 아시아와 중앙·남

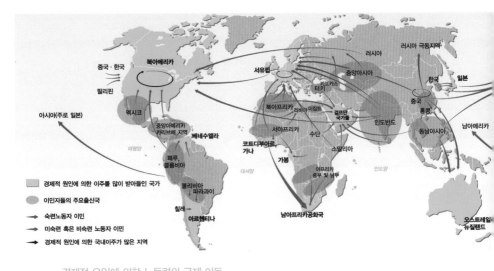

경제적 요인에 의한 노동력의 국제 이동

출처 : 르몽드 디플로마티크 편집부 저, 권지현 역, 《르몽드 세계사》, 휴머니스트, 2008

아메리카, 아프리카는 떠나는 사람이 많고, 북아메리카, 유럽, 오세아니아는 들어오는 사람이 많다. 그렇다면 이러한 인구 이동은 개발도상국에는 유리하고 선진국에는 불리한 상황을 만들었을까?

미국은 1965년 기존의 이민법을 대폭 수정해 주로 백인들로 구성된 국가 위주로 받던 이민을 전 국가로 확대하였다. 이것은 후기 자본주의 사회로 진입하던 미국의 산업 재구조화와 밀접한 관련이 있었다. 아시아계와 중남미계 사람들이 대규모로 유입되어 주로 세탁소, 슈퍼마켓 등 서비스업과 소매업에 종사하며 경제 규모를 확대시켰고, 이를 바탕으로 오늘의 경제 대국이 형성되었다. 이들은 백인주류사회에 편입된 것이 아니라, 아프리카계와 더불어 저급 노동력의 수요를 상당 부분 충당하였다. 이들은 문화적으로도 다양성을 확대시키며 미국 문화의 저력을 확보하는 데 기여하였다.

미국 가구의 실질소득만 보아도 미국 내에서 히스패닉과 흑인에 비해 백인들이 사회·경제적으로 우위를 점하고 있음을 짐작할 수 있다. 다만 아시아계 이민 집단의 소득이 높게 나타나는 것은 아시아계가 타 집단에 비해 장시간 노동을 해서 얻은 소득이라는 점과 교육열이 높아 평균적으로 가장 학력 수준이 높은 집단이라는 점으로 설명할 수 있다.

  영국을 비롯한 유럽 사회도 마찬가지다. 출산율이 낮아지고 수명 연장으로 노년층은 확대되는 상황에서 사회의 활력을 살리고 사회보장제도를 지탱할 저임금 노동자들이 필요했는데, 수많은 이민자들이 그 수요를 채워주었다. 이민자들 덕에 세금도 더 걷히고, 물가상승률도 어느 정도 낮아졌으며, 이민자 가정은 대체로 아이를 좀 더 많이 낳았으므로 출산율도 높아졌다. 이러한 이유로 영국 또한 1997년 이후 10년 동안 150만 명에 달하는 대규모 이민자를 받아들였다. 이 기간 만들어진 일자리의 절반 이상이 이민자들에게 돌아갔다. 정부가 이런 통계를 발표하자 영국 사회의 반응은 어떠했을까? 이민자들이

미국 가구의 실질 중간소득 변화 추이(1967~2011년) **출처 : 미 인구조사국 등**

일자리를 뺏어갔다는 여론이 들끓으며 반이민 정서가 확산되었고, 이민에 대한 규제를 해야 한다는 주장이 거세졌다.

그럼 이민으로 인구가 유출되는 개도국에겐 이익만 있을까? 오히려 개도국의 우수한 인력이 선진국으로 빠져나가면서 '두뇌 유출'로 인해 큰 타격을 입고 있다. 2006년 UN 보고서에 따르면 몇몇 아프리카 국가들에서는 고등교육 이수자들 중 33~55퍼센트가 선진국으로 이주했다. 2005년 OECD 〈국제인력 이동경향 보고서〉에 따르면, 두뇌 유출이 가장 심각한 가이아나는 대졸 이상 고학력자의 83퍼센트, 자메이카는 81.9퍼센트가 해외로 이주했다. 이처럼 개도국들은 우수 인력 유출로 경제의 역동성에 치명타를 입고 있다. 이민자들이 선진국을 선택하는 것은 더 나은 삶을 위한 개인의 자유의지이기 때문에 억지로 막을 수는 없다. 개도국들도 손해만 보는 것은 아니다. 이민자들이 선진국에서 번 돈의 일부는 모국으로 송금하여 국내 경제에 큰 도움을 주기도 한다. 타지키스탄, 네팔 등 일부 나라는 이런 송금액이 GDP의 30~40퍼센트를 차지하기도 한다.

이처럼 선진국과 개도국에 나름의 이유와 장단점을 가지고 있는 이민자들에 대해 선진국에서 유독 곱지 않은 시선을 보내는 것은 왜 일까? 세계화 시대에 이민자들이 점점 확대되면서 각 사회에서는 기존의 저임금 노동자의 대체, 불법 이민자의 확대, 지하경제의 확산, 문화적 갈등과 대립 등 다양한 문제들을 맞닥뜨리게 되었기 때문이다. 과거에 비해 이민자들의 규모도 커져서 미국만 해도 불법 이민자 수가 2017년 기준 1,100만 명으로 추산되고 있다.

그동안 대규모 이민자들의 유입이 선진국의 경제를 지탱하는 데 기여한 것은 틀림없는 사실이다. 하지만 시간이 흐르면서 그들에게도 사회적 복지 서비스를 제공해야 하자 부담이 되기 시작한 것이다. 예를 들어 2004년 EU 지역으로 이주한 이민자들 중 일자리를 찾아 이주한 사람들은 나라별로 10~35퍼센트 정도밖에 되지 않았다. 이민자들 중 거의 절반은 가족과의 재결합을 위한 이주였다. 노동자들이 들어와 어느 정도 정착을 하면 가족들을 불러온다. 당장은 이주 노동자의 경제활동 참여가 이루어지지만, 중장기적으로 볼 때 그와 가족에게 그 이상의 복지 혜택을 주어야 하므로 경제적 이득이 크지 않다는 주장도 나온다. 게다가 경제 및 금융위기 속에서 일자리에 대한 불안감이 높아졌고, 테러에 대한 공포까지 겹치면서 의심의 눈초리로 이민자들을 보게 되는 것이다. 하지만 이민자들의 입장에서 생각해보면 참 억울한 일이다. 상대적으로 저임금 노동에 시달리면서도 묵묵히 일해왔고, 사회 발전에 기여했는데도 본인과 가족은 온갖 차별에 노출되니 말이다.

선진국들은 이제 교육 수준이 높고 기술 숙련도가 높은 젊은 이민자들을 원한다. 이미 미국, 캐나다, 호주, 스위스 등에서 고학력 숙련 노동력의 이민을 받아들이고 있었다. 이제 이런 흐름이 유럽 전반으로 확대되고 있는 것이다. 이민을 엄격히 규제해서 원하는 이민자들을 받아들이겠다는 전략이다. 선진국들은 한편에서는 이민에 대해 환영한다고 말하면서도, 다른 한편에서는 시민권 취득 시험이나 언어 시험을 치러야 한다고 주장한다.

한편 신흥국들의 경제가 성장하면서 세계 인재들의 이주 패턴이 좀 더 다양해지고 있다. 기존의 선진국 외에 신흥국들로의 이주가 이루어지고 있는 것이다. 자존심 상했던 이민자들에게 선택지가 다양해지고 있는 것은 그나마 다행스러운 소식일까?

국경 장벽을 높이 쌓으면 멕시코인들은 이주를 멈출까?

미국 트럼프 대통령은 자신의 공약대로 미국–멕시코 국경에 '트럼프 장성'을 세우기로 했다. 트럼프 대통령은 이 국경 장벽을 중국 만리장성의 영어식 표현인 '그레이트 월(great wall)'이라 부르기도 했다. 3,144킬로미터에 이르는 국경에 높이 10미터 이상의 넘지 못할 장벽을 세우겠다는 것이다. 공사 기간만 4년이 넘게 걸릴 이 대공사에 대해 국내외의 비판이 쏟아지는데도 막무가내이다. 실제 실행이 될지 만들어지다 말지 지금으로선 알 수 없지만, 분명한 것은 트럼프 미국 정부가 이웃 멕시코인들을 마약과 범죄를 들여오는 불법 이민자들로 규정하고 있다는 사실이다. 더구나 이 책임을 물어 멕시코가 장벽 건설 비용을 내야 한다고 으름장을 놓고 있다.

멕시코인들도 발끈하고 나섰다. 남의 나라 장벽을 세우는 데 비용

미국과 멕시코의 국경선(왼쪽이 미국이고 오른쪽이 멕시코)

을 댈 수 없다는 입장이다. 자존심 상한 멕시코의 니에토 대통령은 미국과의 정상회담을 취소했으나, 그러면서도 "미국과 협력할 용의가 있다"고 여지를 남겼다. 멕시코가 이처럼 저자세로 임하는 데에는 1994년 북미자유무역협정(NAFTA) 체결 이후 미국에 대한 경제적 의존도가 높아졌기 때문이다. 지금 멕시코 전체 수출의 약 80퍼센트를 미국이 차지하고 있다. 트럼프 정부는 멕시코가 장벽 비용을 대지 않으면 그동안 무관세로 수입해온 멕시코산 가전제품과 자동차 등에 20퍼센트의 수입 관세를 부과하겠다고 말한다. NAFTA 협정을 무시한 발상이지만 이를 막을 뚜렷한 대안도 없는 게 현실이다.

미국에 이민 간 멕시코인들이 본국으로 보낸 송금액이 2016년 사상 최대치를 기록했다. 트럼프가 국경 장벽 비용을 빌미로 송금을 막을 수도 있다고 판단한 것이다. 멕시코 이민자들이 2016년 본국에 송금한 금액은 무려 270억 달러(약 32조 6,700억 원)에 이른다. 이는 멕시코의 석유 수출액보다 많은 규모로 멕시코 경제를 지탱하는 버팀목이다. OECD 회원국 중 소득 불평도 및 빈곤율이 가장 높은 멕시코에서는 많은 가정이 해외 송금액에 의존해 살고 있는 실정이다.

그런데 높은 장벽이 세워진다면 멕시코인들은 이주를 멈출까? 아니면 위험을 무릅쓰고 장벽을 넘을까? 산악지대나 계곡을 통해 월경(越境)을 돕는 불법 브로커가 판을 치지는 않을까? 추방과 죽음을 각오한 월경이 이어질 것이란 전망이 나오고, 비효과적인 정책에 '시간과 돈 낭비'라는 비판이 쏟아지는데 '트럼프 장벽'은 강행될까?

사실 미국과 가까운 멕시코에 제조업이 성장하면서 멕시코가 수출을 통해 얻은 이익도 크겠지만 미국이 저임금 노동력을 통해 얻은 이익도 상당하다. 멕시코로 공장을 이전해 값싼 경공업 제품 및 부품을 수입하며 미국 기업 또한 성장했기 때문이다. 다만 자유무역을 통한 혜택이 주로 주주, 경영자, 고학력 노동자들에게 돌아가면서 소득 불균형을 확대시켰을 뿐이다. 이 책임을 멕시코의 노동자들과 이주자들이 져야만 하나?

미국이나 영국 등 선진국이 겪고 있는 경제적 어려움의 원인이 이민 증가 때문인지 냉철하게 따져볼 필요가 있다. 이민으로 이득이 클 때는 문을 활짝 열었다가 손해를 본다고 판단되자 문을 걸어 잠그겠다는 식이라면 곤란하다. 그 과정에서 힘없는 이주 노동자들과 가족들이 삶의 터전을 잃고 인간으로서 자존감을 상실하게 된다. 달면 삼키고 쓰면 뱉는 식의 이민정책은 그 사회의 이기심의 발로인 셈이다. 2007년 미국 내 불법 이민자들에게 시민권을 신청할 수 있는 기회를 주어 이들의 법적 지위 문제를 해결해주자며 거리에 나섰던 시위대는 이렇게 적힌 깃발을 치켜들었다.

"1492년 이래 이 대륙에 거주하는 유럽인들은 모두 불법 이민자!"

세계화 시대, 공간 불평등은 끊임없는 이주자를 만든다

재레드 다이아몬드(Jared Diamond)는 《나와 세계》에서 "세계에서 가장 부유한 국가인 노르웨이는 세계에서 가장 가난한 국가인 니제르 공화국, 브룬디, 말라위보다 400배나 부유"하다며, 이런 국부(國富)의 차이에서 비롯되는 결과는 무엇일지 묻고 있다. 결론부터 말하자면, 국가 간의 불평등은 '질병과 이민과 테러'를 가져온다는 것이다.

세계화된 지구촌은 스마트폰과 인터넷, 수많은 무역선과 비행기

등으로 연결되어 한 지역, 한 국가의 문제가 그 지역, 그 국가만의 문제로 국한되지 않는다. 한국 사회가 이미 겪었던 사스나 메르스 사태를 봐도 알 수 있듯이, 특정 지역의 질병이 국경을 넘나들고 있다. 다른 사회의 모습을 다양한 매체를 통해 확인할 수 있는 시대에 살고 있는 인류는 더 나은 삶을 위해 이주를 하고, 국경을 넘어 이민을 선택한다. 가난과 전쟁, 환경오염을 벗어나 경제적 풍요, 정치적 안정, 깨끗한 환경을 찾아 떠나는 것이다. 이 과정에서 차별을 당하고 분노와 절망에 빠지다 극단적인 선택을 하는 사람도 생길 수 있는데, 그중 일부는 악의를 품고 테러를 저지르기도 한다.

2017년 지구촌 인구시계는 75억 명을 넘어섰다. 2050년경에는 90~100억 명에 도달한 후 안정될 것으로 예상하고 있지만, 지역 간 인구 격차는 크게 벌어질 전망이다. 선진국 인구는 약 10억 명 선에서 멈추겠지만 개발도상국 인구는 80억 명을 넘어설 것이기 때문이다. 특히 선진국은 출산율이 낮아져 미래 청년층이 얇아진 만큼 2050년경이면 지구촌 청년의 90퍼센트는 개발도상국에서 살고 있을 것이다. 이런 불균형은 양측 모두에게 고민거리다. 선진국은 얼마 안 되는 청년층이 고령 인구를 부양해야 하는 부담이 클 테고, 개도국은 얼마 안 되는 경제적 기회를 두고 수많은 청년들이 도시로 몰려들어 치열하게 경쟁하면서 사회적 불안이 커질 테니 말이다. 개도국의 경제성장이 부진을 면치 못한다면 어떻게 될까? 더 나은 삶을 위한 탈출 행렬이 늘어날 것은 당연하지 않을까? 국가 간 빈부 격차가 줄어들지 않는 한 늘어나는 이민을 막기는 어려울 것이다. 지역 간 격차, 공간 불평등을 줄이는 노력이 병행되지 않는다면, 평화와 번영을 누리기는 어렵지 않겠는가.

미래의 삶이 어떻게 달라질지 우리는 예측하기 어렵다. 맬서스도 녹색혁명이나 피임도구 개발을 예상하지는 못했다. 오늘날의 이민 추세도 과거엔 예상하지 못했던 혼란이지만, 인류는 해법을 찾기 위해 고심하고 토론하며 지혜를 모아나가고 있다. 고령화 시대, 기후변화의 시대, 로봇의 시대 등 격변하는 미래에 인간은 또 어떤 인구 문제와 맞닥뜨리게 될까?

20

지속 가능한 대한민국을 위해
'탈원전'을 한다고?
에너지 다양화 시대, 우리의 선택에 달렸다

영화 속 암울한 지구촌 미래, 정말 현실이 될까?

아름다운 별, 지구에서의 인류의 삶은 먼 미래에도 지속 가능할까? 우주를 다룬 SF 영화 〈인터스텔라〉는 기상 악화로 식량 자원 부족에 직면한 2040년 지구촌을 배경으로 시작한다. 먼지가 풀풀 날리는 삭막한 지구의 식량위기를 뒤로한 채 인류 생존에 적합한 행성을 찾아 나선 주인공의 목숨을 건 악전고투가 눈물겹게 그려진다. 또 2013년 개봉한 봉준호 감독의 〈설국열차〉는 기상 이변으로 꽁꽁 얼어붙은 지구촌에서 유일하게 살아남은 사람들이 열차를 타고 똑같은 궤도를 달리며 벌어지는 우울한 인류의 미래를 그린 영화이다. 극단적으로 부족한 자원을 두고 열차 앞 칸의 상류층과 꼬리 칸의 빈곤층 간에 벌어지는 갈등은 참혹하기까지 하다. 황량한 지구, 더 황량한 우주 속에서 펼쳐지는 미래 인간들의 고군분투기는 단지 영화 속 한 장면으로 끝날까? 아니면 나와 우리 후손들이 앞으로 겪을 미래의

지구온난화에 대한 경각심을 촉구하기 위한 몰디브의 수중 내각회의(좌)와 네팔의 히말라야 각료회의 출처 : 연합뉴스

모습일까?

사람들이 지구촌의 미래를 이토록 어둡게 상상하는 것은 어쩌면 지구촌 곳곳의 현실이 그 단초를 제공하고 있기 때문일지도 모른다. 2011년 70억 명이던 세계 인구는 2015년 73억 명을 넘어섰고 2050년에는 90억 명이 넘을 것으로 예상된다. 그만큼 자원 소비는 늘어날 것이고, 생태 환경은 파괴될 것이다. 오늘날 세계는 세계화 시대를 맞아 다양한 이권과 갈등에 얽혀 전쟁이 빈번하게 일어나고 난민도 급증하고 있다. 게다가 지구촌 곳곳에 가뭄과 산불, 폭풍과 홍수, 폭염에 한파와 폭설까지 이상기후가 끊임없이 보고되고 있다. 살기 힘들어진 사람들은 고향을 등지고 지구촌 곳곳을 떠도는데, 그 수만 6,000만 명을 넘어섰다.

그나마 다행인 것은 하루 1.9달러 이하로 사는 세계 빈곤 인구가 감소하고 있다는 소식이다. 세계은행에 따르면 세계 극빈층이 2015년 처음으로 총인구의 10퍼센트 미만으로 떨어져 7억 200만 명으로 줄어들었다. 이는 중국, 인도, 인도네시아 등 아시아 신흥국들의 경제성장에 힘입은 바 크다. 하지만 이들이 미국인이나 유럽인과 같은 생활수준을 누리고 있는 것은 아니다. 일례로 중국의 1,000명당 자동차 보급대수는 2012년 기준 85대로, 한국 376대, 일본 591대, 미국 897대에 한참 못 미친다. 중국인과 아시아인들이 일본인과 미국인 수준으로 차를 갖게 된다면 지구에는 어떤 일들이 일어날까? 점점 잘살게 되는 신흥국들의 성장을 우리는 공포의 눈빛으로 바라봐야 할까? 참고로 UN의 〈국제자원패널 보고서〉에 따르면 2010년 기준 1인당 소비에 사용되는 자원량은 북미 25톤, 유럽 20톤, 아시아와 남미는 9~10톤, 아프리카는 3톤 미만이다. 선진국 사람들은 개도국 사람들보다 훨씬 더 많은 자원을 소비하며 경제를 성장시켰고, 현재도 같은 방식으로 풍요로운 삶을 향유하고 있다. 앞으로 개도국의 빈곤 퇴치와 경제성장이 자원 소비로 이어져 지구촌의 미래를 어둡게 하는 것은 아닐까? 선진국이 펑펑 써대는 자원량을 줄여 개도국과 공평하게 나누는 일이 가능할까? 한정된 자원을 놓고 지구촌 인류는 싸움을 반복해야 하는 것일까? 그렇다면 모든 인류의 인간다운 삶을 바라는 것은 이루지 못할 꿈일까?

석유 없는 시대는 언제쯤 도래할까?

결국 인류의 지속 가능성을 이야기하려면 자원 문제에 부딪히고 만다. 그중 에너지자원은 지구촌 지속 가능성의 핵심 화두이다. 오늘날 지구촌 사람들은 에너지자원 없는 일상을 상상할 수 없다. 에너지자원이

산업과 일상생활 전반을 지배하고 있기 때문이다. 그중 가장 많이 소비하는 자원은 단연 석유이다. 그다음이 석탄, 천연가스 순으로, 대기오염을 일으키는 화석 에너지들이다. 세계는 주요 에너지원을 계속 화석연료에 의존해야 할까? 석유 없는 시대가 가능하기는 한 걸까?

　에너지 소비가 권장되던 시절이 있었다. 1970년대 오일쇼크가 몰아치기 전에는 그랬다. 에너지 소비가 증가하면 그만큼 경제도 성장했기 때문이다. 하지만 1970년대 이후 반복된 에너지위기 이후 인류는 석유를 대체할 대안 에너지를 찾고 있다. 석유는 언젠가는 바닥날 자원인 데다가 사용하면 할수록 이산화탄소를 내뿜어 기후변화를 몰고 오는 주범이기 때문이다. 하지만 인류는 오늘도 여전히 석유에 의존하고 있고, 이라크전이나 카스피 해 영유권 분쟁처럼 석유 자원을 차지하기 위해 혈투를 마다하지 않는다.

　석유 전성시대는 언제 그 막을 내릴까? 그에 대한 해답은 천차만별이라 가늠하기 어렵다. '피크 오일(Peak Oil)'론을 주장하는 사람들은

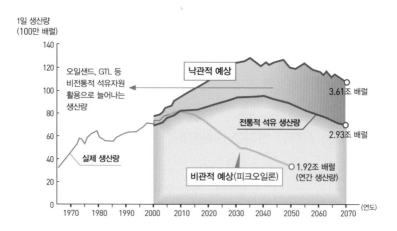

석유자원 생산량 전망(2006년) **출처 : 캠브리지 에너지 연구소(CERA)**

구분	2009년	2035년
석탄	27.2	24.2
석유	32.9	27.4
천연가스	20.9	23.2
원자력	5.8	7.1
신재생	0.8	4.1
기타	12.4	14.0

(단위 : %)

세계 1차 에너지 소비 현황 및 전망

출처 : 국제에너지기구(IEA)

석유 생산이 2025년경 정점에 이르고, 40년 정도 쓰고 나면 고갈될 거라고 말한다. 1960년대에 이미 유전 발견이 정점에 달했고, 지질학의 발전으로 있을 법한 유전은 대부분 발견되었다는 것이다. 기존 유전이 노후화된 데다가 값싼 석유의 시대는 끝났으므로 이제 항공, 자동차, 식량 산업 등 석유에 의존하는 산업들은 어려움에 직면하게 될 것이라고 경고한다. 이쯤 되면 매력적인 대체에너지가 절실함은 당연한 이야기다.

한편에서는 석유 시대의 종말 운운하는 것은 호들갑이라고 폄훼한다. 기술이 발전하면서 채굴 효율을 상승시키고 있고, 오일샌드, 셰일가스 등 비전통적 석유의 발견도 이어지고 있기 때문이다. 따라서 석유 생산량이 갑작스럽게 감소하는 일은 없을 것이고, 피크 오일의 시기도 상당히 늦춰질 것이라는 주장이다.

그럼에도 불구하고 모두들 언젠가는 석유가 고갈될 것이란 점을 부정하지 않는다. 다만 대기오염과 지구온난화 등 환경문제를 일으키는 화석연료 중심의 에너지 시스템에서 다른 에너지 시스템으로 옮겨갈 시기에 대해서는 저마다 다른 목소리를 내고 있을 뿐이다.

2015년 지구촌 각국 정상들은 왜 갑자기 착해진 걸까?

2016년 한반도의 여름은 기록적인 폭염 소식이 이어지면서 후끈 달아올랐다. 2016년 7월은 세계 기상관측 이래 가장 더웠던 달로, 2015년의 기록을 갱신했다. 문제는 지구온난화로 인해 이런 이상기후가 계속될 것이라는 데 있다. 기후변화에 대한 우려는 지구촌에 위기감을 몰고 왔다. 2015년 파리 기후변화회의를 앞두고 프란치스코 교황은 "가난한 사람들에게 가장 많은 영향을 미치는 지구온난화는 화석연료 중심의 산업 모델 때문에 발생했다"면서 "가톨릭 신자이든 아니든 신의 창조물인 지구를 후세대에 넘겨줄 수 있도록 보존하는 데 앞장서야 한다"며 화석연료를 즉각 재생 가능 에너지로 대체해야 한다고 강조하였다.

2015년은 지구촌 역사에 한 획을 그은 해라고 할 수 있다. 195개 국가들이 파리 기후변화회의에 모여 지구온난화 문제에 대한 지구촌의 합의를 이끌어냈기 때문이다. 1992년 UN 기후변화협약이 체결

파리 기후변화회의

되고 나서 여기까지 오는 데 23년이란 긴 시간이 걸렸다. 파리협정에서는 2020년에 만료되는 교토의정서 체제를 대체할 신기후체제로, 온실가스 배출 감소를 통해 환경과 경제, 사회 발전의 조화를 이루는 '지속 가능한 발전'을 추구하기로 했다. 그러기 위해 지구 평균기온의 상승을 산업화 이전 대비 '2℃보다 상당히 낮은 수준으로 유지'하기로 하고 1.5℃ 이하로 억제하기 위해 노력하기로 했다. 지구촌 곳곳에서 더 끔찍한 재앙이 터지기 전에 화석연료 시대를 끝내야 한다는 데 뜻을 모은 것이다.

서로 자국의 이해를 내세우며 합의를 못 보고 갈등하던 국가들이 갑자기 지구를 위해 '착한' 결정을 내린 이유는 뭘까? 그것은 지구가 지속 가능하려면 시간이 얼마 남지 않았음을 과학자들이 잘 증명했기 때문이기도 하지만, 무엇보다 경제계가 화석연료 기반의 산업에 등을 돌리고 '저탄소 경제'를 선택했기 때문이다. 재생에너지를 늘려 에너지 수입 의존도를 낮추고, 에너지 단열, 효율화 방안 등 저탄소 기술 분야에 투자해 경제성장을 도모한다는 것이다. 그도 그럴 것이 선진국을 중심으로 환경운동이 확대되고 이것이 사회제도로 반영되면서 탄소 규제 등이 강화되고 있는 추세라 이에 발맞추지 못하면 기업도 성장은커녕 시장에서 퇴출당할 수 있기 때문이다. 예를 들어 EU의 환경 규제가 강화되면서 유럽에서 자동차를 판매하려면 2021년까지 자동차 한 대당 평균 이산화탄소 배출량을 95g/㎞ 이하로 낮춰야만 한다. 기술이 부족해 이를 맞추지 못한다면? 1g/㎞ 초과할 때마다 대당 95유로를 매년 벌금으로 내야 한다. 기업이 살아남기 위해서라도 연구 개발에 힘을 쏟아야 하는 것이다.

2014년 이후 저유가가 3년째 지속되면서 그린산업이 위축될 것이란 우려가 있었지만, 2015년 재생에너지 투자가 3,290억 달러로 사상 최대치를 기록했다. 드디어 세계 재생에너지 분야 투자 규모가 화석 기반 에너지에 대한 투자를 넘어선 것이다. 이것은 무엇을 의미할까? 그린산업이 미래 성장 동력임을 경제계에서도 알아차리고 발 빠르게 움직이고 있음을 뜻한다.

신·재생에너지로의 전환! 에너지도 다양화 시대를 맞나?

전 세계 인구의 약 65퍼센트가 휴대폰을 이용하고 있다. 이는 전 세계의 화장실 이용이 가능한 인구를 넘어서는 수치이다. 발명된 지 2,800년이 지난 화장실보다 30년이 채 되지 않은 휴대폰이 다수에게 급속도로 퍼져나간 것은 무선으로 분산이 가능하기 때문이다. 에너지도 중앙 집중형이 아니라, 분산형인 태양광발전과 풍력발전이 단기간에 급속도로 확산될 가능성이 높다.

10년 전만 해도 세계 전기의 0.5퍼센트를 공급하던 태양광과 풍력이 2014년에는 4퍼센트를 공급하기에 이르렀다. 태양광발전 모듈 가격도, 풍력발전 터빈 값도 내려가고 있다. 풍력발전은 상당수 지역에서 화력발전 대비 경쟁력을 갖췄다는 평가를 받으며, 풍력발전 설비는 원자력발전을 넘어섰다. 태양광의 발전단가도 급락하면서 '그리드 패리티(grid parity)' 달성 지역이 확대되고 있다. 그리드 패리티는 1킬로와트의 전기를 생산하는 데 필요한 태양광발전 비용과 화석연료를 사용해 생산한 일반 전력 비용이 같아지는 수준을 의미한다.

선진국의 환경 규제가 강화되면서 자동차 에너지와 자동차 종류도

변하고 있다. 실용성이 떨어진다던 전기차도 배터리의 무게와 가격, 주행거리 등이 꾸준히 개선되면서 판매량이 급증하고 있다. 미국의 대형 고급차 시장에서는 전기차인 테슬라 모델 S가 벤츠나 BMW 등 내연기관 자동차의 판매 실적을 웃돌았다.

내부 전력 수요를 재생에너지로 충당할 계획을 세운 구글과 애플, 페이스북 등 글로벌 IT 기업들은 대규모 태양광발전 사업을 적극 추진하고 있다. 국제에너지기구(IEA)는 2040년 세계발전능력에서 재생에너지가 가장 큰 역할을 할 것으로 예상할 정도이다. 신기후체제가 본격화하고 저탄소 경제로의 전환 속도가 가속화한다면 태양광발전과 풍력발전의 성장은 더욱 커질 것이다. 보다 값싸고 풍부하며 효율적인 에너지로의 이동은 이미 시작되었다. 화석연료에서 태양광에너지로의 전환이 진행되고 있는 것이다.

이런 에너지의 변화 흐름을 지역별로 살펴보자. 온실가스 배출에서도 1, 2위를 달리는 G2 국가, 미국과 중국이 과거와 달리 저탄소화

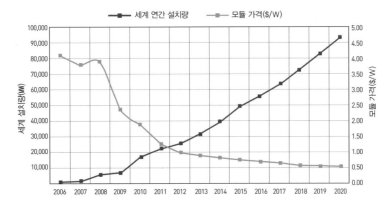

세계 태양광 설치량과 모듈 가격 전망 출처 : SNE 리서치 2012, 산업통상자원부

에 적극적으로 나서고 있다. 미국은 셰일혁명으로 천연가스 발전이 석탄 발전을 상당 부분 대체하면서 2000년대 중반 이후 1인당 온실가스 배출량이 감소 추세로 돌아섰다. 태양광과 전기차 등의 인프라를 확대하고 있어서 메이저 석유회사인 엑슨모빌조차 하이브리드, 전기차 등 친환경 자동차의 판매 비중이 2014년 3.3퍼센트에서 2040년에는 50퍼센트 정도로 늘어날 것이라 예상하고 있다.

중국은 이산화탄소 배출에서 단연 1위의 나라다. 세계 배출량의 30퍼센트를 중국이 차지하고 있기 때문이다(미국이 16.5퍼센트로 2위). 하지만 1인당 연간 배출량은 5톤으로 미국의 16.5톤에 비하면 적은 편이다. 미세먼지로 골머리를 썩고 있는 중국은 2015년 재생에너지 세계 최대 투자국이다. 세계 최대 풍력 터빈(전 세계의 21.4퍼센트, 2014년 기준) 및 태양전지(전 세계의 60퍼센트, 2013년 기준) 생산국이기도 하며, 최근에는 전기자동차 부문까지 입지를 강화하고 있는 실정이다.

유럽연합(EU)은 어떨까? 2015년 28개 회원국 총발전량 중 18퍼센

독일 프라이부르크, 태양광 지붕의 건물

트를 재생에너지가 차지하고 있다. 특히 독일의 재생에너지 사용량
은 36퍼센트에 달하며, 영국은 24퍼센트, 이탈리아와 프랑스도 19퍼
센트가 넘는 전기를 재생에너지를 통해 얻고 있다. 영국과 독일 등은
재생에너지 발전 단가가 하락하면서 정부 지원을 축소하는 등 시장
기반 체제로의 전환이 검토되고 있기까지 하다.

민의를 따라 '탈핵' 길에 들어선 대한민국

세계 7대 온실가스 배출국이자 에너지 다소비 업종이 주요 산업을
차지하고 있는 대한민국. 우리나라의 에너지 정책은 어떤 방향성을
갖고 있을까? 한마디로 정리하면, 에너지 수요 관리가 아닌, 공급 위
주의 정책을 펴고 있다. 전기를 소비하는 만큼 더 많이 공급하겠다는
것이다.

2015년 현재 우리나라는 전력량의 약 65퍼센트를 화력에 의존하고, 약 30퍼센트를 원자력에 의존하고 있다. 탄소집약도(경제성장에 따른 탄소 배출량)는 낮아지는 추세지만 여전히 선진국에 못 미치고, 재생에너지 비중은 약 1.1퍼센트에 불과해 OECD 국가 평균인 9.2퍼센트는커녕 중국과 인도에도 한참 뒤처지는 매우 낮은 수준이다.

하지만 지난 정부는 석탄화력 중심의 에너지 정책을 변경하지 않고 계속 발전소 추가 증설을 예고해 지역 주민과 환경단체가 반발해왔다. 특히 2016년 현재 국내에서 운영 중인 총 53기 석탄화력발전소 중 약 47퍼센트가 충청남도에 위치해 있어 미세먼지에 의한 주민 건강 문제, 조기 사망자 증가, 농작물 피해, 발전온배수에 의한 피해 등 해당 지역의 피해가 상당하다.

화력발전만 증설하는 것이 아니다. 2015년 정부는 2029년을 목표로 제7차 전력수급기본계획을 발표했는데, 기존 6차 계획(원전 23기 +11기 추가 건설)에 비해 핵발전소 2기를 더 짓겠다며, 그 예정지로 경북 영덕과 강원 삼척 중 한 곳을 결정하겠다고 했다. 삼척은 이미 '원전 백지화'가 지역 최고 이슈가 되어 주민 투표가 실시되었고, 85퍼센트의 주민이 원전 유치 반대에 표를 던졌다. 원전이 들어서면 강원도의 청정 가치를 상실하게 될 것이므로 원전 대신 태양광발전, 플라스마, 해양·열에너지 등 신재생에너지 산업을 육성하겠다는 것이다. 영덕도 반대 여론이 높아지며 주민 투표를 실시, 92퍼센트의 주민이 반대 의사를 밝혔다. 그러나 당시 정부는 주민 투표의 법적 효력이 없다며 원전 건설을 강행하겠다는 의지를 표명했다. 하지만 경주 지진 이후 안전에 대한 불안감이 높아지면서 이번에는 영덕군 지자체가 원전 건설 중단 입장을 밝히고 나섰다.

2017년 새롭게 출범한 정부는 에너지 정책에 있어서 기존 정부와 다른 목소리를 내고 있다. 신규 원전을 짓지 않고, 수명이 다한 원전은 즉각 폐쇄한다는 것이다. 국내 첫 원전인 고리 1호기가 2017년 6월 19일, 40년 만에 영구 정지되었다. 부산 시민들은 환영했다. 현재 건설 중인 신고리 5·6호기에 대해서도 의견이 분분하다. 한편에서는 공사 전면 중단을 요구하고 있고, 원자력계에서는 건설 중단은 안 될 말이라며 반발하고 있다. 이에 정부는 신고리 5·6호기 공론화위원회를 열어 민의를 수용하기로 했다. 471명의 시민 참여단이 한 달여의 숙의 과정을 거치며 내린 결론은 '신고리 5·6호기 건설은 재개'하되

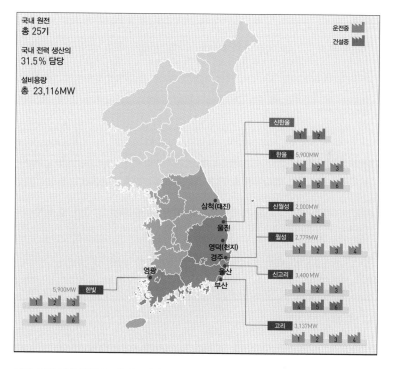

국내 원전 현황 2016년 12월 기준, 출처 : 한국수력원자력

장기적으로 '원전은 축소'하라는 것이었다. 이에 신고리 5·6호기 건설을 마지막으로 대한민국은 원전 비중을 감축해나가는 '탈핵'의 길로 들어서게 되었다.

'탈원전'이 시대의 흐름이라지만 원전에 대한 찬반 의견은 여전히 팽팽하게 맞선다. 그도 그럴 것이 원자력에 대한 평가는 너무나 상반된 주장이 제기되기 때문이다. 한편에서는 원전은 과학의 집결체로 안전하며, 경제적이고, 친환경적인 에너지이므로 지구온난화를 방지하기 위해 필수적인 선택이라고 말한다. 또 다른 편에서는 원자력은 위험하며, 비경제적이고, 반환경적이며, 미래 세대에게 엄청난 부담을 주는 에너지이므로 더 이상 늘려서는 안 되고, 세계 에너지산업 동향과도 정반대 방향이기에 점차 폐지해야 한다고 주장한다.

어느 쪽의 주장이 맞을까? 2011년 3월 11일, 후쿠시마 원자력발전소의 멜트다운(meltdown) 이후 세이프캐스트(Safecast)라는 비영리 기관이 방사능 측정 자료를 수집해 정보를 공개하였다. 원자력산업과 정부기관이 공개를 막으려 했던 데이터가 공개된 것인데, 결론부터 말하면 원자력은 비싸고 매우 위험하며 치명적으로 오염되어 있다는 것이다. 씨티은행의 원자력산업에 대한 보고서 〈새로운 원자력발전소: 경제학은 이를 거부한다〉에서는 원자력의 원가에 정부의 보조금, 해체 비용, 보험료가 포함되지 않았음을 밝히고 있다. 무엇보다도 재난 시에 국가 전체가 파산할 우려가 있으며, 개인의 사리사욕이 결합되어 핵이 제어되지 않았을 때 그 피해는 상상하기조차 두려운 게 사실이다.

덧붙여서 원전 주변 인구 밀집도도 고려해봐야 한다. 후쿠시마 원전 사고 당시 주민 대피령이 내린 30킬로미터 안에는 17만 명이 살고 있었지만, 우리나라 고리 원전은 382만 명, 월성 원전은 170만 명이 살고 있다. 국토 면적 대비 원전 밀집도, 원전 주변 인구수 면에서 대한민국은 단연 세계 1위이다.

에너지원은 주어지는 것이 아니라 우리가 선택하는 것

에너지산업은 국가 기간산업으로 한 나라 산업의 근간을 이룬다. 하지만 석탄화력발전은 온실가스와 미세먼지를 발생시키고, 원자력발전은 방사능 폐기물을 배출한다. 사람들의 환경의식이 나날이 높아지면서 환경문제를 유발하는 발전 방식에 대한 사회적 시선도 과거와는 확연히 달라졌다. 더구나 발전소만 지어서 끝나는 게 아니라 송전 설비까지 갖추어야 하므로 여러 지역의 주민 생활에 지대한 영향을 미친다. 우리나라는 1차 에너지(유류)보다 2차 에너지(전기)의 가격이 저렴해 전력 수요가 증가하고, 이에 맞춰 지속적으로 화력과 원자력발전소를 늘려왔다.

에너지의 종류는 다양하며, 우리는 그중에서 적절하고 합리적인 에너지를 선택할 수 있다. 즉 국가마다 지역마다 다른 선택이 가능하다는 얘기다. 따라서 에너지 문제도 국가와 지역의 상황에 맞게 민주주의로 풀어야 한다. 후쿠시마 사고 이후 독일, 벨기에, 스위스, 이탈리아, 타이완 등 많은 나라가 탈핵을 선언했다. 탈핵으로의 방향 전환은 시민들이 동의하면 얼마든지 가능하다.

마침 대한민국에서 새 정부 출범 이후 들려오는 '탈(脫)석탄, 탈원전' 정책 발표가 반가운 이유는 우리 사회에 에너지 관련 논의를 활성화시키고 있기 때문이다. 우리나라의 조건에서 실제 재생 가능 에너지 비율을 얼마나 끌어올릴 수 있을 것인지, 석탄화력과 원자력발전 비율을 얼마나 낮출 수 있을 것인지, 전기요금과 환경 세제를 어떻게 바꿀 것인지 등 논의해야 할 사안들이 첩첩산중이다. 하지만 어쩌면 지금이 산업혁명 이후 250년간 절대적 기준으로 받아들여져온 에너지 시스템을 바꿀 수 있는 적기일지 모른다. 물질적 풍요를 미덕으로 여겨 과소비를 조장해가며 경쟁적으로 이윤을 추구해온 인류는 여러 가지 위기에 맞닥뜨리고 있고, 에너지위기도 그중 하나이다. 현재 우리의 에너지 시스템이 인류의 지속 가능성 측면에서 적절한지 검토하고, 필요하다면 과감히 방향을 전환해야 한다. 전력 정책을 공급 중심에서 수요관리 중심으로 바꾸고, 재생에너지의 비중을 획기적으로 높여나가야 한다. 안전하고 친환경적인 전기가 공급된다면 합리적 수준의 세금 인상은 감수할 수도 있다. 무엇보다 사회적 논의와 국민적 합의가 필요하다.

최근 풍력, 태양광 등 신재생에너지를 스스로 생산해 수요의 100퍼센트를 공급하겠다는 야심찬 계획을 세운 섬 지역의 도전이 눈길을 끈다. 섬은 주변 지역과 떨어져 있어서 에너지 자립 시범지역으로 선

제주 가파도의 에너지 공급 비율(2016년) 출처 : 한국전력

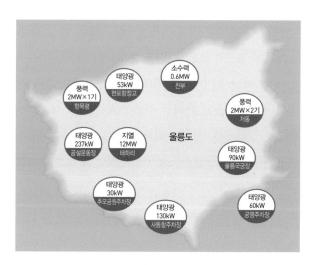

울릉도 신재생에너지 발전원 배치도(2016년)

정하기에 적합하다. 부디 '탄소 없는 섬, 가파도', '에너지 자립 섬, 가사도', '탄소제로 섬, 덕적도' 등 다양한 실험이 성공적으로 퍼져나가 에너지 자립의 실현 가능성을 눈으로 확인할 수 있는 공간이 늘어나면 좋겠다. 제주 가파도의 사례를 보면 알 수 있듯이, 아직 에너지 자립 비율이 50퍼센트를 넘어서지는 못하고 있다. 하지만 낮아진 전기 요금과 늘어난 관광객을 보며 지역 주민들은 긍정적인 변화를 체감하고 에너지 자립 정책에 자발적으로 참여하고 있다.

가파도와 가사도에서 실증된 에너지 자립 기술은 인구가 1만 명, 한 해 관광객 40만 명에 이르는 울릉도에도 적용된다. 또한 인구 60만 명의 제주도에도 적용해 2030년까지 제주도를 '탄소 없는 에너지 자립 섬'으로 발전시킨다는 계획이다. 울릉도와 제주도의 에너지 자립 실험이 육지의 도시로도 확산될 수 있기를 기대해본다.

시민들이 힘을 모아 마을과 주택에 태양광을 설치하거나 협동조합을 통해 공동 소유의 재생에너지 시설을 운영하는 사례도 늘고 있다. 서울시는 시민의 힘으로 원자력발전소 1기에 해당하는 발전량만큼 에너지를 절약하는 '원전 하나 줄이기' 정책을 시작해 성공적으로 1단계 목표를 달성하였다. 이제 서울시 에너지 자립 비율을 20퍼센트까지 높이는 2단계 행동으로 돌입한 상태다. 서울시의 사례는 가정, 학교, 직장에서 에너지를 절약하는 생활문화와 지역에너지 정책이 얼마나 중요한지를 보여준다. 이처럼 지속 가능한 에너지에 대한 주민들의 인식 공유, 아래로부터의 실천은 우리 사회의 에너지 시스템을 획기적으로 전환하는 밑바탕이 될 것이다.

먹방과 쿡방이 놓치고 있는 건 뭘까?
농업과 먹거리의 연결고리를 찾아라

농(農)은 없고 식(食)만 있는 먹방·쿡방의 문제들

'먹다'와 '방송'이 결합된 '먹방', 그리고 '요리하다(cook)'와 '방송'이 결합된 '쿡방'이 한국의 대중매체에서 크게 유행하고 있다. 남자 연예인들이 산동네나 외딴섬을 일부러 찾아들어가 삼시 세끼를 직접 해먹느라 하루 일과를 다 소진하는 것을 보려고 시청자들은 텔레비전 앞에 시간 맞춰 모여들고, 유명 여배우의 광고에 힘입어 '치맥'이 한식의 대표주자처럼 외국인들에게 소개되기도 한다. 이처럼 한국의 먹방과 쿡방은 이미 세계적으로 관심을 끄는 사회적 현상이다.

하지만 이 먹방의 홍수 속에서 우리가 놓치고 있는 것이 있지 않을까? 국제슬로푸드협회를 이끌고 있는 카를로 페트리니(Carlo Petrini)는 2010년 방한 중에 한국의 먹방 문화에 놀라면서도 다음과 같이 우려를 표명했다. "요리에만 관심이 있고 농업에 관심 없는 것은 바보 같은 짓입니다. 농업에 대해 얘기하지 않고 먹는 것만 이야기하는

먹방과 쿡방

요리 관련 프로그램은 방송가에서 오랜 기간 유지된 주제였지만 오늘날 먹방이나 쿡방의 인기는 2010년 이후 한국 사회의 구조적 변화와 사회적 분위기가 반영되어 있다. 우선 인구 통계학적으로 가족의 해체와 1인 가구가 크게 증가하면서 혼자 식사를 해결해야 하는 이들의 수가 늘어났다. '혼밥'이 유행하게 된 것인데, 매일 사먹어야 하는 식당 밥에 질리게 된 이들이 건강과 재미를 찾으면서 '집밥', 비법을 배울 수 있는 '쿡방'의 인기가 치솟고 있는 것이다.

둘째, 한국 경제가 저성장 국면에 고착되어 소비 성향이 급감한 데 따라 상대적으로 적은 돈으로 음식을 해먹으며 가장 기본적인 생리적 욕구를 해소할 수 있기 때문이다. 한편에서는 정치·사회적 불만과 불안으로 인해 좌절을 겪은 이들이 유일하게 찾을 수 있는 소소한 행복과 즐거움이 욕구 위계의 가장 바닥에 위치한 먹는 것으로 해결되는 사회적 퇴행을 비판적으로 봐야 한다고 주장하기도 한다.

것은 음식 포르노일 뿐입니다." [●]

맛집 소개, 유명인의 요리, 남들이 음식을 맛있게 먹는 모습이 텔레비전에 클로즈업될 때 우리의 동공과 침샘은 크게 반응하지만, 그 순간 이성은 멈추는 경우가 많다. 요리 소재 프로그램의 대다수는 정보 오락물(infortainment)로 '흥미' 추구에 방점이 찍혀 있을 뿐이다. 음식을 둘러싼 다양한 사회적 맥락과 문제들은 일부 다큐멘터리성 프로그램을 제외하고 거의 다루어지지 않는다. 생각해보면 눈과 귀를 자극하는 장면에는 '식(食)'만 있을 뿐, 그 식의 기원이 되는 '농(農)'이 없는 셈이다.

현재의 먹방이 가능한 것은 식재료인 농식품이 상대적으로 저렴하고 풍부하게 공급될 수 있었기 때문이다. 또한 석유(농약+농기계)에 기초한 근대적 농업과 규모의 경제를 추구하며 커져온 지구적 규모

● 김종덕, 《음식문맹자, 음식시민을 만나다》, 따비, 2012

의 농식품 산업 덕분이기도 하다. 두 차례의 세계대전 이후 전 세계적으로 확산된 근대적 농식품 체계 덕분에 많은 지구인들이 굶주림에서 해방될 수 있었다.

하지만 이와 같은 글로벌 식품 체계의 수명이 지속될 것이라는 기대는 낙관적이지 않다. 그 체계의 생태적·사회적 측면에서 취약성이 곳곳에서 드러나고 있기 때문이다. 여전히 지구 인구의 6분의 1에 해당하는 약 10억 명의 인류가 상시적인 기아 상태에 놓여 있으며, 농식품 생산이 의존하는 자연과 농촌에서 발생하는 다양한 환경문제가 생산력 자체를 위협하는 수준에 이르고 있다. 주기적으로 찾아오는 한국의 조류독감이나 구제역 사태 역시 값싼 먹거리의 시대, 먹방의 홍수에 가려진 위험의 한 징후이다.

즐거움을 얻기 위해 맛집을 찾아다니는 것은 강퍅한 일상에서 그나마 서민들에게 허락된 위안거리이지만, 이제는 우리의 먹거리를 떠받치는 농촌과 농식품 유통의 현실을 직면하며 질문해야 한다. 이에 다음 4개의 질문을 기초로 먹거리의 안전성과 지속 가능성에 대해 탐구해보기로 하자.

먹거리는 어디에서 올까? 세계화된 식탁

오늘날 우리의 식탁은 세계화의 첨단을 걷고 있다. 2011년에 한국의 농림축산수산물 수입액은 역사상 최초로 300억 달러를 넘어섰다. 중국산 김치, 노르웨이산 고등어, 태국산 새우, 칠레산 과일까지 전 세계 구석구석에서 조달되어온 식재료가 이제는 더 이상 낯설지 않다.

사실 소비자의 입장에서 농식품의 세계화가 꼭 나쁘다고만 볼 수는 없다. 식품의 장거리 교역 및 소매 식품 시장의 성장에 힘입어 소비자들은 다양한 식품(특히 과일이나 기호 식품)을 계절에 구애받지 않고 즐길 수 있는 장점도 있기 때문이다.

식탁의 세계화는 국제적인 다국적 농식품 기업들에 의해 주도되어 왔는데, 이러한 구조를 일컬어 '세계농식품체계(global agro-food system)'라고 부른다. 제2차 세계대전 이후 꾸준히 진행되어온 식량의 세계화 양상은 많은 나라에서 기아 감축과 상대적으로 저렴하고 풍부한 식량의 공급을 가능케 했다. 그리고 저렴한 식량의 세계적 공급은 농업의 산업화에 의해 뒷받침되었다.

이러한 세계농식품체계는 어떠한 과정을 통해 형성되었을까? 그 역사적·지리적 과정을 국제적 차원에서 조망해보자. 먼저 제2차 세계대전이 끝난 이후(대체로 1960년대부터) 대부분의 국민국가는 국민들, 특히 제조업에 종사하는 도시 노동자들을 위한 저렴한 식량을 안정적으로 공급하는 것을 중요한 국가 목표 중 하나로 삼았다. 이에 따라 녹색혁명 등의 기술혁신을 통해 농업의 근대화와 산업화를 추구하였다. 이렇듯 농업의 최대 목표는 늘어나는 인구를 먹이기 위한 식량 증산에 있었고, 농촌은 밀과 쌀 등의 주식인 곡물의 생산 기지로 특화되었다. 식량은 국가 안보와도 직결되는 문제였기 때문에 대부분의 국가는 농업 보호주의를 내세워 국내 농산물 시장을 보호하는 정책을 고수하였다.

1970년대에 접어들면서 선진국(특히 미국)의 농업이 식품 산업과 강하게 결합되는 새로운 경향이 나타났다. 이미 선진국의 곡물 메이저들은 농업 보조금에 기초해 저렴하게 생산된 자국의 곡물 잉여생산물을 개도국에게 원조나 수출의 형태로 이전해오고 있었다. 그런데 1970년대 이후 곡물 기업들이 세계 곳곳의 다양한 식품회사를 인수하는 한편, 식품 가공과 유통 부문에까지 사업 영역을 확대하기 시작했다.

1980년대 이후에는 농약과 비료 등에 특화되었던 농화학 기업들이 생명과학 기술(예를 들어, GMO 기술)을 바탕으로 농업 및 식품 분야의 기술적 변화를 주도하게 되었다. 특정 종자와 합쳐진 비료와 농약이 결합 상품으로 판매되면서 토종 종자가 자취를 감추게 된 것이다. 농부들은 내년에 심을 곡식의 씨앗을 고르는 개인 육종가에서 다국적

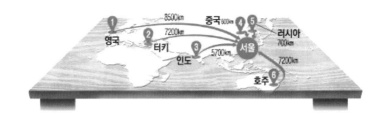

세계화된 식탁

출처: "농수산물 개방 20년, 우리 식탁 어떻게 바뀌었나, 총 3만km 건너온 밥상 위의 불청객", 2014년 11월 7일자 경향비즈

기업의 종자를 해마다 사야 하는 종자 산업의 구매자로 지위가 바뀌었다. 이러한 과정을 거쳐 농산물은 공산품과 마찬가지로 국제 거래가 가능한 상품으로서의 성격이 강화되었다. 이것은 곧 '종자에서 식탁까지' 농업과 식품의 수직계열화가 완성되는 과정이었으며, 동시에 선진국에서든 개발도상국에서든 개별 가정의 식탁이 세계화되는 과정이었다.

한국의 농업과 먹거리의 사정도 1994년 이후 전격적으로 변화되었다. WTO의 우루과이라운드 협상에서 그동안 국가 안보 등의 이유로 제외되어왔던 농업 부문의 자유화와 시장개방이 전격 결정되었기 때문이다. 2013년 방영된 〈응답하라 1994〉라는 드라마에 관련 장면이 등장한다. 극중 삼천포는 서울에 처음 올라온 날 온갖 우여곡절을 겪는데, 결국 그날 밤 경찰서까지 끌려가고 만다. 우연히 지하철 앞에서 시위 중이던 대학생이 나눠준 전단지가 가방에 들어 있었던 것이 이유였다. 그 전단지에는 "쌀 수입 반대!"의 주장과 까닭이 담겨 있었다. 농민과 시민단체의 반대가 컸으나, 1994년을 기점으로 한국에서도 쌀을 포함해 농업 분야가 전격 개방되기에 이른다. 이후 잡곡, 사료작물, 일부 기호 식품(커피 및 차 등)에 국한되어 있던 국내 수입 농식품 시장도 먹거리 전반으로 넓어지면서 식탁의 세계화가 가속화되었다. 그 결과 음식을 생산하는 곳과 음식을 먹는 일 사이의 거리, 일명 푸드마일(food miles)˙이 점점 더 길어지게 되었다. 생산

● 식품이 생산지로부터 생산, 운송, 유통 단계를 거쳐 소비자의 식탁에 이르는 거리를 뜻한다. 식품 안전에 관심이 크거나 농업 강국인 유럽의 국가들에서 푸드마일이 감소 추세인 것과 비교할 때, 한국의 푸드마일은 상당히 높은 편이다(프랑스의 열 배에 달한다). 2014년 국립환경과학원의 조사에 따르면, 한국인 1인당 1톤의 먹거리 푸드마일은 2003년 3,456킬로미터에서 2010년 7,085킬로미터로 두 배 증가하였다. 푸드마일이 길면 식품의 안정성과 신선도가 떨어지고 온실가스 배출량도 늘어난다. 물리적 거리 못지않게 소비자와 음식 간의 심리적 거리를 멀어지게 하여 음식에 대한 신뢰도도 떨어지게 된다.

자와 소비자의 익명성도 증가하면서 물리적 거리뿐 아니라, 농업과 음식 사이의 사회적 거리 역시 훨씬 멀어지게 되었다.

먹거리는 안전할까? 세계농식품체계로 인한 환경문제

기계화와 화학비료에 의존하는 산업농은 단일경작을 선호하는데, 이는 필연적으로 생물 다양성의 감소와 토질 저하 및 토양 고갈의 문제를 야기한다. 산업적 농업은 화학비료와 농약을 과잉으로 사용하는 경향이 있고, 이에 따라 토지와 수자원 역시 오염된다. 한편 산업적으로 생산된 먹거리가 과연 안전한가의 문제도 생각해볼 필요가 있다. 생산 과정에서의 과도한 농약 사용, 제조 과정에서 각종 화학첨가물로 범벅이 된 식음료, 최근의 유전자조작 작물(GMO) 논란에 이르기까지 먹거리 안전을 둘러싼 시민의 불안과 불만도 커져가고 있는 실정이다. 특히 학령기의 청소년들이나 취업을 준비하는 청년들이 값싸고 안전하지 않은 식품에 노출되는 경향이 크다는 게 문제이다.

경제성 논리에 따라 대량생산되는 음식의 소비는 또 다른 사회적 격차를 낳기도 한다. 음식이 시장 논리에 따라 거래되는 상품이 되면서 개인과 국가의 식량 안보도 경제 사정에 따라 좌우될 가능성이 커졌다. 즉 선진국과 개도국을 막론하고 저소득층일수록 열량만 높고 영양가 낮은 저렴한 식생활을 할 가능성이 높아진 것이다. 또한 자급용 주곡 대신 국제시장을 겨냥한 환금성(換金性) 작물(설탕, 커피, 담배 등)을 특화시킨 개발도상국이나, 한국처럼 식량 자급률이 낮은 국가들의 경우엔 농산물 국제시장의 가격 변동성이 높아져 식량 안보에 비상등이 커지는 일도 늘어나고 있다. 1980년대 국제 설탕 가격 폭락에 따라 사탕수수 밀집 생산 국가들에서 대규모 기아 사태가 발생한 것이 대표적인 사례이다. 한국에서 가장 가까운 동남아 국가인 필리핀은 UN 세계식량기구(FAO) 산하의 세계미작연구소(IRRI)가 있을 정도로 쌀농사에 대한 전문성을 갖춘 국가이지만, 쌀 수입 개방과 반복되는 경제위기를 겪으며 현재는 쌀 수입국이 되어버리고 말았다.

먹거리 안전과 관련하여 이제는 연례행사처럼 반복되는 가축전염병 문제도 산업화된 농식품 산업이 가져온 위험한 결과이다. 2016년 말 한국의 뉴스에서 탄핵만큼이나 자주 나왔던 용어로, '살처분(殺處分)'이란 말이 있다. 살처분은 '가축전염병 예방법' 20조의 규정에 따른 법률용어로, 제1종 가축전염병이 발생하였을 경우 병의 전염을 막기 위해 일정한 반경 이내의 가축들을 도살하는 것을 의미한다. 소·돼지 등의 대가축이 잘 걸리는 구제역과 닭·오리 등의 가금류가 걸리는 고병원성 조류인플루엔자(AI)가 대표적인데, 한국에서 이 전염병이 시작되면 경제적인 이유로 '예방적 살처분' 방식이 널리 활용되고 있다. 예방적 살처분이란 감염된 것은 아닐지라도 질병 발생 지점으로부터 반경 3킬로미터 이내의 가축은 모두 살처분하는 것을 말한다. 2011년 구제역 발생으로 살처분된 소와 돼지의 수가 300만 마리이고, 2016~2017년 AI 파동으로 살처분된 닭과 오리의 수는 3,000만 마리가 넘는다.

사회적 현상에 대한 이름 짓기(naming)는 그 현상에 대한 사회적 인식에 영향을 미친다. 달걀 값의 고공 행진으로 도시 생활인들에게는 AI와 같은 가축전염병이 피부에 와닿는 문제가 되었다. 2017년 8월엔 정반대의 상황이 펼쳐졌다. 살충제 계란 파동이 퍼지면서 이번에는 달걀이 쌓여 있어도, 가격을 인하해도 소비자들의 외면을 받았다. 하지만 두 현상 모두 도시인들의 삶터와는 동떨어진 농촌 지역에서 벌어진 일이라 여전히 남의 일처럼 여기는 사람들이 많다. 이 역시 농업의 산업화로 인해 생산자와 소비자의 물리적·사회적·심리적 거리가 멀어진 결과라고 할 수 있다. 언젠가는 잡아먹히기 위해 길러지던 동물들이지만 살아가는 동안의 동물 복지 차원을 고려할 때 죽임을 당하는 동물들의 목숨 값에 대해 우리가 너무 무감한 것은 아닌지 질문해볼 필요가 있다. 가축전염병 이후 육류 제품의 가격 상승 현상에서 보듯 이러한 방식이 비용 대비 효과적이라는 주장도 의심해볼 필요가 있다.

마지막으로 기후변화로 인해 먹거리 생산에 새로운 위기가 닥쳐오고 있다는 점에도 주목해야 한다. 우리 식탁에 오르는 먹거리의 상당수는 여전히 녹색혁명과 농업의 세계화에 따른 저렴한 식재료가 차지하고 있다. 이런 값싼 먹거리는 산업화 시대의 에너지인 석유 덕분에 가능했다. 농업 노동력 감소에 기여한 비료, 농약, 농기계 등은 모두 석유를 기반으로 생산된다. 사실상 우리는 석유를 먹고 있는 것일 수도 있다. 그러나 잘 알려져 있는 바와 같이 석유 등의 탄소 에너지원은 언젠가는 고갈될 재생 불가능 에너지원이기도 하거니와, 2015년 파리협정에 따라 고갈 이전에 기후변화를 완화하기 위한 조처로 인위적인 채굴이 중단될 가능성도 높아지고 있다. 이렇듯 값싼 식량 생산의 시대가 저물어가고 있기에, 우리는 더더욱 눈앞의 맛있는 음식 너머에 존재하는 사회적 관계들에 대해 관심을 기울여야 한다.

먹거리는 제대로 분배될까? 비만과 기아가 공존하는 세계

세계식량체계의 성립과 녹색혁명이 지구상의 기아 감축에 어느 정도 기여한 것은 사실이다. 실제로 세계의 농업생산력은 1984년을 기점으로 약 120억 명을 거뜬하게 먹일 수 있는 수준에 도달하였다. 하지만 UN 인권위원회 식량특별조사관이었던 장 지글러(Jean Ziegler)의 책 제목 《왜 세계의 절반은 굶주리는가?》가 말해주듯이 여전히 지구상에는 굶주림이 일상인 이들이 다수 존재한다. 목축용 소가 연간 50만 톤의 곡물을 먹어 치운다거나, 주로 선진국에서 제대로 소비되지 못한 채 대량으로 폐기되는 식재료와 조리 음식의 양을 고려하면, 세계의 기아 문제는 너무도 불합리한 문제가 아닐 수 없다.

장 지글러에 따르면, 세계 인구의 약 7분의 1이 만성적인 영양실조에 시달리고 있으며, 하루에 약 10만 명씩 기아나 그로 인한 질병으로 죽어가고 있다(2005년 기준). 기아 인구는 아프리카 사하라 이남 지역과 남아시아 지역에 밀집되어 있다. 이런 국가의 대부분은 정치적 혼란을 겪고 있는데, 사실상 내전 상태이거나 군벌 혹은 지역의 독재자가 군림하고 있는 나라들이다. 하지만 장 지글러는 세계적 굶주림의 원인은, 지구적 차원의 불균등과 기아를 악용하는 다국적기업들 그리고 일부 개도국의 나쁜 정부에 있다고 말한다.

풍요와 기아의 구분선은 일차적으로 북반구와 남반구 사이에 존재하지만, 사실 빈곤과 기아 문제는 선진국 내부의 문제이기도 하다. 만성적인 실업난과 빈곤, 부의 양극화와 계층화가 심화되면서 북반구 국가 내부에서도 기아와 영양실조의 문제가 다시 늘어가고 있다. 북반구 선진국에 사는 최저 생계선 아래의 빈민들 역시 남반구 개도국에 만연한 빈곤과 기아로 고통받고 있는 것이다.

지구적 차원에서 빈곤은 상당수 개도국 농촌의 문제이지만, 선진국의 산업화된 도시 지역에서 비만과 그로 인한 각종 질병(당뇨 등)으로 고통받는 인류가 약 10억 명을 넘어선다. 북반구의 비만 인구는 남반부의 기아 인구에 필적한다. 기아와 비만은 상호 대조적인 것처럼 보이지만, 영양학적 측면에서 볼 때 양자 모두 영양 결핍에 속한다고 할 수 있다. 기아는 절대적인 식량 부족에 의한 것이고, 비만은 영양 불균형에 따른 문제일 뿐이다. 두 상황은 선진국이든 개도국이든 관계없이 빈곤층에서 주로 발생하기 때문에 안타까운 일이다. 한편에선 '잘 먹고 잘 살자'란 구호 아래 건강식이 인기를 얻고 있지만, 여전히 굶주림에 고통받고 있는 사람들이 존재한다는 사실도 기억할 필요가 있다.

한국의 농업 농촌은 지속 가능할까? 구조적 위기와 희망들

텔레비전 속 진수성찬을 전시하는 먹방과 쿡방에 우리가 넋을 놓고 있는 사이, 역설적이게도 한국의 농업과 농촌의 위기도 심화되어갔다. 추석이나 설 때마다 뉴스에 단골로 등장하는 표현으로, '민족대이동'이라는 말이 있다. 한국의 명절 풍경은 도시로 떠난 자식 세대가 고향인 농촌의 부모 세대를 찾아가는 것이 일반적이었다. 이것은 1970년대 이후 압축적 근대화·산업화가 낳은 한국 사회의 독특한 풍경이었는데, 최근 들어 탈산업 사회의 도래와 가족 관계의 변화에 따라 이러한 풍습도 급속도로 바뀌어가고 있다.

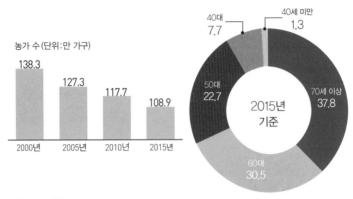

농가 경영주 연령대별 비율(단위 : %)

농가 수(단위:만 가구)

40대 7.7
40세 미만 1.3
50대 22.7
2015년 기준
70세 이상 37.8
60대 30.5

138.3 127.3 117.7 108.9
2000년 2005년 2010년 2015년

농업인구의 변천 출처 : 통계청

　　도시화율이 90퍼센트를 넘는 한국에서 '고향=농촌'이라는 등식은
더 이상 유효하지 않다. 세계적으로도 2008년을 기점으로 도시인구
와 농촌인구 간의 비율이 역전되면서 지구상에는 본격적으로 도시의
시대가 출현하였다. 이에 따라 농업을 주된 직업으로 삼는 농민의 수
가 절대적으로 줄어들고 있는 실정이다. 한국의 경우에는 감소의 폭
이 훨씬 크다. 한국의 농민은 1980년 총노동인구의 28.9퍼센트, 다
시 말해 성인 3명 중 1명을 차지했으나 한 세대 후인 2010년 농민의
수는 전체 인구의 6.4퍼센트(가구 수로는 6.8퍼센트)까지 급감하였다.
2010년 기준 전국의 농민은 117만 가구, 306만 명에 불과하다. 농민
의 수가 줄고 농촌공동체만 축소된 것이 아니라, 도시화의 전개와 농
지 전용(轉用)으로 농촌 지역의 절대 면적도 크게 줄어들었다. 산업
으로서의 농업도 분명 줄어들고 있는데, 이는 농가 소득 구조의 변
화에서도 분명하게 드러난다. 국내의 농가 소득에서 농업 소득, 즉
농사로 버는 소득이 전체 소득에서 차지하는 비중이 2012년 이후 30

퍼센트로 낮아졌다. 특히 이 시기부터는 10헥타르 이상의 경지를 갖춘 대농의 경우에도 농가 소득만으로 가계비를 충족하지 못하는 상황이 고착화되기에 이르렀다.*

농민의 수가 줄고 농업이 축소 국면이라면, 우리가 먹는 음식의 상당수는 어디에서 오는 것일까? 한국의 식량 자급률(곡물)은 2011년에 역사상 처음으로 25퍼센트 이하로 떨어졌다. 그나마 이 수치는 95.7퍼센트에 이르는 쌀에 의해 지켜져왔으며, 쌀을 제외한 식량 자급률은 3.7퍼센트에 불과하다. 한국인이 일상에서 섭취하는 음식의 75퍼센트가 수입에 의존하고 있는 것이다. 더 큰 문제는 밀, 대두, 옥수수 등 주요 곡물의 수입선이 미국, 호주, 브라질 등 소수의 국가에 집중되어 있다는 점이다. 기후변화와 자원위기가 심화되는 가운데 국제적 곡물 시장의 불안정성이 날로 높아지고 있다는 점에서 현재와 같은 국내 농업 구조와 수입 정책의 지속 가능성에 대한 의문이 커질 수밖에 없는 상황이다.

그렇다면 한국에서 농촌, 농업, 농민의 축소는 기정사실이 되고 있는 것일까? 농촌의 현실은 한편에서 점차 열악해지고 있지만, 역설적이게도 다른 한편에서는 농촌과 농업을 꿈꾸는 이들이 늘어나고 있다. 도시에서의 경쟁을 피해 삶의 여유와 자족을 꿈꾸며 귀농귀촌(歸農歸村)**을 택하는 이들이 늘어나고 있는 것이다.

● 1980년 이래로 0.5~2헥타르 규모의 농민은 급감하는데, 2헥타르 이상 대농과 0.3헥타르 미만의 소농은 증가하고 있다. 농업의 규모화와 영세화가 동시에 진행되는 중이다.

●● 농림수산식품부는 귀농(歸農)은 "도시에서 다른 일을 하던 사람이 그 일을 그만두고 땅을 이용하여 농작물과 가축을 기르는 농사를 위해 농촌으로 돌아가는 일"을 의미하며, 귀촌(歸村)은 "농촌으로 이주하였지만 농업 이외의 직업을 주업으로 하는 생활"로 구분하여 정의한다. 귀농의 경우에는 경로에 따라 U턴 귀농(농촌⇒도시⇒고향 농촌), J턴 귀농(농촌⇒도시⇒타향 농촌), I턴 형(도시⇒농촌)으로 세분하기도 한다. 하지만 최근의 정책적 추세나 귀농운동 진영에서도 귀농과 귀촌을 동시적으로 사고하는 경향이 강하다.

2015년 기준 귀농귀촌 가구 수는 30만 호를 훌쩍 넘어섰다. 도시를 떠나 농촌에서 새로운 인생을 찾으려는 인구 이동이 뚜렷해지고 있는 것이다. 귀농귀촌인들의 증가로 농촌 사회는 인구 증가, 농업 후계 인력 확보, 지역 발전, 도농 교류 활성화 등의 긍정적 영향을 얻게 되었다. 물론 농촌공동체의 성격 변화와 귀농인 대 기존 주민 간의 갈등 등의 부정적 영향도 동시에 존재하기는 한다. 하지만 안팎으로 붕괴의 위협에 직면하고 있는 농업 농촌의 입장에서 귀농귀촌인의 증가는 변화를 위한 새로운 전기가 될 수 있다. 결론적으로 말하

귀농귀촌 가구 현황(2015년) **출처 : 귀농귀촌종합센터**

면, 한국의 농업과 농촌 사회에는 큰 틀의 위기와 소소한 희망이 공존 중이라고 할 수 있다.

대안은 어디에?

내가 먹는 음식이 산지에서 식탁에 오르기까지의 과정에는 이처럼 다양한 사회적 힘과 관계들이 뒤엉켜 있다. 특히 음식의 출처에 해당하는 농업과 농촌의 지역적·국가적 구조 그리고 개별 국가의 농촌 부문의 시장 개방 정도는 식탁의 세계화에 큰 영향을 미친다. 한국은 짧은 시간 내에 높은 수준의 산업화와 90퍼센트가 넘는 도시화에 이르렀으며, 국민 일반의 생활수준과 의식도 상당히 현대화되었다.

그런데 국민경제에서 농업이 차지하는 비중이 줄어들고, 농업에 종사하는 인구가 줄어들면서 농업을 경시하는 태도가 만연해 있는 상태이다. 식량은 휴대폰과 자동차를 팔아 사먹으면 된다는 말이 공공연히 유포되고 있기도 하다. 현재 한국의 농업은 지난 60여 년 이상 구축되어온 농업의 산업화와 지구화라는 안팎의 도전에 직면해 있다. 규모의 경제를 추구하던 고투입 고산출 방식의 농법과 지구적 유통 체계가 자체의 사회 생태적 압력으로 인해 다양한 문제들을 노출시키고 있으며, 기후변화의 영향으로 미래의 식량 생산의 안정성이 크게 저하되고 있다.

세계농식품체계가 강화되면서 소비자와 먹거리 생산자의 거리는 멀어졌고, 소비자는 자신이 먹는 음식의 생산자와 생산과정을 점점 더 알 수 없게 되었다. 1인 가구가 증가하고 야근을 하거나 학원을 가느라 '저녁 없는 삶'을 사는 직장인과 학생들이 많아지면서 가정에서의 조리 활동도 줄어드는 게 현실이다. 안타까운 건 먹거리는 무엇보다 소비자와 생산자의 생존과 우리가 살고 있는 사회 및 환경과 밀접하게 관련되어 있음에도 먹거리를 둘러싼 사회적 질문을 자신과는 무관한 것으로 생각하는 경향이 커져왔다는 점이다.

그러나 운명의 장난처럼 위기와 기회는 늘 동시에 도달한다. 다행히 최근 들어 다양한 지역과 장소에서 산업화된 세계적 농업을 친환경적이며 지역적인 농업으로 바꾸려는 노력이 이루어지고 있다. 또한 나라 안팎의 여러 지방자치단체들이 지원하고 농민과 도시의 소비자들이 함께 지역화된 농식품 네트워크를 만들어가고 있다. 이러한 활동을 통해 지역 농민들의 안정적 생계 유지와 농촌 지역 활성화를 이루어가고 있으며, 도시 소비자들은 안정적인 가격에 품질이 보장된 농식품을 구매하여 개인과 가족의 건강을 지키고 있다.

1990년대 이후 한국에서 벌어진 농민과 도시 소비자 간의 유기농산물 직거래를 중심으로 한 생활협동조합 운동, 학교 급식 개선 운동, 생산자 협동조합의 조직, 각종 도농 교류활동, 로컬푸드 운동, 농민 장터 등이 모두 지역적 식품 네트워크(local agro-food network)라는 큰 틀에 포함될 수 있다. 로컬푸드를 강조하면, 국제무역의 일환인 공정무역은 나쁜 것이냐는 반문이 있을 수 있다. 공정무역은 여전히 물리적 거리는 멀지만 중간 유통망을 줄이는 얼굴 있는 거래를 지향하면서 농식품의 생산과 소비 사이의 사회적 거리를 줄인다는 점에서 또 다른 의의를 찾을 수 있을 것이다.

이러한 변화가 뿌리내리기 위해서는 무엇보다 농업 생산과 유통의 경제성만 고려하는 기존의 산업적 관점의 농업 농촌 정책을 다양한 사회적·환경적 가치들을 포용하는 지속 가능한 관점의 국가적 농업 농촌 정책으로 바꾸는 것이 중요하다. 그리고 이와 더불어 소비자의 인식 변화도 필요하다. 내가 먹는 것이 누가 생산한 것이며, 어디에서 오는 것인지 관심을 가져야 한다. 직접 텃밭을 가꾸거나 지역의 농민들과 함께할 수 있는 다양한 활동에 참여해보는 것도 정책적 지원 못지않게 중요한 일이다. 나와 내 가족의 먹거리가 바뀌어야 우리 사회와 지구도 좀 더 살기 좋은 곳으로 바뀔 수 있다는 우리 모두의 자각과 실천이 필요한 때이다.

공간을 통해 사회를 읽는다는 것은

지금껏 우리는 통합사회에서 제시한 핵심 개념들을 공간적 관점을 바탕으로 살펴보았습니다. 그러나 사례 중심으로 접근하다 보니 공간 그 자체가 지닌 속성과, 공간과 사회의 내적인 연관성을 이해하는 것에 대해서는 독자들의 몫으로 남겨두어야 했습니다. 이로 인해 사례에 따라서는 공간을 통해 사회를 읽는다는 것이 무엇을 의미하는지 명확하게 전달되지 않은 부분도 있었을 것입니다.

이런 아쉬움과 어려움을 조금이나마 해소하기 위해 지금부터 공간에 관한 이야기를 하려고 합니다. 먼저 공간과 인간의 관계를 탐색하고, 지리학에서 관심을 기울이는 공간은 어떤 속성을 지니고 있으며, 그러한 공간을 통해 사회를 읽는다는 것이 무엇을 함의(含意)하는지에 대해 차례로 접근해보겠습니다.

지리는 공간을 통해 세상을 이해하고 설명한다

공간은 인간이 존재하는 곳이자 세계를 바라보는 인식의 창(窓)이기도 합니다. 인간은 특정한 공간 안에서 성장하면서 그 공간을 기반으로 한 경험을 통해 자신을 둘러싼 세계를 이해해갑니다. 그러나 인간이 세계를 이해하고 배워가는 과정이 반드시 그가 살아가는 공간에서의 직접적인 경험을 통해서만 이루어지는 것은 아닙니다. 경우에 따라서는 일생 동안 단 한 차례도 해외여행을 하지 못한 사람이 일주일에 수차례씩 국경을 넘나드는 사람보다 세계를 더 잘 이해할 수도 있습니다. 공간이라는 렌즈를 통해 더 큰 세상을 마주할 수 있기 때문입니다. 비록 우리의 몸은 항상 지금 여기에 매여 있지만, 우리는 지금 여기와 다른 공간에서 펼쳐지는 삶의 모습들을 살펴봄으로써 인간과 사회에 대한 이해를 넓혀갈 수 있습니다.

공간이 지닌 이러한 특성에 관심을 기울이는 학문이 있습니다. 바로 지리학입니다. 지리는 공간과 인간 삶의 관계라는 존재론적 물음에 관심을 기울일 뿐만 아니라, 공간적 관점을 통해 인간의 삶과 사회현상이 어떻게 차별적으로 펼쳐지는지에 대해 주목합니다. 지리는 다른 학문들과 달리 자신만의 독자적인 연구 대상을 규정하는 대신, 공간적 관점이라는 고유한 시각을 통해 인간의 삶과 사회현상을 이해하고 이를 설명할 수 있는 개념과 이론을 제공합니다. 지리는 공간 속에 표출된 모습들을 통해 우리가 사는 세계와 사회가 어떻게 작동하는지를 규명합니다.

공간과 사회는 분리된 것이 아니다

그렇다면 지리학에서 세상을 이해하고 설명하는 틀인 공간적 관점이란 구체적으로 무엇을 말하는 것일까요? 공간을 통해 세상을 바라보면 우리가 사는 세계와 사회가 어떻게 다르게 보일까요? 공간적 관점의 의미와 역할을 이해하기 위해서는 먼저 공간에 대한 이해가 선행되어야 합니다. 공간은 일상생활에서 흔히 쓰이는 친숙한 말이면서도 상황과 맥락에 따라 그 의미가 달라지는 매우 모호한 용어이기도 합니다. 공간은 보통 수식어와 함께 쓰일 때 그 의미가 명확해지는 경우가 많습니다. 건축 공간, 실내 공간, 도시 공간, 사이버 공간, 심리적 공간, 우주 공간, 기억의 공간 등 공간이라는 말이 지닌 뜻은 그것이 사용된 맥락을 떠나서는 파악될 수 없을 정도로 다양합니다. 그럼에도 대부분의 사전에서는 공간을 '아무것도 없는 빈 곳'으로 간단히 정의하고 있습니다. 이는 공간을 바라볼 때 그 안을 채우고 있는 사건이나 사물과 무관하게 독립적으로 존재하는 대상이라 여겼기 때문입니다. 공간을 일종의 빈 그릇으로 간주한 셈입니다.

그러나 지리학은 공간을 이해할 때 그 안에 위치한 내용물을 따로 떼어놓고 파악하지 않습니다. 지리학에서 관심을 기울이는 공간은 다양한 사물과 사건과의 관계 속에서 총체적으로 인식되는 대상이지, 그 안에 위치한 객체들과 무관하게 존재하는 빈 그릇이 아닙니다. 우리가 살아가는 공간은 산, 강, 바다, 건축물, 농경지, 시가지 등의 자연환경과 인문환경뿐만 아니라 인간을 비롯한 수많은 생명체로 가득 차 있습니다. 비록 같은 시간에 동일한 지점을 서로 다른 객체들이 점유하는 것은 불가능하지만, 이들은 공간상에서 일정한 거리를 두고 동시에 존재하면서 다양한 지리적 차이를 만들어갑니다. 공간과 그 공간을 채우고 있는 여러 객체들은 분리된 채 독립적으로 존재하는 것이 아니라 늘 긴밀하게 결합된 상태에서 서로를 구성해갑니다. 따라서 특정한 공간 안에 위치한 사물들과 그곳에서 발생하는 사건들은 그 공간을 구성하는 객체인 동시에 새로운 공간을 만들어가는 주체이기도 합니다.

그렇다고 공간을 사건과 사물의 배열로 구성된 물리적인 대상으로만 바라보아서는 안 됩니다. 인간의 삶이 펼쳐지는 지리학의 공간은 물리적이면서 심리적이며, 또한 사회적입니다. 우리가 지금 다니고 있거나 한때 다녔던 학교라는 공간은 명확한 위치와 분명한 물리적 토대를 지니고 있습니다. 그런데 그 학교를 바라보는 사람들의 생각과 느낌은 모두 다릅니다. 공간에는 눈으로 확인할 수 있는 가시적인 속성뿐만 아니라, 의미와 감정, 이데올로기 등의 비가시적인 속성도 포함되어 있습니다. 어른들의 마음속에 있는 학교와 학생들이 생각하는 학교가 같을 수 없으며, 같은 학교를 다니고 있는 학생들 사이에서도 학교에 대한 느낌은 모두 제각각입니다. 그러나 이런 생각과 느낌들이 전적으로 개인적인 것만은 아닙니다. 학교라는 공간에 대한 우리의 생각과 느낌은 그 사회의 교육제도 같은 사회적 관계로부터 자유로울 수 없습니다. 우리가 살아가는 집, 마을, 도시, 국가, 대륙 등의 크고 작은 모든 공간에는 그곳을 기반으로 맺어진 무수히 많은 사회적 관계와 그것을 만들어낸 인간의 실천이 자리하고 있습니다.

또한 공간은 단순히 사회적 관계를 반영하는 것을 넘어 그 사회적 관계를 적극적으로 매개하고 재생산하는 역할을 합니다. 저마다의 공간이 지닌 특수한 모습들은 그곳을 기반으로 이루어진 인간의 실천에 의해 만들어진 결과이지만, 동시에 그곳을 살아가는 사람들의 삶을 특정한 방향으로 유도하는 원인이기도 합니다. 이 책의 첫 단원을 통해 살펴본 바와 같이 사람들은 지극히 주관적인 정서인 '행복'조차도 자신이 처한 공간적 맥락에 따라 서로 다르게 규정합니다. 만약 한국의 청소년들이 부탄이나 라틴아메리카에서 태어나 자랐다면, 지금과는 다른 모습의 행복을 추구하면서 그들이 살아가는 공간을 중심으로 통용되는 특색 있는 행복이 만들어지는 데 영향을 미치고 있을 것입니다. 인간이 특정한 공간 안에서 삶을 영위하는 이상 모든 사회적 관계는 그들이 살아가는 공간을 매개로 작동하기 마련입니다.

공간을 통해 사회를 보면 차이와 관계가 읽힌다

앞서 살펴본 바와 같이 공간에는 수많은 인간의 실천과 사회적 가치가 담겨 있습니다. 공간은 여러 객체들로 이루어진 물리적 실체이면서 다양한 사회적 관계를 매개하고 규율하는 능동적인 구성체입니다. 따라서 공간은 미리 주어진 고정된 대상이 아니라, 그곳을 살아가는 사람들의 협상과 실천을 통해 관계적으로 만들어지는 과정적인 대상으로 이해되어야 합니다. 공간이 지닌 이러한 관계적 특성을 자각할 때, 비로소 공간을 '통해' 사회를 읽는다는 것이 무엇인지 보다 구체적으로 밝혀집니다.

공간을 통해 사회를 보면, 그 사회의 형태와 구조가 뚜렷하게 드러납니다. 우리가 일상에서 사용하는 사회라는 말은 '한국' 사회, '일본' 사회, '미국' 사회라는 용법에서 드러나듯이 국가라는 정치 공동체를 뜻하는 경우가 많습니다. 사회과학의 여러 분과 학문들 또한 국가 전체를 균질한 사회로 가정하면서 자신들의 논리를 전개하고 있습니다. 그러나 사회는 국가를 통해서만 이해하기에는 훨씬 복잡하고 다양합니다. 지방의 재래시장과 서울 강남의 고급 백화점을 통해 드러나는 우리 사회의 모습은 결코 동일하지 않으며, 제주도 주민들과 휴전선 근처에 사는 사람들이 남북 분단의 현실을 체감하는 온도는 매우 다릅니다. 지리학은 국가 단위로 모든 사회적 관계를 일반화시키는 것을 거부합니다. 공간적 관점은 다양한 공간 규모에 걸쳐 복잡하게 얽혀 있는 크고 작은 사회적 관계와 과정들의 실제를 밝혀내고, 그것이 만들어지는 차별적인 과정에 관심을 기울입니다.

공간적 관점은 상호 연결성과 의존성에 대한 자각을 일깨워 우리가 왜 한 번도 본 적 없는 타자들에 대해 책임을 느껴야 하는지를 이해하도록 합니다. 공간을 통해 세계를 보면 우리가 사는 세계가 국가 단위로 명확하게 구분된 분절된 모자이크가 아니라, 국가의 안과 밖을 가로지르면서 작동하는 무수한 관계들에 의해 긴밀하게 연결된 체제임을 이해하게 됩니다. 우리가 매일 마주하는 밥상에는 우리나라로부터 수천 킬로미터 떨어진 곳에서 생활하는 농민들의 노고가 숨어 있으며, 청바지 한 벌이 만들어지기 위해서는 중앙아시아에서 생산된 목화가 지구를 한 바퀴 이상 돌며 세계 각지에서 이루어지는 여러 공정을 거쳐야 합니다. 우리 모두는 지금 이곳으로부터 멀리 떨어진 곳에 사는 수많은 사람들에게 의존하고 있으며, 지금 이곳에서의 행위를 통해 알게 모르게 그들에게 영향을 미치고 있습니다.

공간적 관점은 변화와 생성의 과정에 대한 이해의 깊이와 폭을 넓혀줍니다. 많은 사람들이 시간이 흐를수록 점점 공간의 차이가 소멸

되면서 전 지구적인 수준에서 인류의 생활 모습이 비슷해질 것으로 예측하고 있습니다. 그러나 각각의 공간이 지닌 특수성은 시간이 흐르면서 사라져야 할 대상이 아니라, 새로운 시간을 만들어내는 원인으로 이해되어야 합니다.

오늘날 전 세계적으로 커다란 인기를 얻고 있는 팝뮤직은 아프리카인들의 민속음악에 커다란 빚을 지고 있으며, 고대 그리스의 아테네 시민들이 폴리스를 통해 지향했던 삶은 지금도 세계 곳곳에 커다란 울림을 주고 있습니다. 인류의 역사는 시간의 흐름에 따라 사전에 정해진 경로를 따라 진행된 것이 아닙니다. 인류의 역사는 공간상에 동시적으로 존재하는 다양한 객체들의 만남과 부딪힘을 통해 협상적으로 구성되어왔습니다. 공간적 관점은 마주침을 통해 만들어지는 새로운 가능성에 주목하도록 하여 보다 좋은 사회를 위한 실천을 꿈꾸도록 합니다.

공간에 관한 적극적인 독해를 당부하며

지금까지 우리는 지리학에서 관심을 기울이는 공간이 지닌 속성과 인간의 삶과 사회현상을 이해하는 데 있어 왜 공간적 관점이 필요한지를 살펴보았습니다. 지리학의 공간은 그 안을 채우고 있는 여러 사건과 사물과의 관계 속에서 총체적으로 인식되는 구성체이며, 사회적 관계는 이러한 공간을 매개로 작동하고 있다는 사실을 확인했습니다. 그러나 그동안 우리나라 사회과 교육과정에서 공간과 사회를 다루어온 방식을 감안할 때, 공간을 통해 사회를 읽는 것은 결코 만

만한 과정이 아니었을 것입니다.

우리나라의 중학교에서는 지리와 일반사회가 사회라는 하나의 과목으로 구성되어 있습니다. 두 교과는 전통적으로 서로 다른 관점을 제시하기보다는 도시와 촌락은 지리의 영역이고 법과 경제는 일반사회의 영역이라는 식으로 학습 주제를 차별화하는 방법을 통해 교과로서의 정체성을 유지하고 있습니다. 이러한 교과 간의 경계 짓기가 오랫동안 지속된 결과 많은 학생들이 공간과 사회를 본질적으로 다른 것으로 인식하고 있습니다.

고등학교에서는 지리가 독립 과목입니다. 그러나 공간과 사회의 내적인 연관성을 다루기 힘든 점에서는 중학교와 사정이 크게 다르지 않습니다. 고등학교 지리는 수능의 영향으로부터 자유로울 수 없어서 수능에서 요구하는 객관성과 엄정성을 확보하기 위해 실증주의 지리학의 추상화된 공간에 크게 의존하고 있습니다. 수능 문항을 위한 각종 통계와 수식 앞에서 공간의 풍성함과 복잡성은 규모와 거리로 축소되고, 공간이 지닌 역동적인 힘들은 지도 위의 점이나 구획에 갇혀 가르치기도 배우기도 힘든 상황입니다.

이런 현실 속에서 많은 학생들이 공간과 사회를 분리된 것으로 간주하거나, 공간을 지표면에 한정하여 바라보고 있습니다. 그러나 지금까지 살펴보았듯이 공간과 사회는 분리되어 독립적으로 존재하는 것이 아니며, 공간에는 지도 위에 표현된 위치와 범위로 환원할 수 없는 무수한 사회적 관계와 인간의 실천이 자리하고 있습니다. 지금 이 순간에도 공간과 사회는 긴밀하게 결합된 상태에서 서로를 만들어가고 있습니다. 공간은 지도 위에 고정된 점이나 구획이 아닌 존재로서의 자아와 연결되는 수많은 사회적 관계망들이 교차하는 역동적인 삶의 장소입니다.

우리는 이 책이 독자들로 하여금 그동안 학교교육과정에서 소홀히 다루어진 탓에 가려져 있었던 공간과 사회의 내적인 관계를 발견하는 데 조금이나마 보탬이 되었기를 희망합니다. 책장을 넘기는 동안 공간상에 펼쳐진 결과로서의 세계를 확인하는 것을 넘어 그러한 세계를 만들어간 공간과 사회의 상호작용에 관해 질문을 던질 수 있었기를 희망합니다. 사회적인 것들은 언제나 공간적이며, 공간적인 것들 또한 언제나 사회적입니다. 그리고 우리 모두는 이러한 공간을 구성하고 있는 객체이자 그 공간을 더 좋은 곳으로 만들어갈 수 있는 능동적인 주체이기도 합니다.

공간은 우리가 존재하는 곳이자, 세계를 바라보는 인식의 창이며, 또한 세상을 바꾸어나갈 수 있는 실천의 장이기도 합니다.

1장 행복, 개인의 마음만의 문제일까?

니컬러스 크리스태키스-제임스 파울러, 이충호 역, 《행복은 전염된다》, 김영사, 2010.

대니얼 길버트, 최인철 외 역, 《행복에 걸려 비틀거리다》, 김영사, 2006.

레오 보만스, 노지양 역, 《세상 모든 행복 : 세계 100명의 학자들이 1000개의 단어로 행복을 말하다》, 흐름출판, 2010.

리처드 플로리다, 박기복 외 역, 《후즈유어시티》, 브렌즈, 2010.

메자키 마사아키, 신창훈 역, 《국가는 부유한데 나는 왜 행복하지 않을까》, 페이퍼로드, 2013.

서울대학교 행복연구센터, 《행복》, 김영사, 2011.

조명래, 《공간으로 사회 읽기》, 한울 아카데미, 2013.

조지 베일런트, 최원석 역, 《행복의 비밀》, 21세기북스, 2013.

크리스토퍼 피터슨, 문용린 외 역, 《긍정심리학 프라이머》, 물푸레, 2010.

Diener, E., and Seligman, M. E., Very happy people, Psychological science, 13(1), 81-84, 2002.

Dunn, E. W., Gilbert, D. T., and Wilson, T. D., If money doesn't make you happy, then you probably aren't spending it right, Journal of Consumer Psychology, 21(2), 115-125, 2011.

Fowler, J. H., & Christakis, N. A., Dynamic spread of happiness in a large social network : longitudinal analysis over 20 years in the Framingham Heart Study, Bmj, 337, a2338, 2008.

Inglehart, R., Foa, R., Peterson, C., and Welzel, C., Development, freedom, and rising happiness : A global perspective (1981-2007), Perspectives on psychological science, 3(4), 264-285, 2008.

Oishi, S., Graham, J., Kesebir, S., and Galinha, I. C., Concepts of happiness across time and cultures, Personality and Social Psychology Bulletin, 39(5), 559-577, 2013

Suh, E. M., Culture, identity consistency, and subjective well-being, Journal of personality and social psychology, 83(6), 1378, 2002.

Veenhoven, R., How do we assess how happy we are? Tenets, implications and tenability of three theories, Happiness, economics and politics, 45-69, 2009.

2장 우리가 꿈꾸는 행복의 지도, 어떻게 그려가야 할까?

리처드 레이어드, 정은아 역, 《행복의 함정》, 북하이브, 2011.

브루노 프라이·알로이스 스터처, 김민주·정나영 공역, 《경제학, 행복을 말하다》, 예문, 2008.

에릭 와이너, 김승욱 역, 《행복의 지도》, 웅진지식하우스, 2008.

오연호, 《우리도 행복할 수 있을까》, 오마이북, 2014.

윌리엄 데이비스, 황성원 역, 《행복산업》, 동녘, 2015.

OECD, Economic Surveys: Korea, OECD, 2016.

UN, The world happiness reports 2015, UN, 2015.

UN, The world happiness reports 2016, UN, 2016.

UN, The world happiness reports 2017, UN, 2017.

Florida, R., Mellander, C., and Rentfrow, P. J., The happiness of cities, Regional Studies, 47(4), 613-627, 2013.

Fulmer, C. A., Gelfand, M. J., Kruglanski, A. W., Kim-Prieto, C., Diener, E., Pierro, A., and Higgins, E. T., On "feeling right" in cultural contexts: How person-culture match affects self-esteem and subjective well-being, Psychological Science, 21(11), 1563-1569, 2010.

Schkade, D. A., & Kahneman, D., Does living in California make people happy? A focusing illusion in judgments of life satisfaction, Psychological Science, 9(5), 340-346, 1998.

박영삼, 〈행복은 일자리 '안정성'에 달렸다〉, 한겨레21 제1133호, 2016. 11. 7.

OECD http://www.oecd.org/statistics/datalab/bli.htm

3장 설악산은 백두대간에 속할까, 태백산맥에 속할까?

권상철, 《지역 정치생태학 : 환경-개발의 비판적 검토와 공동체 대안》, 푸른길, 2016.

리오 패니치·콜린 레이스 엮음, 허남혁 외 역,《자연과 타협하기》, 필맥, 2007.

데이비드 하비, 황성원 역,《자본의 17가지 모순》, 동녘, 2014.

안나 브람웰, 김지영 역,《생태학의 역사》, 살림, 2012.

이상헌·김은혜·황진태·박배균 편,《위험도시를 살다: 동아시아 발전주의 도시화와 핵
위험경관》, 알트, 2017.

존 벨라미 포스터·프레디 맥도프, 황정규 역,《환경주의자가 알아야 할 자본주의의 모든
것》, 삼화, 2012.

장덕수·황진태,〈한국에서 자연의 신자유주의화의 다중스케일적 과정에 대한 연구 : 강원
도 양양 케이블카 유치 갈등을 사례로〉, 공간과 사회, 60권, 2017.

조철기,〈사회적 자연의 지리환경교육적 함의〉, 한국지역지리학회지, 22권, 2016.

황진태·박배균,〈한국의 국가와 자연의 관계에 대한 정치생태학적 연구를 위한 시론〉, 대
한지리학회지, 48(3), 2013.

4장 기후변화와 미세먼지를 함께 해결하려면?

IPCC 저·기상청 역, 기후변화에 관한 정부간 협의체(IPCC) 제5차 평가 종합보고서, 2014.

엄은희, 연무협정 비준 이후 인도네시아의 변화, EMERiCs 이슈분석, 2017. 6. 15.

Disaster 360 http://www.disasters360.com/climate-change-global-warming-
greenhouse-gasses-weather-climate

국가기후변화적응센터 http://ccas.kei.re.kr/climate_change/menu3_5_04.do

그린피스 http://www.greenpeace.org/korea

기상청 기후정보포털 http://www.climate.go.k

기후변화행동연구소 http://climateaction.re.kr

환경재단 http://www.greenfund.org

5장 새로운 공간의 선택과 개발은 어떻게 서울을 만들었나?

발레리 줄레조 저, 길혜연 역,《아파트공화국》, 후마니타스, 2007.

손정목,《서울 도시계획 이야기 1~5》, 한울, 2003.

손정목,《손정목이 쓴 한국 근대화 100년》, 한울, 2015.

손정목,《한국 도시 60년의 이야기 1~2》, 한울, 2005.

임동근·김종배, 《메트로폴리스 서울의 탄생》, 반비, 2015.

한국도시지리학회, 《한국의 도시》, 법문사, 2005.

박배균·황진태, 《강남 만들기, 강남 따라하기 : 투기지향 도시민과 투기성 도시개발의 탄생》, 동녘, 2017.

이영민, 〈서울 강남의 사회적 구성과 정체성의 정치 : 매스미디어를 통한 외부적 범주화를 중심으로〉, 한국도시지리학회지, Vol. 9(1), 2006.

이정구, 〈이촌향도 성향의 요인분석에 관한 연구〉, 지역개발연구, Vol. 7(1), 1975.

지주형, 〈강남 개발과 강남적 도시성의 형성〉, 한국지역지리학회지, Vol. 22(2), 2016.

국가통계포털 http://kosis.kr

6장 어린 시절 그 동네는 어떻게 숲이 되었나?

박해천, 《아파트 게임, 그들이 중산층이 될 수 있었던 이유》, 휴머니스트, 2013.

발레리 줄레조 저, 길혜연 역, 《아파트공화국》, 후마니타스, 2007.

손정목, 《서울 도시계획 이야기 1~5》, 한울, 2003.

손정목, 《한국 도시 60년의 이야기 1~2》, 한울, 2005.

김성준·안건혁, 〈신도시 조성 이후 신·구도시의 계층변화 및 양극화〉, 한국도시설계학회지 도시설계, Vol. 14(1), 2013.

〈판교로 간 덕선이는 얼마나 벌었을까〉, 머니투데이, 2016. 1. 17.

Smith, Neil, Uneven development : Nature, capital, and the production of space, University of Georgia Press, 2010.

7장 난민들에게 물만큼 중요했던 건 무엇이었을까?

박삼옥 외, 《지식정보사회의 지리학 탐색》, 한울, 2012.

강명구·이창수, 〈스마트도시 개념의 변화와 비교〉, 한국지역개발학회지, 27권 4호, 2015. 11.

바니 워프, 김걸, 〈텔레커뮤니케이션과 사이버공간의 지리학〉, 국토, 국토연구원, 2007. 2.

박삼옥·최지선, 〈정보화와 정보기술이 공간구조에 미친 영향〉, 한국지역개발학회지, 6권 1호, 2003.

박승기·이동창, 〈사물인터넷 시대의 스마트도시 정책방향〉, 국토, 국토연구원, 2015. 5.

구글데이터센터 www.google.com/about/datacenters
유시티고도화연구단 www.u-city.or.kr

8장 스타벅스의 비싼 커피 값, 부동산 임대료라고?

박해천, 《아파트 게임 : 그들이 중산층이 될 수 있었던 이유》, 휴머니스트, 2013.

사이토 준이치, 윤대석 외 역, 《민주적 공공성》, 이음, 2009.

앙리 르페브르, 양영란 역, 《공간의 생산》, 에코리브르, 2011.

전국지리교사연합회, 《살아있는 지리 교과서 2》, 휴머니스트, 2011.

전상현, 《서울, 도시의 품격》, 시대의창, 2016.

클로드 케텔, 권지현 역, 《장벽 : 인간의 또 다른 역사》, 명랑한지성, 2013.

김동완, 〈'날것'으로서 공공 공간과 타자의 복원 : 로열 페스티벌 홀을 사례로〉, 공간과 사
　　회, 통권 제49호, 178-209, 2014.

김성훈, 〈제주도 공동목장 해체 실태 보고서〉, 토지+자유연구소, 2016.

김현철, 〈성적 반체제자와 공공 공간 : 2014 신촌/대구 퀴어퍼레이드를 중심으로〉, 서울대
　　학교 석사학위논문, 2015.

임미영, 〈사회운동에서의 공간의 탈영역화 전략 : 마포 민중의 집과 서울시 청년일자리허
　　브를 사례로〉, 서울대학교 석사학위논문, 2015.

황진태, 〈2008년 촛불집회시위의 공간성에 관한 고찰〉, 경제와 사회, 통권 제90호, 262-
　　289, 2011.

황진태, 〈발전주의 도시에서 도시 공유재 개념의 이론적·실천적 전망〉, 한국도시지리학회
　　지, 제19권 제2호, 1-16, 2016.

〈'임대세대 어린이는 놀이터 사용 금지' 논란〉, SBS뉴스, 2014. 10. 19.

〈'사유지… 아파트 통행로 폐쇄' 이웃 주민들 대립〉, KBS뉴스, 2014. 7. 18.

〈냄새 나던 산속 쓰레기장 자연과 뒹구는 놀이터 되다〉, 서울PN, 2013. 10. 25.

〈대한민국 0.1%의 계층, 타워팰리스에선 어떤 삶이?〉, 헤럴드POP, 2012. 5. 18.

〈땅 파는 부천시 속사정〉, 일요시사, 2015. 9. 8.

〈섭지코지 이어 주상절리… 경관 사유화 논쟁〉, 경향신문, 2016. 10. 21.

〈환경을 보전하려는 운동, 한 걸음 더 발전하길〉, mountain, 2016. 11. 29.

9장 민달팽이 세대와 지옥비를 아시나요?

구정화, 《청소년을 위한 인권에세이》, 해냄, 2015.

서울시 청년허브, 《청년정책의 재구성 기획연구》, 서울특별시, 2015.

손낙구, 《10대와 통하는 땅과 집 이야기》, 철수와 영희, 2013.

손낙구, 《대한민국 정치사회지도》, 후마니타스, 2010.

유시민, 《국가란 무엇인가》, 돌베개, 2012.

강현수, 〈도시에 대한 권리 개념 및 관련 실천 운동의 흐름〉, 공간과 사회 32, 2009.

고은태, 〈인권의 시각에서 본 주거권〉, 공간과 사회 32, 2009.

곽노완, 〈21세기 도시권과 정의의 철학〉, 시대와 철학, 21(4), 2010.

김용창, 〈국제인권법 및 인권 규범의 주거권 규정에 대한 연구〉, 한국지역지리학회지, 19(3), 2013.

김준희, 〈도시공간과 노점상의 권리에 관한 연구〉, 공간과 사회 21(2), 2011.

박세훈, 〈해비타트III 새로운 도시의제(New Urban Agenda)의 성립배경과 의의〉, 공간과 사회, 26(4), 2016.

이재호, 〈근대적 인권 이념의 기초와 한계〉, 정신문화연구, 29(3), 2006.

정성훈, 〈보편적 인권 정당화의 위기와 인권도시의 과제〉, 민주주의와 인권 12(3), 2012.

하성규, 〈헌법과 국제인권규범을 통해서 본 주거권과 "적절한 주거(Adequate housing)" 확보 방안〉 한국사회정책, 17(1), 2010.

한국도시연구소, 〈서울시 청년가구의 주거실태와 정책연구〉, 민주정책연구원 연구용역 보고서, 2014.

한국도시연구소, 〈최저주거기준 미달가구의 주거 실태조사〉, 국가인권위원회 인권상황 실태조사 연구용역 보고서, 2006.

황진태, 〈도시권의 측면에서 바라본 광장의 정치〉, 공간과 사회 35, 2011.

〈왜 가난한 사람들은 투표하러 가지 않나?〉, 오마이뉴스, 2010. 2. 12.

〈'지옥비'에 우는 청년들〉, 한국일보, 2016. 2. 8.

10장 님비(NIMBY)는 지역이기주의일까?

전국지리교사연합회, 《살아있는 지리 교과서 2》, 휴머니스트, 2011.

김세직, 〈경제 성장과 교육의 공정 경쟁〉, 경제논집, 제53권 제1호, 3-20, 2014.

변창흠, 〈행복과 공간적 정의〉, 환경논총, 제53권, 45-51, 2014.

엄은희, 〈환경(부)정의의 공간성과 스케일의 정치학 : 밀양 송전탑 갈등을 사례로〉, 공간과
　　사회, 제42호, 51-91, 2012.
정수열, 〈사회경제적 양극화와 도시 내 계층별 거주지 분리〉, 한국경제지리학회지, 제18권
　　제1호, 1-16, 2015.
조명래·박배균·김동완, 〈균형발전의 새로운 패러다임 모색〉, 충남연구원, 2013.
최은영, 〈학력자본 재생산의 차별화와 빗장도시의 형성〉, 대한지리학회지, 제39권 제3호,
　　374-390, 2004.
〈좋은 나라 이슈페이퍼 한국 사회 불평등 시리즈 9〉, 프레시안, 2017. 1. 9.
〈교황의 지시를 어긴 유대인들… 집단 거주시설 '게토'에 갇히다〉, 김해뉴스, 2015. 6. 17.
〈대기오염물질 30% 충남서 발생… 배출량 1위는 삼천포화력발전소〉, 중앙일보, 2016. 7. 6.
〈미국 '인종별 끼리끼리' 살기 여전… 밀워키-뉴욕-시카고 순〉, 연합뉴스, 2016. 1. 5.
〈보령의 해가 지면 7개 굴뚝선 연기 뿜어댄다… 28%가 수도권 습격〉, 중앙일보, 2016. 6. 3.
〈볼티모어 흑인 폭동, 인종이 아니라 빈곤이다〉, 한겨레, 2015. 5. 8.
〈서울 강남구는 왜 '강남특별구'인가?〉, 아시아경제, 2016. 12. 4.
〈전력자급률 살펴보니… 인천 325% 1위, 대전 1.7% 꼴찌〉, 에너지경제, 2016. 8. 17.
〈충남 당진은 '송전탑과의 전쟁 중'〉, 디트뉴스, 2016. 6. 22.
Soja, E. W., Seeking spatial justice, U of Minnesota Press, 2010.
Why the New Research on Mobility Matters : An Economist's View, The New York
　　Times, 2015. 5. 4.
Santacroce의 세상 이야기 http://m.blog.naver.com/santa_croce/220691860526

11장 공업단지는 왜 구로에 있을까?

닐 코·필립 켈리·헨리 영, 안영진 외 역, 《현대경제지리학 강의》, 푸른길, 2011.
도린 매시, 정현주 역, 《공간, 장소, 젠더》, 서울대학교출판문화원, 2015.
박배균 외, 《산업경관의 탄생 : 다중스케일적 관점에서 본 발전주의 공업단지》, 알트, 2014.
구양미, 〈구로공단 산업구조 재편에 관한 연구〉, 서울대학교 석사논문, 2002.
김원, 〈구로공단이라는 장소의 소멸-90년대 구로공단의 '재영토화'를 중심으로〉, 한국학
　　논집, Vol. 59, 2015.
박세훈·이영아, 〈조선족의 공간집적과 지역정체성의 정치-구로구 가리봉동 사례연구〉,
　　다문화사회연구, 3권 2호, 2010.
박준도, 〈공간 50년, 서울디지털산업단지 노동환경실태와 노동자의 요구〉, 심상정 국회의

원 자료집 〈2014년 서울디지털산업단지 저임금실태와 노동환경개선을 위한 국회 토론회〉, 2014.

서울역사박물관 기획전시실, 〈구로공단 반세기 기획 특별전 : 가리봉 오거리〉, 2015. 4. 24.

안재섭, 〈구로공간의 산업구조와 공단주변지역의 인구 및 주택변화에 관한 연구〉, 지리교육논집, 32호, 1994.

이상철, 〈수출산업단지의 형성과 변모―구로공단(1963~1987년)〉, 동향과 전망, 6월호, 2012.

정성훈, 〈서울시 산업지구 재편과정―구로공단을 사례로〉, 공간과 사회, 4권 0호, 1992.

12장 가격과 이윤이 전부일까?

J. K. 깁슨-그레이엄 외, 황성원 역, 《타자를 위한 경제는 있다》, 동녘, 2014.

닐 코·필립 켈리·헨리 영, 안영진 외 역, 《현대경제지리학 강의》, 푸른길, 2011.

줄리 넬슨, 안진환 역, 《사랑과 돈의 경제학》, 공존, 2007.

〈공동체마을 현장을 가다 3 : 스페인 몬드라곤 그룹〉, 동아일보, 2002. 7. 14.

〈밥으로 뭉친 외로운 독거남들, 이웃도우미로 우뚝〉, 한겨레신문, 2017. 6. 9.

〈전국 3대 빵집 성장 비결? 나눠먹으면 돼요〉, 한국일보, 2017. 7. 9.

13장 자세히 보아야 예쁘다! 문화도 그럴다?

테리 G. 조든-비치코프·벨라 비치코바 조든, 김종규 역, 《유럽 : 문화지역의 형성과정과 지역구조(제4판)》, 시그마프레스, 2007.

한국문화사회학회, 《문화사회학》, 살림, 2012.

김기홍·김동규, 〈태권도의 기원과 정체성 탐색〉, 한국체육철학회지, 13권 2호, 2005.

서성원, 〈서성원의 태권도 역사 속으로, 최홍희를 얼마나 아십니까?〉, 태권저널, 2016. 6. 17.

이주석·안용규, 〈태권도 정체성 담론에 대한 새로운 패러다임의 가능성 탐색〉, 한국체육철학회지, 21권 1호, 2013.

한국문화관광정책연구원, 〈한국문화상징 홍보 및 전달체계 개선방안〉, 2005.

〈태권도〉, 동아일보, 1971. 10. 20.

〈태권도의 '국기(國技)화'는 마케팅?〉, 무토미디어, 2007. 1. 24.

국기원 www.kukkiwon.or.kr

세계태권도연맹 www.worldtaekwondo.org

국제태권도연맹 www.kitf.org

제주특별자치도교육청 www.jje.go.kr

14장 다문화 공간의 조선족, 그들은 누구일까?

김병모, 《고고학 여행 1》, 고래실, 2006.

김용운, 《한·일민족의 원형 : 같은 씨에서 다른 꽃이 핀다》, 평민사, 1987.

김일림, 〈한국적 다문화 이론과 공간에 대한 고찰 : 서울의 경우〉, 한국사진지리학회지, 제 19권(4호), 2009.

구본규, 〈다문화주의와 초국적 이주민 : 안산 원곡동 이주민 집주지역의 사례〉, 비교문화연 구 제19집(2호), 2013.

김태희, 〈다문화사회와 동화주의정책에 관한 연구 : 한국과 호주의 다문화교육을 중심으 로〉, 한국행정사학지, 제38호, 2016.

데이비드 바트럼 외 저, 이영민 외 역, 《개념으로 읽는 국제 이주와 다문화사회》, 푸른길, 2017.

박경환, 〈소수자와 소수자 공간 : 비판 다문화주의의 공간교육을 위한 제언〉, 한국지리환경 교육학회지, 제16권(4호), 2008.

박배균, 〈초국가적 이주와 정착을 바라보는 공간적 관점에 대한 연구 : 장소, 영역, 네트워크, 스케일의 4가지 공간적 차원을 중심으로〉, 한국지역지리학회지, 제15권(5호), 2009년.

박선희, 〈다문화사회에서 세계시민성과 지여정체성의 지리교육적 함의〉, 한국지역지리학 회지, 제15권(4호), 2009.

박세훈 외, 〈조선족의 공간집적과 지역정체성의 정치 : 구로구 가리봉동 사례연구〉, 다문화 사회연구, 제3권(2호), 2010.

박재영 외, 〈서울시 조선족 밀집지역과 거주 공간 확대에 대한 연구 : 가리봉동·구로동·대 림동을 중심으로〉, 탐라문화, 53호, 2016.

박종대·박지해, 〈한국 다문화정책의 분석과 발전 방안 연구〉, 문화정책논총 제28집 1호, 2014.

신지은, 〈사회성의 공간적 상상력-신체-공간론을 통해 본 공간적 실천〉, 한국사회학 제46 집(5호), 2012.

신혜란, 《우리는 모두 조선족이다》, 이매진, 2016.

안재섭, 〈서울시 거주 중국 조선족의 사회·공간적 연결망 : 기술적 분석을 중심으로〉, 한국 사진지리학회지, 제19권(4호), 2009.

외르크 되링 외 저, 이기숙 역, 《공간적 전회》, 심산, 2015.

윤일수, 〈다문화를 바라보는 현대인의 시선〉, 한국사상과 문화, 제83집, 2016.

이찬욱, 〈한국의 귀화성씨와 다문화〉, 다문화콘텐츠연구, 제17집, 2014.

임형백, 〈한국인의 정체성의 다문화적 요소〉, 다문화와 평화, 제4집(2호), 2010.

조철기, 〈다문화교육의 장소에 대한 비판교육학적 접근〉, 사회과교육, 제55권(2호), 2016.

조철기, 〈글로컬 시대의 시민성과 지리교육의 방향〉, 한국지역지리학회지, 제21권(3호), 2015.

최병두 외 저, 《지구·지방화와 다문화 공간》, 푸른길, 2011.

한성미 외, 〈서래마을의 장소 정체성에 대한 연구: 프랑스인 주민과 방문자의 인식 비교를 중심으로〉, 한국조경학회지, 37권(4호), 2009.

Siska V, Jones ER, Jeon S 외, Genome-wide data from two early Neolithic East Asian individuals dating to 7,700 years ago, Science Advances, 2017. 1.

〈악마문 동굴人+동남아 원주민… 현대 한국인, 남방계가 더 우세〉, 서울신문, 2017. 2. 2.

15장 국경은 안보를 위한 장벽인가, 교류를 위한 통로인가?

박명규·이근관·전재성 외, 〈연성복합통일론: 21세기 통일방안구상〉, 서울대학교 통일평화연구원, 2010.

박배균·김민환, 〈단절과 이동의 변증법과 금문 지역경제의 변화: 고량주 경제를 중심으로〉, 문화역사지리, 27권 2호, 2015.

Brenner, N., New State Spaces : Urban Governance and the Rescaling of Statehood. Oxford: Oxford University Press, 2014.

Massey, D., "A Global Sense of Place." In Barnes, T. and Gregory, D. (eds.) Reading Human Geography, pp. 315-323, London: Arnold, 1997.

16장 니제르의 기근 사태는 자연적 재앙인가?

닐 코·필립 켈리·헨리 영, 안영진 외 역, 《현대경제지리학 강의》, 푸른길, 2011.

세르주 미셸·미셸 뵈레, 이희정 역, 《차이나프리카》, 에코리브르, 2009.

월레 소잉카, 왕은철 역, 《오브 아프리카》, 삼천리, 2017.

IMF, Niger : Poverty Reduction Strategy Paper Progress Report, IMF Country

Report Paper No.05/101, Washington, DC: International Monetary Fund, 2001.

IMF, Niger : Poverty Reduction Strategy Paper, IMF Country Report No. 08/149, Washington, DC: International Monetary Fund, 2008.

Rubin, O., The Niger famine : A collapse of entitlements and democratic responsiveness, Journal of Asian and African Studies, Vol. 44, 2009.

Uranium mining in Niger, Spiegel, 2010. 3. 9.

〈니제르, 반 프랑스 감정 고조〉, 내일신문, 2009. 3. 17.

〈한수원, 한전의 해외 우라늄 개발사업 전량 인수〉, 조선비즈, 2017. 1. 9.

17장 자본주의는 어떻게 전쟁을 만들어냈나?

강봉구 외, 《유라시아 지역은 어디로》, HK 러시아 유라시아 연구 시리즈, 2017.

데이비드 하비 저, 최병두 역, 《자본의 한계》, 한울

싸이토 가쓰히로 저, 장은정 역, 《유해물질 의문 100》, 보누스, 2016.

조동호, 《통일비용보다 더 큰 통일편익》, 통일부 통일교육원, 2011.

토마 피케티 저, 장경덕 외 역, 《21세기 자본》, 글항아리, 2014.

팀 마샬 저, 김미선 역, 《지리의 힘》, 사이, 2016.

파스칼 보나파스 저, 정상필 역, 《지정학에 관한 모든 것》, 레디셋고, 2016.

박배균·김민환, 〈저단절과 이동의 변증법과 금문 지역경제의 변화〉, 2015.

오준방·정근식, 〈금문도 냉전생태의 형성과 해체〉, 사회와 역사, 제104집, 2014.

한우석, 〈전쟁터에서 평화의 섬으로, 대만 금문도〉, 국토연구, 통권 358호, 2011.

한지은, 〈전장에서 관광지로─동아시아의 기억 산업〉, 문화역사지리, 제27권 제2호, 2015.

David Harvey, "Geopolitics of Capitalism," In Social Relations and Spatial Structures, edited by Derek Gregory and John Urry, Oxford : Blackwell, 1985.

Urry, J., Gregory, D.(eds), Social relations and spatial structures, New York : Macmillan ; Martins, 1985.

〈가계부채 1,400조원 넘어···5년 새 50% 이상 증가〉, 서울경제, 2017. 9. 24.

〈대선 코앞 '색깔론 망령'··· 1 ·3번 자리 '인공기' 덧칠〉, 한겨레신문, 2017. 5. 4.

〈중국의 '사드 보복'으로 인한 한국의 경제손실이 8.5조라는 분석이 나왔다 〉, 허핑턴포스트, 2017. 5. 3.

18장 인구가 증가해야만 성장할 수 있을까?

E. E. 샤츠슈나이더 저, 현재호 외 역, 《절반의 인민주권》, 후마니타스, 2008년.

마스다 히로야 저, 김정환 역, 《지방 소멸》, 와이즈베리, 2015년.

한주성, 《인구 지리학》, 한울아카데미, 2015년.

허먼 데일리, 《성장을 넘어서》, 열린책들, 2016년.

김준영, 〈일본의 총인구 감소와 지역 간 인구 양극화의 진전〉, 고용 이슈, 제9권(6호), 2016.

박세훈 외, 〈도시인구감소 실태와 도시계획 대응방안〉, 국토정책 Brief(422), 2013.

박재홍, 〈세대명칭과 세대갈등 담론에 대한 비판적 검토〉, 경제와 사회, 2009. 3.

심재승, 〈인구감소시대에서의 지속가능한 도시발전에 관한 소고-콤팩트시티는 새로운 대안인가〉, 한국지적정보학회지, 18(1), 2016. 4.

이삼식, 〈인구정책의 현황과 과제〉, 보건복지포럼, 2014. 1.

이상림, 〈저출산 대응 지방자치단체의 역할〉, 보건복지포럼, 2014. 7.

이상림, 〈해외의 인구전략과 정책 과제〉, 보건복지포럼, 2013. 7.

이상호, 〈노령화와 지속가능성-인구문제의 딜레마를 중심으로〉, 동향과 전망, 2013. 5.

이연호 외, 〈인구변화가 지역경제 성장에 미치는 영향-충청북도를 중심으로〉, 한국산업경제학회 정기학술발표대회 논문집, 2014.

정경희, 〈노년기 독거 현황과 정책적 대응 전략〉, 보건·복지, 제300호, 2015.

정기선 외, 〈외국인 및 이민에 대한 국민의 태도변화 분석〉, IOM이민정책연구원, 2016.

조현연 외, 〈박근혜 정부의 '다원적 두 국민 전략'과 세대갈등-공무원 연금과 임금피크제 문제를 중심으로〉, 경제와 사회, 2016. 6.

차미숙, 〈인구감소시대, 일본의 지방창생전략과 지역공간구조 재편방안〉, 국토정책 Brief(555), 2016.

최유찬, 〈한국 현대문학에 나타난 세대 갈등과 극복〉, 국어국문학(164), 2013.

OECD Family Database http://www.oecd.org/els/family/database.htm

19장 지구촌 이민자들이 국경을 넘는 까닭은?

KBS 〈명견만리〉 제작진, 《명견만리: 인구, 경제, 북한, 의료 편》, 인플루엔셜(주), 2016.

아드리안 돈, 위선주 역, 《무엇이 세상을 바꾸는가》, 미래의 창, 2013.

앨런 와이즈먼, 이한음 역, 《인구 쇼크》, (주)알에이치코리아, 2015.

옥한석 외 3인, 《세계화 시대의 세계지리 읽기》, 한울, 2005.

욤비 토나·박진숙,《내 이름은 욤비》, 도서출판 이후, 2013.

재레드 다이아몬드, 강주헌 역,《재레드 다이아몬드의 나와 세계》, 김영사, 2016.

제임스 E 하프, 강미경 역,《당신의 선택은 글로벌 이슈?》, 양철북, 2015.

조지 매그너스, 홍지수 역,《고령화 시대의 경제학》, 도서출판 부키, 2010.

하름 데 블레이, 유나영 역,《분노의 지리학》, 천지인, 2007.

하름 데 블레이, 유나영 역,《왜 지금 지리학인가》, 사회평론, 2015.

해리 덴트, 권성희 역,《2018 인구절벽이 온다》, 청림출판, 2015.

윤지현·강부균,〈러시아 경기침체가 중앙아시아 해외송금유입에 미치는 영향〉, KIEP 오늘의 세계경제, Vol 16, 2016.

〈'아메리칸 드림'이 위험하다〉, 시사인, 제465호, 2016. 8. 18.

〈멕시코 이민자 트럼프 취임 전 앞다퉈 본국송금… 사상 최대 33조원〉, 연합뉴스. 2017. 1. 3.

〈미국판 만리장성… 트럼프 "멕시코 국경 3144km에 장벽 세워라"〉, 조선일보, 2017. 1. 26.

〈살해될 확률이 백인의 6배… 통계로 본 미국 흑인들의 현실〉, 경향신문, 2014. 11. 27.

〈정리뉴스 : 브렉시트 총정리〉, 경향신문, 2016. 6. 18.

20장 지속 가능한 대한민국을 위해 '탈원전'을 한다고?

강양구,《아톰의 시대에서 코난의 시대로》, 사이언스북스, 2011.

고이데 히로아키, 김원식 역,《은폐된 원자력 핵의 진실》, 녹색평론사, 2011.

김익중,《한국탈핵》, 한티재, 2013.

김종철 외,《탈핵 학교》, 반비, 2014.

밀양 할매 할배들,《탈핵 탈송전탑 원정대》, 한티재, 2015.

박경화,《지구인의 도시 사용법》, 휴(休), 2015.

박상철,《독일 재생에너지 정책과 지속가능 발전전략》, 이담북스, 2015.

산업통상자원부 신·재생에너지과,《2014 신·재생 에너지 백서》, 에너지관리공단 신·재생에너지센터, 2014.

제롬 글렌·박영숙, 이영래 역,《유엔미래보고서 2050》, 교보문고, 2016.

조홍섭 외,《지구를 구하는 정치책》, 나무야, 2016.

최열 외,《10대와 통하는 탈핵 이야기》, 철수와영희, 2014.

클라이브 폰팅, 이진아 역,《녹색 세계사》, 그물코, 2010

토니 세바, 박영숙 역,《에너지혁명 2030》, 교보문고, 2015.

김현우,〈탈성장과 삶의 자립으로 가는 에너지전환 시민행동〉, 모심과 살림, 6호, 2015.

손민우, Lauri Myllyvirta,〈살인면허-신규 석탄화력발전소의 건강 피해〉, GREENPEACE, 2016.

이유진,〈'에너지 위기'에 대한 공동체의 대안 : 전환마을 토트네스에서 답을 찾다〉, 일다, 2011.

Jos Dings, How clean are Europe's cars?, T&E report, 2015.

21장 먹방과 쿡방이 놓치고 있는 건 뭘까?

김종덕,《음식문맹자, 음식시민을 만나다》, 따비, 2012.

알레산드로 보나노 · 로런스 부시 외, 윤병선 외 역,《세계 농업과 먹거리의 정치경제학》, 따비, 2016.

장 지글러, 유영미 역,《왜 세계의 절반은 굶주리는가》, 갈라파고스, 2016.

〈'농부가 사라진 나라' … 농가인구 300만선 첫 붕괴〉, 이투데이, 2016. 9. 27.

〈AI 대책 살처분만이 해법일까? 10여 년째 논란 중인 살처분〉, 경향비즈, 2017. 1. 7.

〈농수산물 개방 20년, 우리 식탁 어떻게 바뀌었나? 총 3만 km 건너온 밥상 위의 '불청객'〉, 경향비즈, 2014. 11. 6.

귀농귀촌종합센터 http://www.returnfarm.com

P.16

행복을 경험하고 있는 아이들

ⓒ 황규덕

P.19

밝은 표정의 부탄 학생들

CC BY 2.0

Jakar tshechu, school children

https://commons.wikimedia.org/wiki/File:Jakar_tshechu,_school_children_(152262
00413).jpg

P.22

빈민집단거주지 파벨라와 도로 하나 건너 위치한 고층건물들이 대조적인 브라질 리우데
자네이루의 풍경

CC BY 2.0

Alicia Nijdam, Rocinha Favela Brazil Slums

https://commons.wikimedia.org/wiki/File:Rocinha_Favela_Brazil_Slums.jpg

P.41

지방자치에 참여하고 있는 스위스 주민들

CC BY-SA 3.0

Adrian Sulc, Landsgemeinde Glarus 2006

https://commons.wikimedia.org/wiki/File:Landsgemeinde_Glarus_2006.jpg

P.45

2000여 년 동안 주민들이 경사지를 깎아 조성한 필리핀 루손 섬의 계단식 논

ⓒ CEphoto, Uwe Aranas

Banaue Philippines Batad-Rice-Terraces

https://en.wikipedia.org/wiki/File:Banaue_Philippines_Batad-Rice-Terraces-02.jpg

P.52

설악산 흔들바위와 울산바위(1982) / 설악산 권금성 정상(2001)

ⓒ 황진태

P.62

파리 기후변화회의

P.63

전 세계에 벌어진 기후변화 종식 시위

P.71

워싱턴 D.C.의 전국민기후행진(2017년)

P.76

압구정 아파트 일대(1978년)

ⓒ 전민조

P.81

1965년 제2청계천 무허가 건물 철거 모습

출처 : 〈황학동 : 고물에서 금맥 캐는 중고품시장(2015)〉, 서울역사박물관 제공

P.90

르 코르뷔지에가 1920년 구상한 모더니스트 건축양식이 잘 반영된 도시 디자인

P.103

스마트폰을 보고 있는 난민들

ⓒ 연합뉴스, 무단 전재 및 재배포 금지

P.105

2016년 광화문 촛불집회

ⓒ 연합뉴스, 무단 전재 및 재배포 금지

P.125

퀴어문화축제에서의 공간 대치, 행진 VS 점거

ⓒ 노컷뉴스, 무단 전재 및 재배포 금지

P.125

광화문 광장을 가로막은 명박산성

ⓒ 오마이뉴스, 무단 전재 및 재배포 금지

P.127

청년일자리허브 내부

ⓒ 임미영

P.134

고시원 풍경

ⓒ 심규동

출처 : 심규동,《고시텔》, 눈빛, 2017년

P.139

다큐멘터리 〈두 개의 문〉

ⓒ 가람, 두 개의 문 포스터

https://ko.wikipedia.org/wiki/%ED%8C%8C%EC%9D%BC:Two_doors.jpg

P.167

1960년대 구로공단 가발공장 생산라인

CC BY 2.0 KR

산업통산자원부 블로그, 1960년대 구로공단 가발공장 생산라인

http://blog.naver.com/mocienews/220467275741

P.183

현실을 구성하는 다양한 경제 활동들

ⓒ J. K. Gibson-graham / 도서출판 동녘

출처 : J.K. 깁슨 - 그레이엄 외, 황성원 역,《타자를 위한 경제는 있다》, 도서출판 동녘, 2014년

P.205

그리스 헤카타에우스의 세계지도

Public Domain

https://commons.wikimedia.org/wiki/File:Hecataeus_world_map-en.svg

P.205

로마 폼포니우스 멜라의 세계지도

Public Domain

Konrad Miller, Karte Pomponius Mela rotated

https://commons.wikimedia.org/wiki/File:Karte_Pomponius_Mela_rotated.jpg

P.208

다른 그림 찾기

ⓒ 조해수

P.234

갈등의 공간으로 형상화된 서해안 접경지대 이미지

ⓒ 동아일보, 무단 전재 및 재배포 금지

P.235

중국 단둥 지역의 북한-중국 국경 표지판

ⓒ 박배균

P.237

북한-중국 국경 표지판 옆에 설치된 가판대

북-중-러 접경지대에 국경 관광의 일환으로 세워진 중국의 전망대

ⓒ 박배균

P.242

금문고량주 공장

ⓒ 박배균

P.249

세계보도사진전에 전시된 핀바 오라일리 기자의 '니제르 타우아 비상급식소의 어머니와
아이'

ⓒ 연합뉴스, 무단 전재 및 재배포 금지

P.260

중국 군함

Public Domain

Eric Murata, Chinese destroyer HARIBING

https://commons.wikimedia.org/wiki/File:Chinese_destroyer_HARIBING_(DDG_11
2).jpg

P.264

2018 평창겨울올림픽 남북선수단 공동 입장

ⓒ 연합뉴스, 무단 전재 및 재배포 금지

P.287

트럼프의 반이민 행정명령에 반대하는 시위

CC BY 2.0

mal3k, Protests in New York City on April 14, 2016

https://commons.wikimedia.org/wiki/File:14_April_2016_-_Trump_NYC_protest.jpg

P.292

경제적 요인에 의한 노동력의 국제 이동

ⓒ 르몽드 디플로마티크 편집부

P.296

미국과 멕시코의 국경선

Public Domain

Sgt. 1st Class Gordon Hyde, Border USA Mexico

https://ko.wikipedia.org/wiki/%ED%8C%8C%EC%9D%BC:Border_Mexico_USA.jpg

지구온난화에 대한 경각심을 촉구하기 위한 몰디브의 수중 내각회의

네팔의 히말라야 각료회의

ⓒ 연합뉴스, 무단 전재 및 재배포 금지

파리기후변화회의

CC BY 2.0

UNclimatechange, Family photo during Leader Event of COP 21/CMP 11 - Paris
Climate Change Conference

https://www.flickr.com/photos/unfccc/22797277264

태양광 모듈

CC BY 2.0

LG전자, LG 태양광 사업

https://commons.wikimedia.org/wiki/File:LG_%ED%83%9C%EC%96%91%EA%B4%
91_%EC%82%AC%EC%97%85,_%EA%B3%B5%EC%9E%A5%EC%A7%80%EB%B6
%95%EC%84%9C_%EC%B9%9C%ED%99%98%EA%B2%BD_%EC%97%90%EB%
84%88%EC%A7%80_%EC%BA%94%EB%8B%A4_(2).jpg

독일 프라이부르크, 태양광 지붕의 건물

CC BY-SA 4.0

Poudou99, Freiburg 2009

https://commons.wikimedia.org/wiki/File:Freiburg_2009_IMG_4124.jpg#mw-jump-
to-license

세계화된 식탁

ⓒ 경향신문사, 무단 전재 및 재배포 금지

* 이 책에 사용된 사진 및 도표는 대부분 퍼블릭도메인 및 CCL이거나 저작권자의 동의를
얻었지만, 일부 협의 중이거나 저작권자를 찾지 못한 자료는 확인되는 대로 통상의 사용
료를 지불하겠습니다.

통합사회를 위한 첫걸음 — 공간의 눈으로 사회를 읽다

1판 1쇄 2018년 3월 22일 1판 6쇄 2023년 3월 10일

지은이   박배균 외
펴낸이   윤혜준
편집장   구본근
고 문   손달진

펴낸곳   도서출판 폭스코너
출판등록   제2015-000059호(2015년 3월 11일)
주소   서울시 마포구 월드컵북로 400 문화콘텐츠센터 5층 15호 (우 03925)
전화   02-3291-3397 팩스 02-3291-3338
이메일   foxcorner15@naver.com
페이스북   www.facebook.com/foxcorner15

디자인 오필민디자인 종이 광명지업(주) 인쇄 수이북스 제본 국일문화사

ⓒ 김기남 · 김대훈 · 박배균 · 박병석 · 엄은희 · 윤신원 · 윤정현 · 임미영 · 조해수 · 최영진 ·
   황규덕 · 황진태, 2018

ISBN 979-11-87514-16-9 03300